W0035513

Christiani · Weck den Sieger in Dir!

Alexander Christiani

Weck den Sieger in Dir!

In 7 Schritten zu dauerhafter Selbstmotivation

GABLER

Die Deutsche Bibliothek – CIP-Einheitsaufnahme

Christiani, Alexander:
Weck den Sieger in dir! : in 7 Schritten zu dauerhafter
Selbstmotivation / Alexander Christiani. – Wiesbaden : Gabler, 1997
  ISBN 3-409-19569-6

1. Auflage 1997
Nachdruck 1998

Alle Rechte vorbehalten
© Betriebswirtschaftlicher Verlag Dr. Th. Gabler GmbH, Wiesbaden, 1997
Lektorat: Manuela Eckstein und Bettina Spangler

Der Gabler Verlag ist ein Unternehmen der Bertelsmann Fachinformation GmbH.

Das Werk einschließlich aller seiner Teile ist urheberrechtlich
geschützt. Jede Verwertung außerhalb der engen Grenzen des
Urheberrechtsgesetzes ist ohne Zustimmung des Verlags unzu-
lässig und strafbar. Das gilt insbesondere für Vervielfältigungen,
Übersetzungen, Mikroverfilmungen und die Einspeicherung und
Verarbeitung in elektronischen Systemen.

http://www.gabler-online.de

Höchste inhaltliche und technische Qualität unserer Produkte ist unser Ziel. Bei der
Produktion und Verbreitung unserer Bücher wollen wir die Umwelt schonen: Dieses
Buch ist auf säurefreiem und chlorfrei gebleichtem Papier gedruckt. Die Einschweißfolie
besteht aus Polyäthylen und damit aus organischen Grundstoffen, die weder bei der
Herstellung noch bei der Verbrennung Schadstoffe freisetzen.

Die Wiedergabe von Gebrauchsnamen, Handelsnamen, Warenbezeichnungen usw. in
diesem Werk berechtigt auch ohne besondere Kennzeichnung nicht zu der Annahme,
daß solche Namen im Sinne der Warenzeichen- und Markenschutz-Gesetzgebung als
frei zu betrachten wären und daher von jedermann benutzt werden dürften.

Umschlaggestaltung: Schrimpf und Partner, Wiesbaden
Satz: FROMM MediaDesign GmbH, Selters/Ts.
Druck und buchbinderische Verarbeitung: MediaPrint, Paderborn
Printed in Germany

ISBN 3-409-19569-6

Meinen Lehrern gewidmet

Wir alle stehen auf den Schultern derer, die uns mitgeformt haben zu dem, der wir heute sind. Meine Lehrer in Kindheit, Schule und Erwachsenenbildung waren die besten, die ich mir wünschen konnte. Ihnen allen danke ich herzlich.

Besonders geprägt haben mich – in der Reihenfolge, in der sie mein Leben begleitet haben: Karl-Heinz Beckers, Hans-Otto Krauel, Wilhelm Hesterkamp, Wolf-Rüdiger Schenke, Rolf-Dietrich Herzberg, Hans-Uwe Erichsen, Michael Löhner, Rupert Lay, James Loehr, Richard Bandler, John Grinder, Robert Dilts, Christina Hall, Michael Grinder, Charles Garfield, Steven Covey, Tom Peters, Anthony Robbins und Zig Ziglar.

Wenn sie ihre Handschrift auch dort wiedererkennen, wo ich sie nicht zitiere, weil ihr Know-how nach und nach zu meinem geworden ist, haben sich ihre Anstrengungen gelohnt.

Mein besonderer Dank gilt – last and first – meiner Familie. Ohne meine Eltern, Wilhelm und Ilse Christiani, hätte ich nie zu der Lernfreude gefunden, die mich von Kindheit an begleitet. Und ohne meine Frau, Meda, die mich als exzellente Familienmanagerin seit Jahren von den Routinepflichten des Alltags freistellt, hätte ich nie die Zeit gefunden, dieses Buch zu schreiben.

Inhalt

Vorwort

„Alexander ist auf dem richtigen Weg. Wegen des großen Abstands zum Rest der Klasse leider immer noch ungenügend." Diese motivierenden Worte meines Englischlehrers Gernot Ossiek unter einer Klassenarbeit aus dem 9. Schuljahr markieren in etwa den Startpunkt meiner Lernkarriere. Vermutlich hat sich Herr Ossiek genausowenig träumen lassen wie ich selbst, daß ich keine 20 Jahre später mit einer Amerikanerin verheiratet sein würde und meine Frau Meda und ich zu Hause fast nur Englisch sprechen. Unsere Söhne Raphael, Darius und Constantin wachsen deshalb zweisprachig auf, und sogar meine Englischreferate auf internationalen Konferenzen fangen inzwischen an, Spaß zu machen.

Als 16jähriger war ich so schüchtern, daß ich mich in der Tanzstunde nach dem qualvollen Streß des Mittelballs vorsichtshalber um den Schlußball gedrückt habe.

In meinen ersten Jahren als Verkaufs- und Managementtrainer habe ich vor lauter Lampenfieber morgens vor dem Seminar nichts essen können. Über drei Jahre lang, vier bis sechs Tage in der Woche nur Pfefferminztee und bis mittags einen knurrenden Magen! – Und je größer die Gruppe, desto mehr Streß hatte ich. Viele Zuhörer, die mich heute als Redner vor großen Gruppen erleben, glauben gerne, daß mir diese Festreden den meisten Spaß machen, können sich aber kaum vorstellen, daß es alles so begonnen hat, wie ich es hier beschreibe.

Was ich Ihnen mit diesen Beispielen sagen möchte, ist folgendes:

1. Gleichgültig, wie demotiviert oder schlecht Sie in irgendeinem Lebensbereich sein mögen, Sie können kaum tiefer im Tal sein, als ich es im Englischunterricht war. Und gleichgültig, wie schüchtern, introvertiert oder unsicher Sie sein mögen, Sie können kaum mit mehr Lampenfieber und Streß starten, als ich gestartet bin.

   Eines kann ich Ihnen deshalb versprechen: Wenn Sie den Techniken dieses Buches eine faire Chance geben, werden Sie sich genauso mit Erfolgen überraschen, wie ich es getan habe.

2. Es gibt sicher mehr gut funktionierende Motivationstechniken als die, die ich hier beschreibe. Ich denke jedoch, jeder Autor ist gut beraten, sich auf das zu beschränken, was er persönlich erlebt hat und selbst praktiziert: Trainer, denen das Markenzeichen „Been there, done that" fehlt, sind kein glaubwürdiges Vorbild, das zum Nachmachen einlädt.

3. Noch ein Punkt, bevor wir starten: Die sieben Bausteine zu dauerhafter Selbstmotivation haben nicht nur für mich selbst Wunder bewirkt, sondern haben seit 1988 den Praxistest bei einigen Zehntausend Seminarteilnehmern bestanden. Sie funktionieren bei Unternehmern und Managern genausogut wie bei Verkaufsanfängern, bei Starverkäufern ebenso wie bei Auszubildenden, Schülern, Rentnern, Hausfrauen und Olympiateilnehmern. So hatte ich beispielsweise vor den Olympischen Spielen in Atlanta die Gelegenheit, mein Motivationskonzept 19 ausgewählten Bundestrainern vorzustellen. Die Resonanz war so positiv, daß die Trainerakademie Köln diesen Baustein unter dem Stichwort „Sozialkompetenztraining" zum Bestandteil ihrer jährlichen Bundestrainerfortbildung gemacht hat.

Mögen die hier vorgestellten Motivationsbausteine auch Ihnen den beruflichen und persönlichen Erfolg bringen, den Sie erwarten.

Herzlichst   Bad Münstereifel,
Ihr ALEXANDER CHRISTIANI   im September 1997

Einführung

Der, der ich bin, grüßt traurig den, der ich sein könnte.

Sie haben sich schon 42mal das Rauchen abgewöhnt, qualmen aber immer noch? Sie haben bereits elf Diäten probiert, doch Ihr Gewicht stabilisiert sich weiter (nach oben!)? Sie wollten schon neunmal mit Ausgleichssport anfangen, aber immer ist Ihnen etwas dazwischen gekommen? Eigentlich sind Ihnen Ihre Kinder das Wichtigste, aber wenn Sie abends nach Hause kommen, sind Sie einfach zu müde, um sich noch mit ihnen zu beschäftigen? Natürlich würden Sie gern noch weiter Karriere machen, nur der Streß macht Sie jetzt schon fertig. Vor zwei Jahren waren Sie und Ihr Partner noch ein Herz und eine Seele, von der damals glühenden Leidenschaft ist allerdings nur noch lauwarme Asche übriggeblieben?

Wir alle kennen das frustrierende Gefühl, weit hinter unseren Vorsätzen zurückzubleiben. Und viele von uns haben Angst vor dem Tag, an dem uns im Beruf oder in der Partnerschaft jeder Drive abhanden kommt: Was immer Sie im Leben geschafft haben, haben Sie geschafft, weil Sie in der Lage waren, für dieses Ziel aktiv zu werden. Sie haben sich aufgerafft und es in die Tat umgesetzt. Anders ausgedrückt: *Sie waren motiviert.*

Was immer Sie in diesem Leben nicht geschafft haben, haben Sie in aller Regel deswegen nicht geschafft, weil Sie

▶ überhaupt nicht angefangen haben,
▶ nicht bis zum Ende durchgehalten haben oder
▶ nach Fehlschlägen aufgesteckt haben.

Mit einem Satz: Ihre Motivation ist der Schlüssel. Oder:

> Die 15 Zentimeter zwischen Ihren Ohren sind die mit Abstand wichtigste Strecke auf dem Weg zu jedem Erfolg.

Die gute Nachricht ist: Sie sind in Ihrem Kopf der Boß. Die schlechte Nachricht ist: Sie allein sind der Boß, das heißt, niemand anders kann im Reich Ihrer Gedanken und Gefühle die Kontrolle für Sie übernehmen. Ihr Partner ebensowenig wie Ihre Kinder. Ihr Chef nicht. Ihre Kunden nicht. Und die Gesellschaft schon gar nicht. Sie sind der Boß, und das Ergebnis Ihrer bisherigen Führungsarbeit im Kopf läßt sich leicht daran ablesen, wie glücklich Sie sind – jetzt, in diesem Augenblick.

Entscheidend ist nicht, wie glücklich Sie sind, *wenn* Sie endlich Ihr neues Auto haben, im neuen Haus wohnen, befördert worden sind und all die anderen *Wenn's* eingetreten sind, die Sie zwischen sich und Ihr Glück stellen. Was zählt, ist Ihr Glück im Hier und Jetzt: Wenn Sie heute zu der fatalen Gewohnheit neigen, Ihr Glück und Ihre Zufriedenheit aufzuschieben, bis irgendwelche Bedingungen eingetreten sind, dann ist zu befürchten, daß Sie sich auch morgen mit diesem fatalen Denkfehler um Ihr Glück betrügen.

Vor diesem Hintergrund noch eine Zusatzüberlegung:

> Wenn Sie weiterhin tun, was Sie immer schon getan haben, werden Sie weiterhin bleiben, wo Sie immer schon waren.

Angenommen, Sie würden für den Rest Ihres Lebens beruflich, privat, finanziell und in Ihrer persönlichen Entwicklung exakt dort bleiben, wo Sie heute sind. Ist dies eine Vorstellung, mit der Sie sich beruhigt auf der Couch zurücklehnen und denken: Auch nicht schlecht, hätte nämlich noch viel schlimmer kommen können. Wenn ja, ist dieses Buch nicht für Sie. Bleiben Sie auf der Couch sitzen, und sparen Sie sich die Zeit der Lektüre! Geben Sie das Buch jemandem, der erkennt: *Es gibt auch ein Leben vor dem Tode!* Geben Sie es jemandem, der weiß, daß wir wahres Glück nur erleben, wenn wir wachsen: Welch beglückendes Gefühl für ein Kind, das seine ersten Schritte macht und dessen Gesichtsausdruck uns Erwachsene verzaubert. Welche Ahs und Ohs, wenn Kinder nach und nach entdecken, daß sie laufen, sprechen, Ball spielen, musizieren, singen können!

Haben Sie jemals aufgehört, weiter zu wachsen, neue Talente und Fähigkeiten an sich zu entdecken, ein neues Hobby aufzunehmen? Wann haben Sie zuletzt bewußt Ihre Komfortzone verlassen, sind ein Risiko eingegangen und haben etwas Neues ausprobiert? Und wie haben Sie sich gefühlt?

Wenn Sie sich an dieses beglückende Gefühl noch intensiv erinnern können, dann wissen Sie, was der Psychologe Mihaly Csikszentmihalyi meint, wenn er sagt: „Es gibt viele Tätigkeiten, die angenehm sind und uns Vergnügen bereiten – ein gutes Abendessen zum Beispiel. Doch es gibt nur wenige, die ein solch intensives Glücksgefühl in uns wecken, wie das Gefühl zu wachsen, etwas Neues zu erobern und sich selbst lustvoll im Vollzug der eigenen Talente und Fähigkeiten zu erleben."

Stellen Sie sich einmal vor, ein Leben zu leben, in dem solche Wachstums- und Aha-Erlebnisse nicht die Ausnahme sind, die sich eher zufällig drei- bis viermal pro Jahr ereignet, sondern die Regel: Ein Leben, das uns nahezu täglich solche intensiven Glücksmomente beschert! Machen Sie sich deshalb bewußt:

> **Wachstum findet nicht in der Komfortzone statt.**

Wahre Erfüllung und wahres Glück gibt es nur in der Wachstumszone. Glück ist kein statischer Zustand, bei dem wir irgendwann (hoffentlich) ankommen, sondern ein dynamischer Prozeß, den wir uns durch permanente Wachstumsreize immer wieder neu erarbeiten müssen.

Können wir nahezu ständig glücklich sein? Gibt es Menschen, die sich ganz bewußt immer wieder im Grenzbereich ihres Könnens bewegen und das damit verbundene Glücksgefühl fast ständig genießen? Ich denke, ja.

Nachdem ich in 15 Jahren Erfolgscoaching viele Tausend Teilnehmer in Persönlichkeitstrainings kennenlernen durfte, hat sich eine Beobachtung immer wieder bestätigt:

Sportler, die ständig Grenzbereiche aufsuchen, Unternehmer, die jeden Arbeitstag mit einer Lastwagenladung voller Probleme beginnen, Manager, Spitzenverkäufer und Wissenschaftler – ich habe immer wieder Menschen getroffen, deren Beruf zur Berufung geworden ist, Menschen, die ihre Träume leben. Wie ist es mit Ihnen? Leben Sie Ihren Traum, oder träumen Sie Ihr Leben? Warum stehen Sie morgens auf? Weil Sie müssen oder weil Sie es nicht erwarten können?

Wir alle stehen manchmal morgens senkrecht im Bett, voller Vorfreude auf den neuen Tag. Das Problem vieler Menschen ist, daß sie dieses Gefühl nur kennen, wenn sie gerade frisch verliebt sind, in Urlaub fahren oder am Abend eine große Geburtstagsparty steigt. Die Frage ist: Können wir lernen, an den anderen 363 Tagen mit genausoviel Begeisterung unseren Tag zu starten? Können wir lernen, enthusiastisch zu werden? Können wir einen Weg finden vom Zaungast dieser Welt zum aktiven Mitspieler auf dem Spielfeld des Lebens?

Die Antwort heißt: Ja, ja und nochmals ja. Doch während viele Trainer und Autoren ihren Lesern weismachen wollen, der Weg zu einem erfüllten Leben sei leicht und jeder werde ihn schaffen, lade ich Sie ein, der Realität ins Auge zu schauen:

Der Weg zu einem glücklichen Leben ist einfach, aber nicht leicht. Einfach heißt: Jeder kann von seinen Fähigkeiten und von seinem Potential her diesen Weg gehen, wofür ich Ihnen in den folgenden Kapiteln einige Dutzend Beispiele und Beweise gebe. Nicht leicht bedeutet: Jeder, der diesen Weg gehen will, muß einen Teil seiner liebgewonnenen und vertrauten Gewohnheiten über Bord werfen und seine Komfortzone verlassen.

Forschungsergebnisse zeigen, daß 95 Prozent aller Menschen allen Lippenbekenntnissen zum Trotz dazu nicht bereit sind. Nur zehn Prozent aller Käufer von Fachbüchern beispielsweise lesen überhaupt das Buch, das sie gekauft haben. (Herzlichen Glückwunsch, Sie gehören schon zum Zehn-Prozent-Club!) Und die Zahl derer, die ihren neuen Erkenntnissen dann noch Taten folgen läßt, ist noch deutlich kleiner.

Die Frage ist: Gehören Sie zu der kleinen Elite derer, die es schafft? Wissen Sie, daß weder der Besitz eines Buches noch seine Lektüre es erlaubt, sich so zu verhalten, als ob man seinen Inhalt schon verinnerlicht hätte? Haben Sie erkannt, daß es kein Zufall ist, daß Bücher im Regal ihren Besitzern den Rücken zuwenden? Die alten Römer haben schon gewußt: „Fürchte den Mann eines Buches", das heißt den, der ein Buch nicht nur gelesen hat, sondern seinen Inhalt auch lebt.

Wenn Sie wissen, daß Sie zu dieser Elite gehören, dann ist dieses Buch für Sie. Wenn Sie noch überlegen, ob Sie dazugehören könnten, ist das nächste Kapitel für Sie. Es zeigt Ihnen, mit welchen Fehlvorstellungen sich die meisten Menschen zum Thema Selbstmotivation blockieren. Und es stellt diesen Mythen dann auch die harten Fakten der Motivationspsychologie gegenüber. Damit Sie die Gewißheit haben: „Ich hab den Marschallstab im Tornister."

Baustein 1:
Die Motivationsgrundlagen

1. Mythen der Selbstmotivation

Warum die meisten Menschen nie lernen, sich selbst dauerhaft zu motivieren

Glauben Sie noch an den Osterhasen, den Weihnachtsmann oder an das Märchen vom Klapperstorch? Wenn nein, dann können Sie jetzt im Prozeß lebenslanger Aufklärung den nächsten Schritt tun und einige Motivationsmärchen über Bord werfen. Damit Sie einschätzen können, wo Sie starten, zunächst fünf Testfragen:

1. Haben Sie den Eindruck, daß Ihnen manchmal die zum Erfolg erforderliche Willensstärke und Selbstdisziplin fehlen?

2. Hatten Sie öfter schon ein inspirierendes Ziel vor Augen und waren trotzdem nicht motiviert, bis zum Ende durchzuhalten?

3. Wenn Sie sich beispielsweise lange genug sagen, daß Sie zu dick sind, fangen Sie tatsächlich an zu joggen? Sobald sich die ersten Erfolge einstellen und damit die Pein nachläßt, hören Sie wieder auf?

4. Glauben Sie, daß Verhaltensänderungen in der Regel schwierig und zeitaufwendig sind?

5. Glauben Sie, daß Menschen im Alter – getreu dem Sprichwort: „Einem alten Hund bringt man keine neuen Tricks bei" – größere Probleme haben, ihr Verhalten zu ändern, als in der Jugend?

Wie viele Testfragen haben Sie innerlich mit ja beantwortet? Drei, vier oder sogar fünf?

Je mehr, desto besser. Denn je öfter Sie ja gesagt haben, um so stärker glauben Sie an den hausbackenen Selbstmotivations-Unfug, den viele von uns in der Kindheit und Schulzeit eingetrichtert bekommen haben. Je öfter Sie zugestimmt haben, um so mehr gleichen Sie dem stolzen Besitzer eines leistungsfähigen PCs, der sich vermutlich fragt: Wieso haben alle andere Computerspiele, PC und Fernsehen auf ihrem Bildschirm, während meiner nur funktioniert wie eine elektrische Schreibmaschine?

Die Antwort lautet: Wenn man Ihnen von 300 Seiten Bedienungsanleitung nur die drei Seiten gibt, die die Schreibmaschinenfunktion Ihres PCs erklären, dann leistet auch der beste Computer dieser Welt für Sie eben nicht mehr als eine Schreibmaschine.

Die Bedienungsanleitung, die Sie zur Selbstmotivation kennen, nutzt nur einen kleinen Teil dessen, was Ihr Kopf leisten könnte. Bevor ich Ihnen die Gebrauchsanweisung zur Selbstmotivation vorstelle, die dem letzten Stand der Gehirnforschung und Lernpsychologie entspricht, lassen Sie uns noch kurz sehen, warum viele von uns ihren Kopf so zurückhaltend nutzen:

Mythos 1: Ich habe zuwenig Willensstärke und Selbstdisziplin

„Entweder man hat Willenstärke, oder man hat sie nicht. Und ich habe leider zuwenig davon. Als der liebe Gott die Nasen verteilt hat, habe ich gut abgeschnitten, aber als es um Selbstdisziplin ging, hab' ich offenbar zu weit hinten angestanden."

Haben Sie sich je überlegt, wie Menschen zu dieser negativen sich selbsterfüllenden Prophezeihung kommen? Neigen *Sie* zu einer solchen negativen Einschätzung Ihrer Fähigkeiten? Wenn ja, dann überprüfen Sie einmal, wie Sie zu diesem negativen Vorurteil gekommen sind.

Sie gehen zum zehnjährigen Klassentreffen und treffen dort Karl-Theo – einen alten Freund, mit dem Sie schon als 13jähriger täglich 60 Zigaretten konsumiert haben (damals noch auf dem Klo, damit die Pausenaufsicht sie nicht erwischen konnte). Sie bieten ihm eine Gauloise an und sagen: „Junge, guck mal hier: Das ist noch echtes Kraut aus Frankreich, da schmeckst du wenigstens, was du rauchst!" Doch Karl-Theo winkt zu Ihrem Erstaunen ab: „Danke", sagt er, „ist lieb gemeint, aber ich bin inzwischen Nichtraucher." „Du, Nichtraucher? Seit wann denn das? Seit gestern oder was?" fragen Sie entgeistert zurück. „Nein", sagt Ihr Schulfreund, „seit acht Jahren schon." „Und wie hast du das gemacht?" wollen Sie noch immer ungläubig wissen." „Einfach aufgehört, von einem Tag zum anderen", kommt es von Ihrem Kumpel zurück. „Das habe ich auch schon 37mal versucht, aber spätestens nach drei Wochen hatte ich so 'ne Lungenschmacht, da hab' ich wieder angefangen." „Stimmt", sagt Ihr Freund, „die ersten acht Wochen waren grausam und brutal, aber da mußt du durch: eiserne Disziplin …".

Vergleichen wir uns alle nicht immer wieder mit Menschen, die in *einem* Lebensbereich etwas geschafft haben, was wir auch gerne schaffen würden, aber noch nicht erreicht haben? Und viele Menschen trösten sich über ihre fehlende Willensstärke damit hinweg, daß sie verkünden, was Willensstärke angeht, vom Schicksal ziemlich benachteiligt worden zu sein.

Für viele Menschen hat dies in ihrer Praxis bedauerliche Konsequenzen: Sie geben das Geburtsrecht von uns allen auf, unsere Zukunft so zu träumen, wie wir sie haben wollen, und diese Träume dann auch in die Tat umzusetzen.

Zeigen Sie auf diesem Gebiet auch schon Verschleißerscheinungen? Nehmen Sie sich beispielsweise Silvester immer weniger vor (am besten gar nichts mehr), weil Sie sich nicht wieder enttäuschen wollen, wenn Sie schon am 9. Januar nicht mehr tun, was Sie sich zehn Tage vorher noch hoch und heilig versprochen haben?

Ein Seminarteilnehmer hat diese Beobachtung einmal wie folgt zusammengefaßt: „Wissen Sie, der Mensch denkt, und Gott lenkt. Je sorgfältiger du planst, um so härter trifft dich der Zufall. Deshalb plane ich nicht mehr, dann merk ich auch nicht, wo ich getroffen werde."

Sie wissen nun, wie Menschen das negative Bild von sich aufbauen, sie hätten zuwenig Disziplin. Sie haben erkannt, daß dieses negative Selbstbild dazu führt, sich immer weniger vorzunehmen. Und Sie haben den Teufelskreis durchschaut, sich mit immer weniger Vorsätzen immer stärker zu beweisen, wie wenig in einem steckt. Sie werden nun einwenden, daß dies bei vielen zutreffen mag, aber dennoch nicht ausschließt, daß es wirklich vom Schicksal Benachteiligte gibt, die tatsächlich zuwenig Selbstdisziplin besitzen.

Wer hartnäckig an seine Benachteiligung glaubt, sollte sich folgendes vor Augen halten: Nahezu alle Menschen sind in einigen Lebensbereichen höchst diszipliniert und lassen in einigen anderen Bereichen eben diese Disziplin schmerzhaft vermissen.

Lernpsychologen wissen – wie das nächste Kapitel in Einzelheiten darlegen wird –, daß Selbstdisziplin nichts anderes ist als das Ergebnis *erlernter Denk- und Gefühlsgewohnheiten.* Diese Denk- und Gefühlsmuster sind stark auf den Einzelfall bezogen, das heißt, der Schreibtisch eines disziplinierten Joggers kann durchaus aussehen wie ein Handgranatenwurfplatz. In diesem Fall beherrscht unser Jogger eine Denkroutine, die ihn beim Dauerlauf zu konsequentem Handeln motiviert, und ein weiteres Denkmuster, das beim Schreibtischaufräumen zu konsequenter Schlamperei führt. Übrigens: Die Briefmarkensammlung unseres Schreibtischchaoten ist wieder tipptopp in Ordnung ...

Unterschiedliche Denkmuster führen zu erstaunlich unterschiedlichen geistigen Leistungen. Dies gilt nicht nur für Motivation und Willensstärke, sondern beispielsweise auch für unsere Gedächtnisleistung. Obwohl jedes Kind weiß, daß unser Gedächtnis viel besser arbeitet, wenn wir eine bildhafte Vorstellung haben (Kinder sind bei Memoryspielen deshalb so schwer zu schlagen, weil sie tun, wovon wir nur reden: „Ein Bild sagt mehr als tausend Worte"), jammern viele Menschen über ihr schlechtes Namensgedächtnis. Sie kommen aber nie auf die Idee, Namen mit derselben bildhaften „Denksoftware" zu verankern, wie sie es beispielsweise bei Zahlen seit Jahren tun.

Im Bereich Selbstmotivation und Willensstärke gilt genau dasselbe: Wenn wir mit den Denkmustern, die uns in einigen Lebensbereichen Selbstdisziplin geben, auch dort arbeiten, wo uns diese Willensstärke bislang gefehlt hat, werden wir dort ähnlich gute Ergebnisse erzielen.

Wenn unser disziplinierter Jogger also lernt, sich ähnliche Motivationsfilme fürs Schreibtischaufräumen zu machen, wie er sie seit Jahren beim Joggen und bei seiner Briefmarkensammlung nutzt, wird er dort ähnlich gute Ergebnisse erzielen.

Mythos 2: Positiv-Motivation ist der Schlüssel

Es gibt ein zweites Ammenmärchen, das unsere Vermutung von zuwenig Selbstdisziplin stärkt: In vielen Selbsthilfebüchern finden Sie gebetsmühlenartig die Empfehlung, wir brauchten uns nur die positiven Folgen unseres Handelns vor Augen zu führen, um anschließend motiviert starten zu können. Nach dem Motto: Sie wollen sich motivieren, Sport zu treiben? Bitte sehr: Stellen Sie sich vor, wie Sie im D-Zug-Tempo durch den Stadtpark rennen, während attraktive Nachbarinnen bewundernd hinter Ihrem Athletenkörper herschauen ...

Die Autoren solcher Naiv-Anleitungen werden hoffentlich bald selbst herausfinden, was ihre Leser schon seit Jahren wissen: Wenn Selbstaktivierung so einfach zu bewerkstelligen wäre, gäbe es nur motivierte Menschen auf diesem Planeten, die alle genau das täten, was ihnen langfristig den größten Nutzen bringt.

Dem ist aber leider nicht so. Es gibt nach wie vor Millionen Menschen, die trotz aller Positivfilme, die vor ihrem geistigen Auge ablaufen, ihre Diät eben nicht durchhalten, keine Zeit finden für Sport und trotz aller Einsicht in die Gefährlichkeit ihres Tuns weiter rauchen.

Das nächste Kapitel zeigt Ihnen, warum dies so ist und wieso diejenigen, die sich (und andere) nur positiv motivieren, mehr als die Hälfte unseres Antriebspotentials verschenken.

Mythos 3: Auf Dauer hilft nur Druck

Daß positive Anreize zur Motivation nicht ausreichen, wissen die meisten von uns nicht nur aus eigener Erfahrung, sondern auch aus fehlgeschlagenen Versuchen, andere zu motivieren: Verkaufschefs wundern sich zum Beispiel immer wieder, warum Verkaufswettbewerbe und raffiniert ausgeklügelte Zusatzprovisionen viele Verkäufer nicht aus ihrem Trägheitstrott herausreißen können. Eltern machen ganz ähnliche Erfahrungen: Das Moped, das sie ihrem Sohn oder ihrer Tochter für den Fall versprochen hatten, daß es diesmal in Englisch kein Mangelhaft geben würde, wirkt sich auf den Fleiß des Sprößlings erstaunlich wenig aus.

Eltern wie Vorgesetzte ziehen aus diesen frustrierenden Erfahrungen oft den Schluß: „Habe ich ja gleich gewußt. All dieses positive Motivationsgewäsch funktioniert sowieso nicht. Wenn's im Guten nicht klappt, dann mach ich eben Druck." Und auf den ersten Blick scheint dies auch zu funktionieren. „Dem Mitarbeiter habe ich Beine gemacht", freut sich der Chef über den neuen Arbeitseifer seines Angestellten, dem er mit der Kündigung gedroht hatte. „Na siehst du, es geht ja doch", frohlockt der Vater, dessen Filius aufgrund von Taschengeld- und Ausgehsperre kurz vor den Zeugnissen tatsächlich Anstalten macht, etwas für die Schule zu tun.

Den Haken bei dieser „hohen Schule" der Fremdmotivation, die im übrigen jeder Diktator praktiziert, erkennen Chefs, Eltern und Diktatoren meist sehr schnell: Von dauerhafter Motivation kann bei dem Rezept „auf Dauer hilft nur Druck" eben keine Rede sein.

Sobald der kontrollierende Blick über die Schulter des Angestellten aufhört, sobald die Eltern nach hypersensibler Anfangskontrolle der Hausaufgaben wieder auf die alltagspraktikablen Stichproben zurückschalten, ist die scheinbare Motivation zum Teufel: Vorgesetzten und Erziehungsberechtigten drohen in diesem Falle nur schlechte Leistungen, Diktatoren jedoch ein Putsch.

Mythos 4: Verhaltensänderung ist schwierig und zeitaufwendig

Für die meisten Menschen trifft diese These sicher zu: Wer versucht, sein Verhalten mit den Methoden zu ändern, die er in Schule und Studium kennengelernt hat, braucht sich nicht zu wundern, wenn der Prozeß heute genauso zäh und zeitaufwendig (oder gar nicht) funktioniert, wie er es von damals in Erinnerung hat.

Die Frage ist: Muß dies so sein, oder kann Verhaltensänderung unter günstigen Lernbedingungen sehr viel schneller funktionieren? Wie oft müssen wir vergifteten Fisch essen, damit wir zeitlebens keinen Fisch mehr mögen? Wenn wir der Frau oder dem Mann unseres Lebens begegnen, und der andere gibt uns seine Telefonnummer, haben wir alle auf einmal ein super Zahlengedächtnis, und wenn ein naher Verwandter Lungenkrebs bekommt, gibt es auf einmal einige Willensriesen, die von heute auf morgen mit dem Rauchen Schluß machen. Und damit können wir auch den 5. Mythos zu den Akten legen:

Mythos 5: Einem alten Hund bringt man keine neuen Tricks bei

Wenn Sie 50 Jahre lang Hundenarr waren und dann von einem Pitbull böse zusammengebissen werden, kann sich Ihre Einstellung zu Hunden von einem Tag auf den anderen verändern. Und wenn Sie ein Leben lang anderen vertraut haben und Ihr Vertrauen von einem Rentenbetrüger schäbig mißbraucht wird, kann es sein, daß sich Ihre Einstellung zu Ihren Mitmenschen noch als 70jähriger um 180 Grad dreht und Sie von nun an vielleicht sogar Ihre eigenen Kinder auf Distanz halten, weil Sie ja gelernt haben, daß man heutzutage keinem mehr trauen kann.

Lieber Leser, wenn Sie jetzt etwas nachdenklich geworden sind und die eine oder andere Selbstverständlichkeit in Frage stellen, die man Ihnen und mir zum Thema Selbstmotivation beigebracht hat, dann sind Sie jetzt bereit für das nächste Kapitel: Wir beschäftigen uns damit, wie nach den heutigen Erkenntnissen der Lernpsychologie unser Gehirn wirklich funktioniert. Hier finden Sie, was uns bei der Geburt leider nicht mitgeliefert wurde: Eine Bedienungsanleitung fürs Gehirn.

2. Das bipolare Antriebssystem

Warum Positivmotivation allein mehr als die Hälfte unseres inneren Antriebs verschenkt

Mehr als 90 Prozent dessen, was wir heute über die Arbeitsweise unseres Gehirns wissen, wurde erst in den Jahren nach 1970 erforscht und experimentell überprüft. Erstaunlich ist jedoch die Tatsache, daß die breite Öffentlichkeit von den grundlegenden und revolutionären Erkenntnissen der Lernpsychologie entweder nichts weiß oder von diesem Wissen für die eigene Praxis keinen Gebrauch macht. Während die Methoden der Marketingfachleute, die uns motivieren, Dinge zu kaufen, die wir weder brauchen noch haben wollen, immer perfekter werden, benutzt Otto-Normalverbraucher seinen Kopf genauso wie vor 25 Jahren.

Wie steht es mit Ihnen: Haben Sie sich jemals mit den revolutionären Motivationstechniken beschäftigt, die die Industrie täglich nutzt, um Sie und mich zum Kauf zu motivieren? Wenn Sie Ihren Keller oder Kleiderschrank anschauen: Wie viele Beispiele überzeugender Motivationsmethodik finden Sie dort? Wie viele selten oder gar nicht benutzte Dinge legen Zeugnis dafür ab, daß wir alle wirkungsvoll beeinflußt und zum Kauf motiviert werden können? Wie wäre es, wenn Sie und ich lernen würden, unseren Kopf genauso professionell zu bedienen, wie es internationale Werbe- und Marketingprofis schon seit Jahren tun? Wie wäre es, wenn wir Schluß machen würden mit unserem Konzept, Weltmeister des Mittelmäßigen zu sein?

Die alten Griechen haben schon erkannt:

> Viele sind groß in kleinen Dingen, aber nur wenige sind groß in großen Dingen.

Wenn wir Lernpsychologen fragen, was sie in den letzten 25 Jahren über die Arbeitsweise unseres Gehirns herausgefunden haben, bekommen wir folgende Antwort: „Schmerz und Lust sind Druckmittel, die der Organismus braucht, um seine instinktiven und erworbenen Strategien effektiv einzusetzen", schreibt beispielsweise Damasio in „Descartes Irrtum" und fährt dann fort: „Dem internen Präferenzsystem wohnt die Tendenz inne, Schmerzen zu vermeiden und potentielle Lust zu suchen. Wahrscheinlich ist es von Natur aus dazu eingerichtet, diese Ziele in sozialen Situationen zu verfolgen."

Im Klartext heißt das: Unser Kopf arbeitet ganz ähnlich wie ein Computer, das heißt, auch unser Nervensystem verfügt – bildhaft gesprochen – über ein „Betriebssystem", also ein Grundprogramm, das ihm sagt, wie es überhaupt zu arbeiten hat.

Unser Betriebssystem hat sich, so die Lernforscher, in den Jahrmillionen unserer Stammesgeschichte entwickelt. Es dient dazu, die beiden Grundfunktionen sicherzustellen, die wir mit allen anderen Gattungen gemein haben: Selbsterhaltung und Arterhaltung. Um diese – im wahrsten Sinne des Wortes – überlebenswichtige Zielsetzung zu realisieren, arbeitet unser Betriebssystem mit zwei Programmbefehlen:

1. Weg von Schmerz und Pein, das heißt dem, was unser Leben bedroht, und

2. hin zur Lust, das heißt hin zu allem, was Selbst- und Arterhaltung fördert.

(Wenn Sie sich je gefragt haben, warum Essen, Trinken und Sex soviel Spaß machen, hier ist die Antwort!)

Das Betriebssystem ist übrigens bei allen Menschen gleich: Das einzige, was uns – allerdings sehr wesentlich – unterscheidet, ist das, was wir individuell als Pein oder als Vergnügen empfinden: Während es für die meisten von uns beispielsweise sehr schmerzhaft ist, einen nahen Angehörigen zu verlieren (selbst wenn wir ihn nicht so sympathisch finden), ist es für die Saddam Husseins und Mafiosi dieser Welt ein machterhaltender „Spaß", auch Mitglieder des eigenen Clans umzubringen, wenn sie ihnen denn gefährlich werden können.

Wenn Sie nun allerdings glauben, die effiziente Nutzung eines Systems, das nur zwei Alternativen bietet, dürfte kein Problem sein, dann muß ich Sie enttäuschen: Werbeprofis in Deutschland (im angelsächsischen Sprachraum ist man uns vier bis fünf Jahre voraus) ahnen vom systematischen Ansprechen unseres zweispurigen inneren Antriebs genausowenig wie Otto-Normal-Verbraucher, dessen Motivationsversuche in der Praxis oft in systematischer Demotivation enden.

Otto hat sich vorgenommen, am Abend noch eine halbe Stunde zu joggen. Vorsichtshalber überlegt er jedoch noch einmal, ob er denn wirklich joggen gehen will. Als erstes macht er sich bewußt, daß Joggen anstrengt, dann denkt er daran, daß er nachher richtig verschwitzt ist (was er auf den Tod nicht leiden kann) und ihm anschließend die Füße weh tun. Schließlich schaut er zum Fenster hinaus, sieht einige Wolken am Horizont und befürchtet, sich zu erkälten. Statt dessen sieht er, was im Fernsehen angeboten wird, und bleibt vor dem Bildschirm sitzen.

Nachdem Otto sich im Entscheidungspunkt intensiv mit der Pein des Joggens und den Vorzügen des Alternativverhaltens Fernsehen beschäftigt hat, *wundert er sich in seiner Einfalt auch noch, warum er sowenig motiviert ist!!!* Und Millionen Menschen tun es ihm gleich! Manche Zeitgenossen sind bei ihrem Negativfilm über „Gartenarbeit", „Bügeln" oder „Steuererklärung" so gut, daß sie sich diese Aktivitäten noch negativer ausmalen, als sie in Wirklichkeit sind. Wenn sie dann doch mit dem Bügeln oder Unkrautjäten beginnen, stellen sie erstaunt fest: „Mensch, so schlimm, wie ich gedacht habe, ist es ja gar nicht."

Kennen Sie dieses Gefühl? Wenn ja, dann haben Sie schon einen Bereich gefunden, in dem Sie Ihren inneren Antrieb in die falsche Richtung laufen lassen. Sie sind hier (und vielleicht noch in vielen anderen Bereichen) bislang ein echter Demotivationsprofi!

Übrigens, diese Erkenntnis sollte Sie aus zwei Gründen nicht beschämen, sondern fröhlich stimmen:

Solange Sie nicht erkennen, wo Sie bislang Ihre Motivation blockiert oder sogar systematisch in die falsche Richtung gelenkt haben, solange können Sie auch nichts verändern. Der erste Grundsatz der Verhaltensänderung erinnert uns an diese Einsicht:

> Erst wenn Du weißt, was Du tust, kannst Du anfangen zu tun, was Du willst.

Der zweite Grund, diese Einsicht positiv aufzunehmen, ist schlichtweg der, daß Sie sich in bester Gesellschaft befinden:

Die besten und teuersten Werbeprofis der Bundesrepublik sind beispielsweise weit davon entfernt, unseren zweipoligen inneren Antrieb professionell für den Verkauf ihrer Produkte zu nutzen. Beispiel: Die Anzeigenkampagnen der Deutschen Telekom „Ruf doch mal an!" Vermutlich haben Sie bei dem Millionenbudget der Telekom diese Appelle sogar mehrfach gesehen. Wie viele Menschen haben Sie deswegen angerufen? Sie sagen niemanden? Dann sind Sie in guter Gesellschaft, denn das Konzept funktioniert nicht.

Anders dagegen die Werbung im angelsächsischen Raum, wie beispielsweise ein Fernsehspot von AT & T beweist:

Eine ältere Dame weint herzzerreißend. Die Kamera hält in Großaufnahme auf die am Küchentisch sitzende ältere Dame zu. Nach 30 Sekunden ändert sich der Kamerawinkel etwas, und Sie sehen neben der Frau einen älteren Mann, der mit sorgenvollem Gesicht ins Leere starrt. Auf einmal sagt der ältere Herr: „Ich weiß auch nicht, was ich denken soll. Sonst meldet der Junge sich doch immer. Hoffentlich ist unserem Jim nichts zugestoßen."

Frage an Sie: Welches Gefühl löst diese Szene in allen zuschauenden Eltern aus, die – sagen wir – in den letzten 15 Minuten nichts von ihren Kindern gehört haben? Könnte es sein, daß es Mütter und Väter gibt, die anfangen, sich Sorgen zu machen, weil sie schon längere Zeit nichts von ihren Kindern gehört haben?

Und könnte es sein, daß es zuschauende Söhne und Töchter gibt, denen auf einmal bewußt wird: Du meine Güte, du hast dich schon acht Wochen nicht zu Hause gemeldet. Vielleicht machen sich Papa und Mama auch Sorgen um dich?

Dann, nach etwa 30 Sekunden, schellt in dem AT & T-Spot das Telefon. Die Mutter springt auf, läuft hin und ruft freudestrahlend: „Oh, du bist es mein Junge! Ich bin ja so froh, daß du dich meldest." Dann der ebenfalls strahlende Sohn: „Ja Mama, ich freu' mich auch. Alles ist in Ordnung ..." Im Hintergrund erklingt leise eine romantische Melodie, und zum Schluß rät die Stimme des Ansagers: „Take care. Your family shouldn't drift away ..." – Passen Sie auf, daß Ihre Familie nicht auseinanderbricht.

Ob wir diesen Spot analysieren oder viele andere ähnlicher Machart: Die Grundstruktur effizienter Werbung ist darauf aus, uns in die Zange zu nehmen: „Wie schlimm ist dein Leben ohne unser Produkt, und wie gut geht es dir mit den Vorteilen, die wir dir bieten ..."

Diese Art von Werbung ist deswegen so effizient, weil sie genauso arbeitet wie unser Gehirn:

> Wenn Sie in irgendeinem Lebensbereich sehr motiviert, diszipliniert
> und konsequent sind, dann deswegen, weil Ihr zweipoliger Antrieb
> Sie in die Zange nimmt.

Wenn Sie regelmäßig joggen, dann fühlen Sie sich nicht nur gut, wenn Sie gejoggt haben. Sie fühlen sich auch sehr schnell sehr mies, wenn Sie Ihren geliebten Waldlauf ein-, zwei- oder dreimal hintereinander ausfallen lassen müssen.

Wer motiviert ist, etwas regelmäßig zu tun, fühlt sich nicht nur gut, wenn er es gemacht hat, sondern fühlt sich auch sehr schnell sehr schlecht, wenn er seine Aktivität einmal ausfallen lassen muß. Dies gilt für disziplinierte Gärtner, Jogger, Briefmarkensammler, Leseratten und alle anderen: Fast alle Väter und Mütter fühlen sich gut, wenn sie sich ihren Kindern mal wieder widmen können. *Doch nur diejenigen, die genug Pein empfinden, wenn sie ihre Familie hinten anstellen müssen, haben genug Antriebsenergie, diesen Zustand so schnell wie möglich zu beenden.*

Der Unterschied zwischen dem ordentlichen „Schreibtischaufräumer" und dem notorischen Chaoten ist weniger das gute Gefühl, das möglicherweise beide mit Ordnung verbinden. Es ist vielmehr das schnelle Ansteigen der Peinkurve des ordentlichen Menschen: Wer Unordnung nicht erträgt, räumt auf. Der Arbeitsberg des Chaoten muß dagegen erst einmal auf 1,50 Meter anwachsen, bis sich langsam genügend Pein verdichtet zu der Erkenntnis: „Jetzt ist es mal wieder an der Zeit, Ordnung zu schaffen."

Das Credo „Motiviere immer positiv" hält sich hartnäckig – in Köpfen vermeintlicher Werbeprofis genauso wie im Weltbild antiautoritärer Pädagogen und anderer „Softpsychologen", denen die Erkenntnisse der Lernbiologie nicht ins Konzept passen: Unser Gehirn tut nämlich – überlebensorientiert – mehr um Schmerz zu vermeiden, als um Lust und Vergnügen zu gewinnen. (Einer der Gründe, warum praxisorientierte Diktatoren sich stärker auf Geheimdienste als auf Verleihung von Orden verlassen – ein Gedanke übrigens, der auch in der verkehrserziehenden Arbeit unserer Polizei deutlich wird: Wie oft sind Sie bislang über Bußgelder zu fahrerischer Disziplin angehalten worden, und wie oft haben Ordnungshüter Sie rausgewunken, um Ihnen ein Kompliment für Ihre defensive Fahrweise zu machen?)

Ein weiteres wichtiges Feld, auf dem die Gesetzmäßigkeit des bipolaren Antriebs eine entscheidende Rolle spielt, ist Menschenführung: Wie viele

Führungsstile sind in den letzten Jahren propagiert worden? Alle nahmen für sich in Anspruch, den Stein der Weisen gefunden zu haben: Die einen propagieren Kooperation in der Führung, andere wollen in der Rezession die Zügel wieder etwas straffer ziehen. Die Führungskraft als Coach, situative Leadership – die Begriffe sind beeindruckend, die Verwirrung ist groß.

Schauen wir uns einmal die drei Grundmuster der Führung an, die sich aus dem unterschiedlichen Umgang mit unserem Betriebssystem ergeben – im übrigen alles Führungsmuster, die uns schon während der Schulzeit begegnet sind:

Da gibt's zum einen den Positiv-Motivator vom Typ „Heribert, der Referendar": „Jungs und Mädels, Ihr könnt ruhig du zu mir sagen, wir sind alle eine Familie. Ich tue Euch nichts, und Ihr tut mir nichts. Ich muß ja hier noch mein Examen machen: Wenn Ihr lernt, gibt's gute Noten, und wenn einer mal keine Lust hat, kann ich das auch verstehen." Bei diesem Führungstyp hatte Ihr innerer Schweinehund schnell erkannt: Bei dem ist Rausreden und Entschuldigen weniger Pein, als englische Vokabeln zu pauken, und so lassen wir's dann darauf ankommen.

Der zweite Führungstyp ist der Hardliner Marke „Alfred mit Notenbuch": „Wer nicht lernt, kriegt 'ne fünf." Bei dieser Art von Lehrer haben Sie zunächst einmal auch nicht gelernt (zumindest dann nicht, wenn Sie als Schüler meine Einstellung hatten, aber vielleicht sind Sie ja von vornherein viel motivierter geboren worden). Doch als die Zeugnisse näher kamen und der Herr Papa üble Konsequenzen für den Fall androhte, daß wieder ein blauer Brief kommen würde, haben wir dann doch angefangen, was zu tun. Kurz, wurde genügend Druck gemacht, haben wir gespurt, war der Druck vorbei, verfielen wir wieder in den alten Schlendrian.

Und dann gibt es noch einen dritten Typ in der Menschenführung: Wenn Sie Glück hatten, haben Sie ihn schon während der Schulzeit kennengelernt. Einer meiner Englischlehrer zum Beispiel war aus diesem Holz geschnitzt. Gleich zu Beginn des neuen Schuljahrs, als ich mal wieder keine Vokabeln gelernt hatte, hieß es: „Alexander, bitte steh auf. Warum hast du nicht gelernt?" Meine lahme Entschuldigung: „Ich hatte keine Zeit, ich mußte mich noch auf die Mathearbeit vorbereiten." Darauf Englischlehrer Rohde (ich habe ihn neulich bei unserem 20jährigen Abiturjubiläum wiedergesehen und ihm erzählt, daß er in allen Führungsseminaren als Musterbeispiel herhalten muß): „Kannst du dich erinnern, daß ich euch gefragt habe, ob das Vokabellernen diese Woche in Ordnung geht, damit wir nächste Woche die Englischarbeit schreiben können?" Ich: „Ja, mag sein, aber hab's vergessen." Darauf er: „Können wir für die Zukunft Folgendes vereinbaren. Wenn ich dir was zusage, halte ich mich dran, und wenn du mir was versprichst, dann hältst du dich dran." Ich (kleinlaut): „Ja, okay." Er: „Gut, setz dich, dann ist das ja erledigt." Anschließend klappte Englischlehrer Rohde demonstrativ sein Notenbuch zusammen, *ohne* mir eine Fünf zu geben.

In der Terminologie moderner Managementlehrer: Er verzichtete auf den Einsatz von Amtsautorität, weil er sich durch persönliche Autorität freiwillige, respektvolle Gefolgschaft verschafft hatte.

Er half mir damit sehr wirkungsvoll, meinen inneren Schweinhund an die Leine zu nehmen, denn ich hatte schnell kapiert:

1. Es ist bei Herrn Rohde weniger Pein, Vokabeln zu lernen, als mich nachher zu rechtfertigen, warum ich schon wieder nichts getan habe.

2. Der Mann verdient meinen persönlichen Respekt; von ihm will ich anerkannt und gelobt werden.

Gleichgültig, welchen Führungsstil Sie zu Hause als Vater oder Mutter oder bei sich im Unternehmen als Vorgesetzter praktizieren: Wenn Sie es nicht schaffen, positive Motivationsanreize und negative Konsequenzen im richtigen Verhältnis zu mischen, werden Sie andere nicht zur Höchstleistung führen. An dieser Einsicht ändert auch das Wunschdenken mancher Psychologen nichts, die von einer Welt träumen, in der alle Menschen allein über Einsicht und positive Anreize zu motivieren sind. Altmeister Goethe kommt beim Thema persönlicher Autorität übrigens sehr exakt zu den Konsequenzen, die die moderne Gehirnforschung nahelegt: „Um sich in Ehren zu erhalten", schreibt er an einen Freund, „muß man schon recht widerborstig sein." Und weiter beobachtete er: „Ehrfurcht besteht aus einem Drittel aus Ehr und zu zwei Drittel aus Furcht."

Diese Beobachtungen stammen aus einer Zeit, die mit unseren heutigen Auffassungen von Kooperation und gleichberechtigtem Miteinander im Team nicht vergleichbar ist. Die Empfehlung an Menschen mit Führungsverantwortung ist deshalb, als Teamplayer nicht den Widerborstigen herauszukehren.

Wichtig ist aber, vor dem Hintergrund einer in weiten Bereichen von Wunschdenken geprägten Führungsliteratur sich vor Augen zu halten, daß Militärs, Kirchen und alle anderen jahrhundertealten Institutionen niemals ohne das Pein-Positiv-Prinzip des zweipoligen inneren Antriebs ausgekommen sind. „Beim Militär", sagen Sie vielleicht, „ist ja auch nichts anderes zu erwarten." Um so interessanter ist es, sich anzuschauen, daß unsere Kirchen, trotz ihres Bildes vom allumfassenden, liebenden Gott, sich in der Praxis vorsichtshalber auf Himmel und Hölle verlassen: Ein allumfassend liebender Gott, der mir bei Reue alle meine Fehler und Sünden verzeiht, könnte auf Dauer so bequem sein, daß ich dort weiter sündige, wo es Spaß macht. Da ist es besser, mit Fegefeuer und Hölle ständig in der Furcht des Herrn zu leben.

Diese Beispiele verfolgen alle ein Ziel: Sie wollen Sie befreien von der vom Zeitgeist favorisierten Ideologie: „Nur positive Motivation ist gute Motivation."

Wenn Sie sich nur die Positivfolgen Ihres Handelns vor Augen halten, dann brauchen Sie sich nicht zu wundern, wenn Sie kein disziplinierter Jogger werden: Wer so vorgeht, der verschenkt mehr als die Hälfte seines Antriebspotentials. Umgekehrt gilt natürlich auch: Wer sich ständig Schuldgefühle macht und sein Haupt in Schutt und Asche hüllt, braucht sich ebenfalls nicht zu wundern, warum aus ihm kein motivierter Spitzenleister wird. Fassen wir also zusammen:

1. Unser Gehirn arbeitet mit einem im Selbst- und Arterhaltungstrieb verankerten Betriebssystem, das unser Verhalten steuert.

2. Dieser innere Antrieb ist bei allen Menschen gleich und nutzt bipolare Antriebskräfte: das Bedürfnis, Schmerz zu vermeiden, und den Drang, Lust zu gewinnen.

3. Das Bedürfnis, Schmerz zu vermeiden, ist der stärkere Motivator.

4. Wir verfolgen also Ziele besonders diszipliniert, wenn einerseits das Erreichen des Zieles bei uns positiv besetzt ist und es andererseits sehr schmerzhaft für uns wäre, das Ziel nicht zu erreichen.

5. Die neuen Erkenntnisse zur Funktionsweise des Gehirns widersprechen dem Wunschdenken vieler Führungs- und Motivationsideologen, die es gerne sehen würden, wenn Motivation „nur positiv" funktionieren würde.

6. Wer zur Selbst- und Mitarbeitermotivation (oder in der Werbung) nur die Positivkomponente betont, verschenkt einen Großteil des möglichen inneren Antriebs.

7. Motivationskonzepte, die seit Jahrhunderten funktionieren, arbeiten deshalb unabhängig vom aktuellen Zeitgeschmack mit beiden Komponenten (Militär, Kirche, Staat).

3. Unsere Lernsoftware

Warum 95 Prozent aller Menschen sich nicht dauerhaft motivieren können – und wie Sie zu den anderen fünf Prozent gehören können

„Das Gute, was ich tun wollte, habe ich nicht getan, sondern das Böse, was ich meiden wollte", schrieb vor 2 000 Jahren der Apostel Paulus an die Gemeinde in Rom.

Das Problem, unseren Vorsätzen untreu zu werden und unserem Ich-Ideal hinterherzulaufen, ist offensichtlich kein Problem unserer Zeit: Es war den alten Römern offensichtlich genauso geläufig wie allen anderen Kulturen vor und nach ihnen. Interessanterweise macht es auch vor charakterlich vorbildlichen Menschen wie dem heiligen Apostel Paulus nicht halt. Diese Entschuldigung hilft uns jedoch wenig, wenn es darum geht, den Träumen unseres Lebens Taten folgen zu lassen:

▶ Wir nehmen uns seit Jahren vor, mehr für unsere Weiterbildung zu tun, um unsere Karrierechancen zu verbessern, aber wir haben bis heute nicht die Zeit dazu gefunden.

▶ Wir haben schon 17mal beschlossen, mit dem Rauchen aufzuhören, qualmen aber immer noch.

▶ Wir treiben Raubmord mit unserer Gesundheit, wir essen zu spät, trinken zuviel und bewegen uns zuwenig, obwohl wir einsehen, daß Gesundheit eines unserer wichtigsten Güter ist.

▶ Wir sind seit Jahren „entschlossen", uns mehr Zeit zu nehmen für die Familie, doch die berufliche Tyrannei des Dringenden kommt uns immer wieder dazwischen.

Wann immer wir uns wie der Apostel Paulus anders verhalten, als wir „eigentlich" wollten, hat das – wie Sie schon wissen – folgende Gründe:

1. Entweder wir verbinden mit dem neuen Verhalten zuviel Pein und zuwenig Spaß, oder

2. wir verbinden mit dem bisherigen Verhalten zuviel Spaß und zuwenig Negatives, oder

3. wir kombinieren beide Gründe.

Wer also seinen Entschluß, das Rauchen aufzugeben, mit Überlegungen begleitet, wie: Nichtrauchen macht „Lungenschmacht" oder „Wer weiß, ob es gesundheitlich überhaupt was bringt", braucht sich nicht zu wundern, wenn alles beim alten bleibt (intelligente Menschen wissen dies dann kreativ zu rationalisieren: „Übrigens mein Großvater ist 93 geworden, und der hat zeitlebens Zigarren geraucht"). Kurzum:

> Wann immer wir unseren Vorsätzen treu werden, schneidet unser Zielverhalten in der inneren Pein-Positiv-Abwägung schlechter ab als die Alternative, die wir dann tatsächlich praktizieren.

Manche Menschen glauben, es gäbe Ausnahmen von diesem Pein-Positiv-Prinzip. Sie sagen zum Beispiel: „Grundsätzlich mag das ja alles stimmen, aber da gibt es doch Dinge wie Bügeln oder Gartenarbeit, die hasse ich wie die Pest, und jede Alternative, die mir in den Sinn kommt, würde mir deutlich mehr Spaß machen, aber ich tue trotzdem meine Pflicht."

Wann immer jemand diese Ansicht vertritt, brauchen Sie ihm oder ihr nur zwei Fragen zu stellen:

1. Wieviel Pein bedeutet es für dich zu bügeln oder im Garten zu arbeiten?

2. Wieviel Pein würde es für dich bedeuten, mit ungebügelter Kleidung herumzulaufen oder in der Mitte anderer Ziergärten in einem Unkraut-Urwald zu ersticken?

Ich wette mit Ihnen: Wer immer Ihnen erzählt, er hätte Pein, wenn er seine Pflicht tut, hätte noch viel stärkere Negativgefühle, wenn er sie nicht täte – Sie sehen also, die Pein-Positiv-Bilanz gilt auch in der Variante: *Was ist das kleinere Übel?*

Wenn nun unser Denken so überlebensorientiert auf ständige Lustoptimierung und Peinminimierung ausgerichtet ist, stellt sich die Frage, woher unser Betriebssystem seine Informationen bezieht, wenn es solche Pein-Positiv-Bilanzen erstellt.

Die Antwort liegt in dem, was Lernbiologen unsere Lernsoftware nennen:

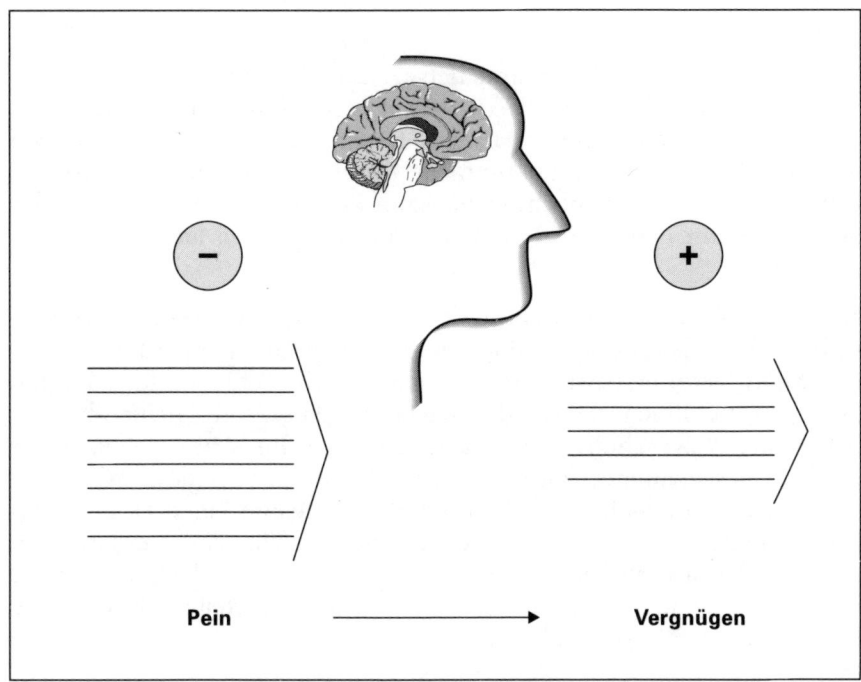

Stellen Sie sich vor, jemand würde mit dem Begriff *Diät* spontan Assoziationen wie „Verzicht", „Tortur", „Askese" und Gedanken wie „ohne Schokolade ist Leben nur Leiden" verbinden. Wann immer dieser Mensch also an Diät denkt, denkt er automatisch Pein, und wann immer er Sachertorte sieht, frohlockt sein Herz und empfiehlt: „Immer rein damit". Mit anderen Worten: Unsere Lernsoftware funktioniert im Alltag wie ein Autopilot, der unser Verhalten „automatisch steuert", damit wir bei Routineentscheidungen nicht jeweils neu nachdenken müssen.

Können Sie sich beispielsweise noch daran erinnern, wie unangenehm es war, als wir in der Fahrschule beim „Anfahren am Berg" im Schaltgetriebeauto über jeden Handgriff nachdenken mußten? Und wie erleichtert wir waren, nachdem sich der Bewegungsablauf so eingeschliffen hatte, daß wir heute nur noch an das Kommando Anfahren denken und der Rest per Autopilot erledigt wird?

Autopilotenprogramme besitzen wir als verinnerlichte Denk-, Gefühls- und Handlungsprogramme in allen Lebensbereichen, in denen unser Gehirn genügend Gelegenheit hatte, entsprechende Lernerfahrung zu sammeln.

Wissenschaftler bezeichnen diese tiefsitzenden Lernprogramme als Neuroassoziationen. Der Begriff Assoziation meint zunächst eine Verknüpfung von zwei Reizen in der Art, daß der eine automatisch den anderen ins Bewußtsein ruft. Angenommen, Ihr neuer Nachbar sähe Ihrem Erbonkel Karl-Theo ähnlich. Dann kann es sein, daß Sie, wann immer Sie in Zukunft den einen sehen, automatisch an den anderen denken müssen.

Nun ist nicht jede Verknüpfung von Gedanken in unserem Kopf so stark, daß sie als feste Verbindung in unser Nervensystem „eingebrannt" ist: Wenn Sie zum Beispiel in der Französisch-Prüfung zehn Minuten brauchen, bis Ihnen einfällt, daß das Auto „la voiture" heißt (der Tip des Prüfers: „So ähnlich wie Vordertür" hat Ihr Aha-Erlebnis noch deutlich beschleunigt), haben Sie „bloß" eine Assoziation. Wenn Sie jedoch eine Hundephobie haben, werden Sie kaum einen Dobermann zehn Minuten lang streicheln, bevor Ihnen einfällt, daß Sie eigentlich panische Angst vor Hunden haben: In diesem Fall wird die Verknüpfung immer und ohne Ausnahme und in Sekundenbruchteilen aktiviert: Sie haben eine ins Nervensystem „eingebrannte" Neuroassoziation.

Mit diesem minimalen Theoriehintergrund können wir jetzt leicht nachvollziehen, warum Lernpsychologen über Otto-Normal-Verbrauchers Theorie vom „eisernen Willen" nur müde lächeln können: Nehmen Sie an, Otto N. würde mit Diät die oben beschriebenen „Peinassoziationen" verbinden. Als echter Willensriese und Mensch von eiserner Disziplin kasteit er sich jetzt für drei Wochen (oder auch drei Monate): keine Sachertorte, kein Schwarzwälderkirsch, kein Eisbein, keine Pralinen, kein Alkohol … Statt dessen ein Martyrium von Staatlich Fachinger, Knäckebrot und Rohkost … Und Otto N. ist eisern: Er schildert allen, die es wissen oder nicht wissen wollen, in glühenden Farben, wie diszipliniert er gestern wieder an einer Konditorei vorbeigegangen ist.

Otto-Normal-Verbraucher glaubt: Selbstdisziplin ist das Unterbrechen des Autopiloten.

Doch mit dem Unterbrechen seines Autopiloten spielt er ein Spiel, das er nicht gewinnen kann: Sein Nervensystem weiß: „Diät ist Pein", und so wird sein Betriebssystem alles tun, um dieser (vermeintlich lebensbedrohenden) Pein zu entkommen.

Und so kommt es, wie es kommen muß: Otto N. genehmigt sich ab und an wieder eine „lustvolle" Ausnahme. Er fängt an zu rationalisieren: „Dicke Menschen sind eh gemütlicher als diese nervös hibbeligen Vogelscheuchen ... "

Und die Statistik zeigt dann das bittere Ende all dieser Willensriesen: 95 Prozent aller Menschen, die eine Diät beginnen, wiegen zwei Jahre später im Durchschnitt zwei Pfund mehr (!) als vor ihrem Diätversuch.

Für uns interessant sind natürlich weniger die 95 Prozent, die es nicht schaffen, es sei denn, wir lassen sie uns als mahnendes Beispiel dienen:

> Es gibt keine dauerhafte Verhaltensänderung gegen unseren Autopiloten! Neues Verhalten erfordert ein Umprogrammieren unserer Lernsoftware.

Sehen wir uns deswegen die fünf Prozent näher an, die es schaffen.

Angenommen, Sie stellen Ihre Ernährung um: Nach und nach verbinden Sie mit Müsli und knackigem Salat Leichtigkeit und Energie, während Ihnen opulente Mahlzeiten schwerer im Magen liegen: Mit dieser emotionalen Umprogrammierung Ihrer Einstellung sind Sie auf dem Weg zu den fünf Prozent, die es schaffen.

Besonders deutlich läßt sich der Prozeß der emotionalen Umwertung unserer Lernsoftware bei ehemaligen Rauchern beobachten: So wissen Raucher immer wieder zu berichten, daß ehemalige Raucher oft viel intolerantere Rauchergegner sind als Menschen, die nie geraucht haben.

Die Erklärung dafür ist lernpsychologisch einfach: Wer sich vom positiv empfundenen Gewöhnungeffekt des Nervengifts Nikotin befreien will, muß ein noch stärkeres negatives Gegengewicht aufbauen. Eine Komponente dieser Negativassoziation ist für viele Ex-Raucher der Geruch von (kaltem) Zigarettenrauch, den viele nachher sogar als ekelerregend empfinden, obwohl sie ihn während ihrer Aktivzeit als Raucher kaum zur Kenntnis genommen haben.

Doch wie gelingt es, den Autopiloten auf die wichtigsten Ziele auszurichten und sein eigener Softwaredesigner zu werden?

Sehen wir uns als erstes an, welche Erkenntnisse Lernpsychologen zu diesem Thema in den letzten Jahren zusammengetragen haben. Die interessantesten Ergebnisse über die extrem hohe Lerngeschwindigkeit unseres Gehirns verdanken wir dabei der Erforschung von Phobien:

Angenommen, Sie machen Urlaub in New York. Sie wollen auch das Empire State Building mit seiner berühmten Aussichtsplattform im 104. Stock besuchen. Der Aufzug verkanntet sich nun zwischen Stockwerk 84 und 85 und bleibt mit einem ohrenbetäubenden Kreischen stecken. Der coolste Mitreisende steckt sich noch eine Marlboro an und beruhigt die anderen mit den Worten: „Sowas haben die Amis schnell im Griff."

Dem Marlboro-Jungen wird allerdings genauso mulmig wie allen anderen Fahrgästen, als überall in den Fluren, Treppenhäusern und Aufzugschächten des Hochhauses Alarmglocken wild zu läuten beginnen. Obendrein hören Sie jetzt auch noch Hilferufe von Menschen, die durch die Treppenhäuser nach unten zu fliehen versuchen. Der Marlboro-Junge schaut inzwischen ausgesprochen beunruhigt, als er zu Ihnen sagt: „Hätte ich doch damals im Englischunterricht bloß besser aufgepaßt. Dann wüßte ich jetzt auch, was die mit ihrem „fire, fire" meinen ... "

Mal Hand aufs Herz: Wenn Sie nach 45 Minuten aus diesem brennenden Aufzug gerettet werden: Können Sie sich vorstellen, daß Sie abends – wenn Sie in Ihr Urlaubshotel zurückkommen – beim Anblick des Fahrstuhls sich spontan motiviert fühlen, den Fußweg über die Treppe zum dritten Stock zu nehmen, auch wenn Sie das unter normalen Umständen niemals tun würden?

Und können Sie sich weiter vorstellen, daß dem ein oder anderen Ihrer mitgefangenen Aufzugfahrer der Schock dieses Erlebnisses so in die Glieder fährt, daß ihn zeitlebens keine zehn Pferde mehr in irgendeinen Aufzug hineinbringen, weil er eine Aufzugphobie entwickelt hat?

Wenn Sie sich dies vorstellen können, dann herzlichen Glückwunsch: Sie sind auf dem Weg, eines der meistverbreiteten Vorurteile über menschliches Lernen zu knacken. Die Vorstellung nämlich, daß Lern- und Verhaltensänderung schwierig und vor allem zeitaufwendig ist. Wie Lernpsychologen wissen, ist das genaue Gegenteil richtig: Unter günstigen Lernbedingungen („brennender Fahrstuhl") genügt unserem Gehirn eine einzige Wiederholung (!) um eine neue Einstellung, Erfahrung und Verhaltensweise für den Rest unseres Lebens zu speichern.

> Unter günstigen Lernbedingungen genügt unserem Gehirn eine
> Wiederholung zur dauerhaften Verhaltensänderung.

Diese Erkenntnis ist die Revolution der Lernpsychologie. Die Lernformel, die Sie und ich noch vom Vokabelpauken kennen, lautet schlicht: „Die Wiederholung ist die Mutter der Weisheit." Das heißt, je öfter und je länger wir uns mit etwas beschäftigen, um so größer ist die Wahrscheinlichkeit, daß unser Kopf es sich merkt.

> **Die alte Lernformel** hieß: Dauer x Häufigkeit = Die Wiederholung ist die Mutter der Weisheit.
> **Die neue Lernformel** lautet: Dauer x Häufigkeit x emotionale Intensität = Die Emotion ist der Lernturbo.

Daß diese alte Lernformel höchst unvollständig war, davon können viele Schüler noch heute ein Lied singen.

Kennen Sie zum Beispiel noch die ersten fünf Ziffern von π hinter dem Komma? 3,14159. Vielleicht hat der Mathelehrer Ihnen die richtige Antwort zwölfmal vorgesagt, vielleicht haben Sie sogar sechs Monate lang Aufgaben mit der Kreisformel gerechnet und Ihrem Gehirn so stundenlang und dutzendfach Lerngelegenheiten angeboten. Der entscheidende Punkt ist: Solange Ihr Gehirn kein emotionales Interesse hatte, sich die Information zu merken, halfen weder Lerndauer noch Wiederholungshäufigkeit weiter.

Der entscheidende Durchbruch der Lernpsychologie der letzten Jahrzehnte ist deswegen die Erkenntnis, den „Lernturbo" der emotionalen Intensität entdeckt zu haben. Denn mit ihm können wir mit einer einzigen Wiederholung (!) die vielleicht nur wenige Sekunden dauert, eine neue Einstellung gewinnen, die ein ganzes Leben lang anhält.

Wenn der arrogante und überhebliche Nachbar, den Sie noch nie leiden konnten, als erster sieht, wie Ihr Kinderwagen auf die Fahrbahn rollt und Ihre Tochter mit einem beherzten Sprung vor dem herannahenden LKW rettet, dann kann es sein, daß Sie ihn nachher in einem völlig anderen Licht sehen.

Extrembeispiele, wie etwa der brennende Aufzug oder unser vom Unfalltod bedrohtes Töchterlein, demonstrieren zwar die Funktionsweise des Lernturbos besonders deutlich, dürfen uns aber nicht den Blick verstellen auf die „Mini-Emotionsturbos", die unser Leben jeden Tag begleiten.

Denken Sie beispielsweise an Ihre Hobbys: Ist Ihnen schon einmal aufgefallen, daß Ihnen alle Informationen, die sich um Ihr Steckenpferd drehen, scheinbar zufliegen? Ob es um Fußballergebnisse geht oder um Beschleunigungswerte für Sportwagen, die besten Heilkräuter für Turnierpferde mit nervösem Magen und die interessantesten Neuerscheinungen auf dem Briefmarkensektor. Wenn unser Herz dahintersteht, ist Lernen kein Problem: Informationen fliegen uns zu, wir hören sie einmal und setzen sie sofort um.

Finden Sie es nicht merkwürdig, daß es Zwölfjährige gibt, die in Mathematik und Physik mit einem „Mangelhaft" kämpfen und versetzungsgefährdet sind, auf dem häuslichen PC aber ihrem Herrn Papa zeigen, wo es langgeht, obwohl der als gelernter Informatiker eigentlich alles besser können sollte?

Sind Ihr Sohn oder Ihre Tochter, die sich in der Schule für nichts interessieren, tatsächlich so unbegabt? Wieso können sie dann die Fernbedienung Ihres neuen Fernsehers, Ihr Videogerät und die Nummernprogrammierung Ihres Autotelefons soviel besser bedienen als Sie?

Fast jeder weiß, daß jemand, der sich in sechs Wochen seinen Lebenstraum erfüllen wird und als Geschäftsführer nach England geht, in einem halben Jahr mit zwei Abenden wöchentlich bei der Berlitz-School mehr und besser Englisch lernen wird als in neun Jahren Schulunterricht.

Und doch kümmern sich die wenigsten Eltern und Lehrer darum, unseren Kindern ein emotionales Warum zu geben, bevor sie mit dem Was und Wie des Lernens beginnen. Und schlimmer noch: Obwohl auch Sie vom gesunden Menschenverstand her wissen, daß sich das Was und Wie von selbst ergeben, haben Sie in Ihrem Leben zuwenig „emotionales Warum". (Der 3. Teil des Buches zur Lebensvision wird hier Abhilfe schaffen.)

Oder denken Sie an Manager, die täglich ihren Mitarbeitern Vorträge über Motivation halten und selbst seit Jahren in einer Position sind, mit der sie sich innerlich nicht identifizieren. Trotzdem wundern sie sich, daß sie keine Spitzenleistung bringen.

Warum Neuroassoziationen und die mit ihnen verbundene emotionale Steuerung der Schlüssel zu unserem Verhalten und unserer Motivation sind, erkennen wir am besten, wenn wir uns etwas genauer mit unserer stammesgeschichtlichen Entwicklung beschäftigen:

Menschen sind im Vergleich zu anderen Gattungen eher instinktarme Wesen. Anders als Eichhörnchen, die beim ersten Anblick einer Haselnuß aufgrund eines Instinktprogramms wissen, wie sie eine Nuß knacken können, wissen Menschen beim ersten Anblick einer roten Beere noch nicht „leckere Kirsche" oder „giftige Vogelbeere".

Von daher ist es für unser Gehirn entscheidend, mit möglichst wenigen – unter Umständen ja lebensgefährlichen – Versuchen herauszufinden, wie wir uns in einer neuen Umgebung zurechtfinden können. Der Nachteil der Instinktarmut beschert uns also umgekehrt eine sehr viel höhere Flexibilität, so daß wir in den unterschiedlichsten Umgebungen – von Grönland bis Feuerland – umweltangepaßt leben können. Damit dies möglich ist, arbeitet unser Gehirn als permanente Lernmaschine: Unser Kopf ist der einzige Computer auf diesem Planeten, der sich seine Software selbst schreibt.

> Es ist Teil unseres Überlebensmechanismus, daß wir nicht nicht lernen können.

Wann immer nämlich unser Gehirn einen „signifikanten Input" bekommt, also etwas erlebt, was als Pein oder Lust genügend Eindruck macht, speichert unser Kopf diese Information als Referenzerfahrung für die Zukunft: Der Kopf sucht zunächst nach den Ursachen der schmerz- und lustauslösenden Erlebnisse, stellt eine entsprechende Ursache-Wirkung-Hypothese auf und merkt sich das Ganze, damit wir beim nächsten Erlebnis dieser Art entweder der Pein von Anfang an aus dem Wege gehen können oder aber schneller zur Quelle des Vergnügens vorstoßen.

Wenn Sie also vor zehntausend Jahren um eine Ecke bogen und mangels Referenzerfahrung den dort frühstückenden Bären putzig fanden und ihm die Hand schüttelten, dann hätte es sein können, daß Sie diese Unerfahrenheit – wenn Sie viel Glück hatten – zwei Finger gekostet hat. Dies sorgte für entsprechenden Schmerz, so daß Ihr Gehirn sich bemüßigt fühlte zu speichern: „Begegnungen mit Bären sind schmerzhaft, in Zukunft besser schnell wegrennen."

Demotivation durch zu schnelles Lernen

Die Erkenntnis, daß unser Gehirn eine Lernmaschine ist, die sich positive und negative Emotionen um so schneller merkt, je intensiver sie sind, wirft nun ein völlig neues Licht auf das, was wir bislang über Selbstmotivation zu wissen glaubten:

Denn wann immer wir nicht ausreichend motiviert sind, uns so zu verhalten, wie wir es tun wollen, könnte dies neben fehlender Positivmotivation auch damit zusammenhängen, daß unser Gehirn in dem entsprechenden Bereich schon zu viele Negativemotionen gespeichert hat. Lernpsychologen diskutieren dies unter dem Stichwort „gemischte Neuroassoziationen" und meinen damit, daß unser Gehirn mit einem bestimmten Inhalt sowohl positive als auch negative Referenzerfahrungen verbindet: Nehmen Sie an, Sie hätten zu Beginn Ihrer beruflichen Karriere den Begriff Vorgesetzter positiv besetzt. Es war erstens Ihr größtes Ziel, selbst einmal in diese prestigeträchtige Position aufzusteigen. Zweitens glaubten Sie, Chef würde man aufgrund seines Qualifikationsvorsprungs und seiner Bereitschaft, andere zu fördern. Nehmen Sie weiter an, Ihr Chef habe als echter Abteilungstyrann Ihrem Idealbild nicht so sehr entsprochen: Dann hatte Ihr Gehirn genügend Gelegenheit, auch negative Assoziationen zum Begriff Chef einzuspeichern – möglicherweise mit dem Ergebnis, daß Sie noch 20 Jahre später die Notiz „Bitte Rücksprache" mit sehr gemischten Gefühlen betrachten.

Wir kommen hier zu einem für unsere gesamte Persönlichkeitsentwicklung entscheidenden Punkt:

1. Wir lernen permanent, da unser Gehirn zu allem, was wir erleben, Referenzerfahrungen speichert.

2. Wir können nicht verhindern, daß wir ab und zu negative Erfahrungen machen – gerade in Bereichen, die ursprünglich positiv besetzt waren, wie beispielsweise Lernen, Freundschaft, Familie, Kinder, Karriere usw. Dies hat für uns alle entscheidende Konsequenzen:

Kennen Sie Menschen, die in einem dieser Bereiche, die für unser Lebensglück zentral sind, einmal oder mehrfach eine böse Überraschung erlebt haben? Menschen, die etwa von einem Lebenspartner oder Freund ausgenutzt und bitter enttäuscht worden sind? Und die sich aufgrund dieser seelischen Narbe entschlossen haben, Lebenspartner und Freunde nie mehr so nahe an sich heranzulassen, um nie mehr so verletzt zu werden?

Kennen Sie beispielsweise Menschen, die im Erwachsenenalter wegen solcher Erfahrungen nur noch oberflächliche Freundschaften eingehen, denen wirkliche Nähe fehlt? Und die unter dieser selbstgewählten Isolation durchaus leiden, sich aber sagen: Lieber keine richtigen Freunde mehr als falsche, die mich hintergehen? Kennen Sie Menschen, die aufgrund von Negativerfahrungen versuchen, in ihrem Leben mög-

lichst jedes Risiko auszuschließen und sich deswegen in ihr Schnecken-
haus verkriechen?

Wenn Sie nach einigen Erfahrungsjahren mit dem Thema Partnerschaft
beispielsweise 51 Prozent Positiverfahrung und 49 Prozent Frust verbinden, dann merkt man Ihnen die zwei Prozent Motivationsüberschuß an,
mit denen Sie Ihre Partnerschaft pflegen!

> **Einer der Hauptgründe für Demotivation ist, daß unser Gehirn zu
> schnell lernt!**

Das Problem der meisten Menschen ist nicht, daß sie keine Energie
haben, sondern mit gemischten Neuroassoziationen mit einem Fuß auf
dem Gas stehen und mit dem anderen voll auf der Bremse:

▶ Einerseits würde ich schon gern weiter Karriere machen, andererseits
möchte ich mich mit zusätzlichem Streß nicht völlig kaputt machen.

▶ Irgendwie hätten wir gern schon ein größeres Haus, aber nochmal
umziehen, der Ärger mit den Handwerkern, sich neu einrichten, das
muß nicht sein.

▶ Sicher würden wir gern im Urlaub auch mal woanders hinfahren und
etwas Neues sehen, aber bis man dann wieder die besten Restaurants
kennt, weiß, welche Ecken sicher sind und welche nicht.

▶ Klar, reizt es, wieder Skifahren zu gehen, aber seit dem letzten Gips
fährt doch die Angst mit, da will ich in meinem Alter nichts mehr
riskieren.

▶ Natürlich fänden wir es schön, wenn wir jetzt noch ein Brüderchen
oder Schwesterchen hätten. Aber der Streß der ersten beiden Jahre,
die schlaflosen Nächte, das Geschrei, Windeln wechseln usw., das
müssen wir uns nicht noch einmal antun.

> **Merke:** Wer ständig auf der Bremse steht, braucht sich nicht zu
> wundern, wenn es in seinem Leben nicht vorwärts geht. Negativ-
> erfahrungen machen aus dem Feuer der Begeisterung lauwarme
> Asche.

Das ist der Hauptgrund, warum die meisten Menschen ohne Enthusiasmus und Engagement leisetreterisch und risikoscheu durch ihr Leben
schleichen!

Das Thema dieses Buches dreht sich um die Kardinalfrage:

> Wer ist in Ihrem Kopf der Boß? Sind Sie Gestalter Ihrer Denkgewohn-
> heiten oder nur der Roboter, der zufällig gelernte Programmbefehle
> umsetzt?

Die traurige Realität ist: Die meisten Menschen sind im eigenen Kopf nicht der Boß! Sie lassen sich vielmehr von traumatischen Negativerlebnissen in ihrem Enthusiasmus und ihrer Schaffenskraft bremsen. Sie gehören zu den lauen „Einerseits-Andererseits"-Typen, von denen schon die Bibel gesagt hat: Sie werden vom Leben ausgespien.

Die meisten gehören – nachdem sie durch ein kleines oder größeres Stahlband an Frusterlebnissen gegangen sind – zu den Zaungästen dieser Welt, und das ist schade: Denn wir sind den Pein- und Positivreizen unserer Umgebung nicht hilflos ausgeliefert aufgrund festverdrahteter Instinktprogramme. Wir können vielmehr unser Schicksal „besinnen", das heißt, wir können entscheiden, welchen Sinn wir den Ereignissen in unserem Leben geben und wie wir auf sie reagieren wollen: Zwischen Reiz und Reaktion liegt – wie der große Psychoanalytiker Viktor Frankl sagt – unsere Freiheit: die Freiheit, zu entscheiden, was wir über einen äußeren Pein-/Positivreiz denken und fühlen und wie wir auf ihn reagieren wollen.

Der alte Philosophenstreit zwischen Deterministen und Indeterministen, ob wir denn nun einen freien Willen haben oder nicht, wird durch die neuen Erkenntnisse der Neurobiologie sehr eindeutig beantwortet: So wissen wir etwa, daß stark negative Erfahrung (Feuer im Fahrstuhl) im limbischen System fixiert werden. Daniel Goleman schreibt dazu: „Diese intensiven Momente des Schreckens werden, wie die Neurowissenschaftler sagen, zu Erinnerungen, die sich in den emotionalen Schaltungen festsetzen. Tatsächlich sind die Symptome Anzeichen des übererregten Mandelkerns, der dafür sorgt, daß die lebhaften Erinnerungen an einen traumatischen Moment sich ständig ins Bewußtsein drängen."

Dieses „überreizte Alarmsystem" bezeichnet Goleman als posttraumatisches Syndrom. Entscheidend ist nun, wie Neurobiologen herausgefunden haben, daß das im limbischen System fixierte posttraumatische Syndrom durch „rationale Prozesse der präfrontalen Kortex aktiv unterdrückt werden kann" – auf gut deutsch: Wir sind in der Lage, emotional umzulernen.

Derjenige, der für eine gerechte Sache in den Hungerstreik tritt, wird genauso Hunger haben wie alle anderen, die nichts essen. Und dieses Hungergefühl wird ihn oder sie genauso schmerzen wie alle anderen auch: Das Wissen aber, daß ich für eine gute Sache hungere, beispielsweise für meine politisch verfolgten Familienmitglieder, die in einer Militärdiktatur verschleppt sind, kann dazu führen, daß sich negative Hungergefühle in positive „Märtyrerschmerzen" umformen.

Beispiele für emotionales Umlernen finden sich in Hülle und Fülle auch in weniger heroischen Einkleidungen als dem gerade geschilderten Fall: Sie brauchen nur etwa an sexuelle Abartigkeiten, wie Sadismus oder Masochismus, zu denken, um zu erkennen, daß wir durchaus in der Lage sind, „objektive" Pein subjektiv in Lust umzuformen. Spitzensportler wissen ebenfalls von diesem Phänomen zu berichten: Wer jahrelang im Grenzbereich menschlicher Leistungsfähigkeit trainiert, lernt in aller Regel, sich auf die mit einem solchen Training verbundenen Schmerzen zu freuen. Die „No-pain,-no-gain"-Philosophie mancher Bodybuilder ist ein typisches Beispiel dafür.

Die neurologischen Gesetzmäßigkeiten, nach denen emotionales Umprogrammieren erfolgt, sind heute genausogut erforscht wie die praktischen Rezepte, mit denen dieser Prozeß am leichtesten durchzuführen ist: So gibt es etwa Therapeuten, die durch eine Zusatzausbildung im „neurolinguistischen Programmieren" (NLP) in der Lage sind, Phobien ihrer Patienten in einer einzigen Sitzung dauerhaft zu kurieren.

Die Frage ist also nicht mehr, ob wir Boß in unserem Kopf sein können, sondern ob unsere persönliche Weiterentwicklung uns wichtig genug ist, es auch zu werden.

Wie wir in unserem Kopf aufräumen können

Mal angenommen, Sie haben schon 37mal versucht, sich das Rauchen abzugewöhnen. Sie haben jetzt nach der Lektüre der ersten Kapitel erkannt, daß die emotional leise Stimme: „Aufhören ist gut für meine Gesundheit" gegen die emotional laute Stimme „aber dann hätte ich doch so 'ne Lungenschmacht" in Ihrem Antriebssystem keine Chance hat. Sie wissen nun, daß die rationale Einsicht wenig, der emotionale Drive dagegen fast alles bewirkt. Die Frage ist: Wie bekommen Sie den Drive aufzuhören? Müssen Sie sich eine Phobie gegen Zigaretten antrainieren? Und wenn ja, wie geht das?

Sehen wir uns das Beispiel eines Seminarteilnehmers an, dem ich die folgende Schilderung verdanke: Der Teilnehmer wohnt in einer Straße mit dem Namen „Die eigene Tat". Diese Straße heißt deswegen so, weil die Familien, die dort wohnen, als befreundete Arbeitskollegen jedes Jahr in den Ferien gemeinsam ein Haus für die Familie mit den jeweils ältesten Kindern gebaut haben. Sie können sich sicher vorstellen, daß die Zusammenarbeit über Jahre hinweg in einem solchen Nachbarschaftsteam ein Vertrauen und eine Verbundenheit untereinander aufbaut, die es in der heutigen Zeit nur noch selten gibt. Soviel zum Vorverständnis, und jetzt zur Geschichte des Mannes, der schon einige Male versucht hatte, sich das Rauchen abzugewöhnen und jetzt aufgrund eines Schlüsselerlebnisses Erfolg hatte:

„Als ich an dem Tag nach Hause gekommen bin", erzählte mir der Teilnehmer, „habe ich sofort gemerkt, daß irgendetwas nicht stimmte. Meine Frau war so niedergeschlagen, und als ich dann gefragt habe, was los sei, da hat sie gesagt: ‚Ja, hast du denn noch nichts gehört? Dein Freund Wilfried hat Lungenkrebs. Die Ärzte geben ihm noch etwa zwölf Monate.' Wilfried war in meinem Alter. Wir kannten und schätzten uns seit Jahren. Ich hatte beim Bau seines Hauses mitgeholfen und er bei meinem. Er war einer meiner besten Freunde. Unsere Frauen und auch die Kinder verstanden sich gut, und jetzt das! Ich war wie vor den Kopf geschlagen.

Um mich abzulenken, ging ich erst einmal in den Garten und fing an, den Rasen zu mähen. Ich konnte und wollte nichts Richtiges denken. Irgendwann fischte ich dann ganz in Gedanken eine Zigarette aus meinem Kittel. Gerade als ich sie anzünden wollte und das Feuerzeug klickte, da hatte ich diese Vorstellung, wie unser Arzt meinem Freund die Nachricht mitgeteilt hat. Und es hat mich so geschockt, daß ich meine Zigarette wieder aus dem Mund genommen habe, zur Mülltonne gegangen bin und Feuerzeug, Zigarette und angebrochene Packung hineingeworfen habe. Und seit dem Tag, der jetzt über fünf Jahre zurückliegt, habe ich keine Zigarette mehr angerührt."

Lassen Sie uns dieses Beispiel etwas genauer betrachten:

1. Vermutlich gab es in der beruflichen und privaten Umgebung des Lungenkrebskranken einige, die sich das Rauchen eigentlich abgewöhnen wollten und es trotz des mahnenden Beispiels ihres Freundes oder Kollegen nicht geschafft haben. Die Tatsache, daß „draußen" was passiert, führt nicht notwendig dazu, daß „drinnen" in unserem

Kopf auch etwas geschehen muß (wie es ja auch sein kann, daß einige Menschen aus brennenden Aufzügen gerettet werden und von diesem Erlebnis keine Phobie davontragen).

2. Das wirklich Interessante und Wichtige an diesem Beispiel ist ein anderer Punkt: Der Seminarteilnehmer war ja nicht zugegen, als der Arzt seinem Freund die Hiobsbotschaft überbracht hat. Anders ausgedrückt: Es war allein der *Film im Kopf* des Teilnehmers, der ihn so schockiert hat, daß er das Rauchen von einem Augenblick auf den anderen aufgab.

> **Unser Gehirn kann zu Vorstellungen genauso starke Emotionen entwickeln wie beim tatsächlichen Erleben des Ereignisses.**

Wer also beim Gang in den Keller ein Rascheln hört und sich vor Einbrechern fürchtet, dessen Herz klopft bei einer eingebildeten Gefahr genauso stark wie bei einem realen Überfall. Das bedeutet, Sie brauchen nicht 40 Kilo zuzunehmen und wie ein Michelin-Männchen durch die Gegend zu watscheln, um die Pein zu erleben, Übergewicht zu haben: Wenn Sie sich nur intensiv genug vorstellen können, wie es ist, wenn Sie so verfetten, genügt dies in vielen Fällen für die *emotionale Einsicht*, sich bessere Ernährungsgewohnheiten zuzulegen.

Ich bin mir sogar sicher: Wenn die heute 20jährigen 70-Kilo-Menschen, die durch zuviel Süßigkeiten und zu fettreiche Ernährung jedes Jahr zwei bis drei Pfund zunehmen, nur einen Funken Phantasie investieren würden, um sich vorzustellen, wie sie als 50jährige mit Halbglatze, Vierfach-Kinn, Bierbauch und klavierbreitem Hintern 90 Pfund schwerer in ihren Daimler hineinrollen, würde viele diese Vorstellung so schockieren, daß sie eine heilsame Miniphobie davontragen würden.

Entscheidende Erkenntnis der Motivationspsychologie ist:

> **Rationale Einsichten bewegen wenig, emotionale Einsichten sind der Schlüssel.**

Was uns zu der Frage führt: Wie kann ich meine rationalen Einsichten so emotionalisieren, daß ich anschließend nach dieser Einsicht handle?

Das nächste Kapitel zeigt Ihnen die wichtigsten Denkgesetze, die zu einer solchen Emotionalisierung führen.

4. Die Denkgesetze

Stellen Sie sich vor, ein Diktator stirbt nach langjähriger Herrschaft. Das ganze Volk weint, weil es intuitiv spürt, einen gütigen und weisen Herrscher verloren zu haben, wie es lange keinen gab und vermutlich auch lange Zeit nicht wieder geben wird. Schwer vorstellbar, sagen Sie? Stimmt, aber trotzdem passiert:

Zeitgenössische Geschichtsschreiber im alten Rom berichten nämlich von genau dieser Reaktion des Volkes beim Tod des römischen Kaisers Marc Aurel, der nicht nur ein großer Herrscher, sondern auch ein hervorragender Philosoph war (wenn Sie Marc Aurels Selbstbetrachtungen nicht gelesen haben, dann holen Sie's nach, es lohnt sich!). Ihm verdanken wir zwei entscheidende Einsichten, die die Jahrtausende überdauert haben und heute aktueller sind denn je:

Marc Aurel erkannte zunächst:

> Das Leben eines Menschen ist das, was seine Gedanken daraus machen.

Und wichtiger noch:

> Die Seele wird von den Gedanken geprägt.

Gerade mit der zweiten Aussage war Marc Aurel seiner Zeit weit voraus, denn es sollte noch bis in die 80er Jahre unseres Jahrhunderts dauern, bis es gelang, die Hypothesen von Marc Aurel naturwissenschaftlich zu untermauern.

Die präzise Formel für die Auswirkung eines Gedankens auf unser gewohnheitsmäßiges Denken, Fühlen und Handeln und damit auch unsere Persönlichkeit und unseren Charakter haben Sie im letzten Kapitel kennengelernt: Dauer x Häufigkeit x emotionale Intensität.

Wie sich unser Denken und unsere Denkgewohnheiten förderlich oder bremsend auf unser Glück und auf unsere Zufriedenheit auswirken, beschreiben die nachfolgenden Denkgesetze noch präziser.

1. Denkgesetz:
Im Anfang war der Gedanke

„Im Anfang war das Wort, und das Wort war bei Gott, und Gott war das Wort", heißt es über den Beginn der Schöpfungsgeschichte im Johannes-Evangelium. Das griechische „Logos", das in der deutschen Übersetzung mit „Wort" wiedergegeben wird, bedeutet gleichzeitig auch „Wissen" und „Gedanke." Es hätte beim Evangelisten also auch heißen können: „Im Anfang war der Gedanke." Ob Sie diese Beschreibung für die Naturwelt akzeptieren in dem Sinne, daß die Natur Schöpfungswerk Gottes und seiner Gedanken ist, sei hier dahingestellt: Außer Diskussion steht jedoch, daß die Aussage „Im Anfang war der Gedanke" für unsere Kulturwelt gilt: Alles von Menschenhand Geschaffene war zunächst als Idee in den Köpfen von Menschen, bevor es in der Außenwelt Form annahm. Die Amerikaner sagen dazu: „All things are created twice" — Alles was geschaffen wird, wird zweimal geschaffen: zuerst drinnen im Kopf, dann draußen in der Welt.

Ob Sie also den Eiffelturm, die chinesische Mauer, das Geigenspiel von Anna Sophie Mutter oder das Marketingkonzept von Am way bewundern, dessen Urheber zu Milliardären wurden: Wann immer Sie und ich staunend vor der Leistung anderer stehen und sie mit einem ehrlichen „unvorstellbar" kommentieren, machen wir eine entscheidende Aussage: Solange wir uns etwas noch nicht einmal vorstellen und gedanklich nachvollziehen können, solange bleiben uns die Türen zu aktuellen „Schöpfungen von Menschenhand" verschlossen: Das gilt für einen Sprung vom Zehn-Meter-Brett mit dreifachem Salto und zweieinhalbfacher Schraube genauso wie für die Autofahrkunst eines Walter Röhrl auf Schnee und Eis, den richtigen Riecher eines André Kostolany an der Börse und das Know-how unseres Nachbarn, dessen Stolz sieben fröhliche und gut erzogene Kinder sind: Alles, was wir bewundernd mit „Ahs" und „Ohs" kommentieren, mental aber nicht „begreifen" können, entzieht sich unseren Möglichkeiten: Was immer wir draußen in der Welt bewegen wollen, müssen wir zunächst drinnen im Kopf bewältigen: *Im Anfang war der Gedanke.*

Manche Menschen glauben, originelle und schöpferische Gedanken seien das Vorrecht einiger weniger: So schildern mir Teilnehmer in Kreativitäts-Seminaren immer wieder Beispiele von berühmten Erfindern, die ihre Entdeckungen im Traum gemacht haben: So soll etwa Nils Bohr, der „Erfinder" des nach ihm benannten Atommodells, die

Molekülstruktur seines Modells zunächst im Traum gesehen haben. Was manche Teilnehmer resigniert kommentieren mit den Worten: „Mir ist aber noch nichts Nobelpreisverdächtiges im Traum eingefallen." Meine Frage lautet dann: „Könnte es sein, daß Nils Bohr, bevor er die Lösung im Schlaf fand, jahrelang alle bekannten Informationen zu diesem Thema wieder und wieder bedacht hat, bis ihm nach hinreichender gedanklicher Verdichtung das Aha-Erlebnis im Traum zuteil wurde?"

▶ Könnte es sein, daß Sie und ich im Schlaf nur deswegen noch keine nobelpreisverdächtige Idee hatten, wie wir es zum Lebenskünstler bringen, weil wir noch nicht jahrelang Ideen verdichtet haben zu der Frage: Wie sieht der zu mir, meinen Talenten und meiner Familie optimal passende Lebensstil aus?

▶ Könnte es sein, daß viele Menschen unter anderem deswegen niemals den Status finanzieller Unabhängigkeit erreichen, weil sie sich noch nie damit beschäftigt haben, wie sie dieses Ziel erreichen könnten?

▶ Könnte es sein, daß viele Verlierertypen zeitlebens Verlierer bleiben werden, weil in ihrer Vorstellung Gewinner immer nur zufällig „Glück" gehabt haben?

▶ Und schließlich: Könnte es sein, daß Sie in einigen Lebensbereichen, die Ihnen wichtig sind, bislang deswegen nicht mehr erreicht haben, weil Sie keine präzise Vorstellung davon haben, wie Sie dieses Ziel erreichen könnten?

„Die Grenzen unserer Sprache sind die Grenzen unseres Denkens", sagt der deutsche Sprachphilosoph Ludwig Wittgenstein, und weiter heißt es bei ihm: „Alles, was sich sagen läßt, läßt sich auch klar sagen, und das, was sich nicht klar sagen läßt, darüber sollten wir schweigen."

In Anlehnung an Wittgenstein können wir sagen: „Alles, was sich klar denken läßt, läßt sich auch tun, und alles, was sich nicht klar denken läßt (weil wir keine klare Vorstellung davon haben), läßt sich eben nicht umsetzen." Anders ausgedrückt: Die erste fundamentale Voraussetzung dafür, daß wir aktiv werden können – lange bevor es um die Motivation und den Drive geht, einen bestimmten Weg auch zu gehen –, ist die Verfügbarkeit einer „Landkarte", mit der wir uns in dem vor uns liegenden, noch unbekannten Gelände bewegen können:

> Die Ignoranz gegenüber eigenem Nichtwissen ist einer der größten Stolpersteine auf dem Weg zu persönlichem Weiterkommen.
>
> *Timothey Leavy*

Ein klein wenig Sokratisches: „Ich weiß, *in welchem Bereich* ich nichts weiß" ist sehr hilfreich, wenn es darum geht, den Punkt zu finden, an dem wir den Hebel zur Selbstentwicklung ansetzen können.

Die Frage ist: Wie lassen sich am besten Know-how-Landkarten entwickeln, die dann als Voraussetzung und Einstiegshilfe in motiviertes Handeln genutzt werden können? Hier können wir viel von der Wirtschaftsweltmacht Japan lernen, die sich das zweite Denkgesetz zunutze gemacht hat wie keine andere Nation:

2. Denkgesetz:
Nachahmung ist der schnellste Weg zum Lernerfolg

> Es gibt drei Wege des Lernens:
> 1. durch Nachdenken, das ist der edelste,
> 2. durch Erfahrung, das ist der bitterste, und
> 3. durch Nachahmung, das ist der leichteste. *Konfuzius*

Wie Sie am Beispiel des Konfuzius sehen, gab es schon vor 5 000 Jahren Menschen, die Erkenntnisse über die Denkweise unseres Gehirns formuliert haben, die – leider – 160 Generationen später immer noch nicht Allgemeingut unseres Denkens und Lernens geworden sind.

Unser Lernen durch Nachahmung hat, neben dem Erfahrungslernen durch Versuch und Irrtum, eine Schlüsselfunktion bei der Entwicklung unserer Fähigkeiten. Das wird Ihnen jeder Vater und jede Mutter bestätigen, deren Zweijährige das Verhalten der Eltern und Geschwister 1:1 abkupfern. Und wenn der Vierjährige mit dem zweijährigen Schwesterchen schimpft und die Verwandten bewundernd kommentieren: „Aber ganz genau der Papa", dann kann das Kompliment (je nach dem, wie das Schwesterlein fertiggemacht wird) durchaus zweifelhaft sein, der Erfolg der Methode Lernen durch Nachahmen ist es jedoch nicht.

Lernpsychologen illustrieren den Vorrang der Methode Lernen durch Nachahmen gegenüber dem Lernen durch Nachdenken auch gerne mit folgender Frage: Warum können die meisten Menschen so gut aufrecht gehen? Antwort: Weil man ihnen im Alter von einem Jahr keinen

500-Seiten-Wälzer in die Hand gedrückt hat mit dem Titel: „Biomechanische Erkenntnisse über das Ausbalancieren des Gleichgewichts von Zweibeinern in der Vertikalen!"

Wenn Sie das für übertrieben halten, dann geben Sie sich doch einmal dem Experiment hin, zusammen mit Ihrem drei- bis fünfjährigen Sohn eine neue Sportart zu erlernen – sagen wir Skifahren. Ihr Skilehrer wird Ihnen – unter völliger Ignoranz konfuzianischer Lernerkenntnisse und damit in bester Übereinstimmung mit den meisten Lehrern – das Skifahren auf dem edlen Weg des Nachdenkens vermitteln: „Immer den Talski belasten, Hüftknick über dem Außenski und Oberkörper immer dem Tal zugewandt ... "

Ihr fünfjähriger Sohn, der mit dem ganzen Theoriegefasel nichts anfangen kann („Welcher Ski ist denn der Talski? Ich fahr doch mit beiden Skiern ins Tal!"), wird nach kurzer Zeit das tun, was ihm schon beim Laufenlernen und dem Erwerb seiner Muttersprache geholfen hat: Einfach die kopieren, die es können. Nach spätestens drei Tagen sehen Sie die unterschiedlichen Lernergebnisse: Während Sie alle 50 Meter ein Loch in den Schnee hauen, weil Sie zwischen Talskischulter, Anrotieren und Hüftknick mal wieder den Überblick verloren haben, wartet der Sohnemann unten geduldig und empfängt Sie mit den Worten: „Papa, warum brauchst du so lange?"

Warum Skilehrer – wie andere Lehrer – so oft den edlen Weg des Lernens durch Nachdenken wählen, ist schnell erklärt. Sie operieren mit einem der grundlegendsten Vorurteile über Lernen überhaupt, das lautet: „Wer etwas können will, muß darüber zunächst einmal viel Wissen vermittelt bekommen."

Selbst auf die Gefahr hin, es mit vielen Lehrern und Professoren zu verderben: Zwischen Wissen und Können besteht bestenfalls ein sehr loser Zusammenhang – oder, noch deutlicher: beide haben kaum etwas miteinander zu tun. So gibt es beispielsweise Professoren für Biomechanik, die Ihnen ein ganzes Sommersemester Boris Beckers Aufschlag erklären können – mit Kraftvektoren und der lateinischen Bezeichnung aller 231 Muskeln, die dazu aktiviert werden müssen. Wenn Sie deshalb annehmen, jemand, der sich so intensiv mit Tennis auf dem edlen Weg des Nachdenkens beschäftigt habe, sei auch selbst ein guter Spieler, kann Ihnen eine böse Überraschung drohen: Vielleicht ist der Aufschlag unseres Biomechanikspezialisten eine absolute Katastrophe – ja, vielleicht kann er überhaupt nicht Tennis spielen.

Und umgekehrt: Wenn Sie Boris oder einen anderen Könner fragen, wie sein Aufschlag funktioniert, dann kann es sein, daß deren analytische Erklärungen Sie nicht zufriedenstellen.

Lassen Sie uns nun prüfen, ob dieser Mechanismus auch auf die Vervollkommnung geistiger Fähigkeiten übertragbar ist. Nehmen wir beispielsweise das Erlernen von Sprachen. Natürlich können Sie nach langjähriger Büffelei mehr Grammatikregeln als jeder achtjährige Engländer. Die Frage ist nur, ob Ihnen das hilft, ein grammatikalisch sauberes und einwandfreies Englisch zu sprechen. Ist es nicht interessant, daß Sie die Grammatikregeln Ihrer Muttersprache schon lange durch Nachahmung verinnerlicht hatten, bevor Sie im Deutschunterricht angefangen haben, sie im nachhinein zu analysieren?

Und ist es nicht noch bezeichnender, daß die Grammatikregeln, die wir nicht „übers Ohr" – sprich durch Nachahmung –, sondern durch Nachdenken gelernt haben (nämlich, wann „daß" mit „ß" geschrieben wird und daß vor dem erweiterten Infinitiv mit „um zu" ein Komma kommt), von so wenigen beherrscht werden, daß sie im Zuge der Rechtschreibreform vorsichtshalber begradigt oder abgeschafft werden sollen? Was glauben Sie, hilft Ihnen besser, eine gute Führungskraft zu werden: zwei Jahre die rechte Hand eines Mannes wie Alfred Herhausen zu sein, der von Festreden über Konferenzen bis zu Zielsetzungs- und Kritikgesprächen sein Managerhandwerkszeug täglich brillant demonstriert? Oder würden Sie in derselben Zeit lieber acht Grundlagenwerke mit insgesamt 4 000 Seiten über Führungspsychologie studieren?

Und wenn das alles noch nicht genügt, um Sie zum Lernen durch Nachahmung zu motivieren, abschließend noch folgende Entscheidungshilfe: Angenommen, die Boeing-Werke hätten Sie als Gewinner eines großen Wettbewerbs zu einem Testflug über der Wüste von Arizona eingeladen. Der Testpilot illustriert Ihnen gerade mit atemberaubendem Flugmanöver die Leistungsfähigkeit der neuen Flugzeuggeneration, als Sie zu Ihrem Erschrecken feststellen, daß beide Triebwerke des neuen Prototyps in Brand geraten sind. In diesem Augenblick legt Ihnen der Chefpilot vertrauensvoll seine Hand auf den Arm und beruhigt Sie mit den Worten:

Variante 1: „Machen Sie sich keine Gedanken, ich bin nebenbei Dozent am Massachussetts Institute of Technology für Aerodynamik und habe meine Doktorarbeit über aerodynamische Veränderungen an brennenden Triebwerken geschrieben."

Variante 2: „Machen Sie sich keine Gedanken, ich habe im Vietnamkrieg elf brennende Kisten sicher gelandet; das Baby werden wir schon schaukeln."

Die meisten Menschen brauchen keine lange Bedenkzeit, um festzustellen, daß sie spätestens in einer lebensbedrohlichen Situation sich lieber dem anvertrauen, der es kann, als dem, der nur über viel theoretisches Wissen verfügt.

Lassen auch Sie sich deshalb in Zukunft von der Erkenntnis aller Profis leiten:

> Wirklich gelernt haben wir nicht das, was wir wissen, sondern nur das, was wir auch tun.

Wir können damit zusammenfassend zwei entscheidende Aussagen festhalten:

1. Die Einsicht, daß Nachahmen leichter ist als Selbstfinden. Der Volksmund kommentiert dies oft mit den Worten: „Besser gut kopiert als schlecht erfunden" – doch beobachten Sie sich selbst: Hat „Abschreiben" nicht nach wie vor einen schlechten Beigeschmack? Dürfen wir uns wirklich auf die Schultern anderer stellen, um weiter gucken zu können? Werfen Sie Ihre in der Schulzeit antrainierten Bedenken gegenüber Nachahmungslernen über Bord!

2. Entscheidend beim Lernen durch Nachahmen ist noch ein weiterer Gesichtspunkt: Wenn Sie sich der Methode verschreiben, die die Amerikaner „Modelling of excellence" nennen, dann werden Sie sich an denjenigen orientieren, die es wirklich können, und nicht mehr an denen, die nur darüber reden.

„Modelling of excellence" wurde in den 50er Jahren in amerikanischen Verkaufstrainings entwickelt. Verkaufschefs wären dort nie auf die Idee gekommen, einen Trainer deswegen zu engagieren, weil er Diplompsychologe ist (und deshalb viel über verkaufspsychologische Grundsätze nachgedacht hat). Vertriebschefs würden dort noch nicht einmal auf die Idee kommen, jemanden zu engagieren, nur weil er selbst gut verkaufen kann (obwohl das schon ein wichtiger erster Schritt ist), sondern arbeiten dort vielmehr mit folgendem Konzept:

Wir haben 5 000 Verkäufer. Die besten fünf machen seit acht Jahren im Durchschnitt viermal soviel Umsatz wie ihre Kollegen. Bitte beobachten Sie unsere Spitzenleister („Models of excellence"), begleiten Sie dann einige Durchschnittsverkäufer an die Front, und finden Sie anschließend heraus: *Was ist der Unterschied, der den Unterschied ausmacht?*

Wenn Sie anschließend noch ein Beispiel für die Wirksamkeit dieser Lernmethode haben wollen, lassen Sie uns einen Blick auf das japanische Wirtschaftswunder werfen. Die Japaner haben die Lektion des Konfuzius gelernt nach dem Motto: „Besser hervorragend kopiert, als schlecht selbst erfunden" (wird heute im Wirtschaftsleben vornehm „Benchmarking" genannt). Sie haben sich in den 70er Jahren nicht in den Sackgassen eigenbrötlerischen Selbsterfindenwollens verrannt, sondern zunächst das übernommen, was beim Rest der Welt schon funktionierte: Und nachdem sie auf diese Weise in kurzer Zeit ohne teure Fehlentwicklungen den Stand der anderen erreicht hatten, konnten sie sich so gründlich auf die Überholspur begeben, daß heute viele Weltunternehmen zum Modelling von Wirtschafts- und Fertigungsprozessen in Richtung Japan blicken.

Und was hier im Großen bei Industrienationen zu beobachten ist, funktioniert im kleinen Maßstab der persönlichen Weiterentwicklung genauso:

So weiß ich zum Beispiel aus persönlichen Gesprächen mit vielen Topverkäufern, daß die entscheidenden Schlüsselerlebnisse, die zu ihrer heutigen Spitzenleistung führen, aus Gesprächen mit anderen Verkaufschampions stammen, die sie im Kundengespräch beobachten konnten.

Der lernpsychologisch entscheidende Unterschied zwischen einem schriftlichen Schlüsselgespräch und einem „live" erlebten ist, daß allein die Live-Präsentation multidimensionales Lernen erlaubt. Die Körpersprache des Verkäufers, sein Lächeln, die Art und Weise, wie er etwas sagt und zum Kunden eine Vertrauensbeziehung aufbaut, all das läßt sich im realen Gespräch *sehen, hören und fühlen*, im gedruckten Gespräch aber nur durch „Nachdenken" erahnen.

Wer durch Nachahmen lernt, nutzt also drei entscheidende Vorteile:

1. Er lernt von denen, die zeigen, daß sie es wirklich können.

2. Er braucht das Rad nicht mehr neu zu erfinden und lernt deshalb schneller und leichter.

3. Er stimuliert sein Gehirn durch multidimensionales Lernen und baut dadurch sehr viel mehr Motivation auf als durch das Büffeln grauer Theorie.

3. Denkgesetz:
Motivation kommt von innen

> Der Geist des Menschen ist kein Behälter, der gefüllt,
> sondern ein Feuer, daß entfacht sein will.   *Plutarch*

So alt die Erkenntnis des Plutarch auch ist, so wenig hat sie sich herumgesprochen: Schulen und Universitäten arbeiten nach wie vor mit der Vermutung, daß unser Gehirn wie ein Mülleimer funktioniert: Je mehr wir hineinstopfen, um so mehr geht hinein und bleibt drin. Daß einiges daneben fällt, damit müssen wir leben. Wo man hobelt, fallen Späne.

Wenn Sie an Ihre eigene Schul- und Ausbildungszeit zurückdenken: Wie viele Ihrer Mitstudenten waren Feuer und Flamme für die Materie und haben den Lernstoff geradezu „aufgesaugt" und absorbiert? Und wie viele haben für acht Prüfungsfächer gebüffelt, ohne die geringste Idee, was sie später mit diesem Wissen anfangen werden? Wie viele Menschen versuchen, in der Volkshochschule Englisch, Italienisch oder Spanisch zu lernen, um „allgemein etwas für ihre Sprachkenntnisse zu tun" (bedeutet im Klartext: Ihr Gehirn weiß überhaupt nicht, was es damit machen soll)?

Obwohl Plutarch diese Gesetzmäßigkeit vor mehr als 2 500 Jahren formuliert hat, ist sie fast spurlos 80 Generationen lang an uns vorübergegangen. Was also bedeutet es konkret, „das Feuer in unserem Kopf zu entfachen", und wie können wir dabei vorgehen?

Angenommen, Sie treffen heute gemeinsam mit Ihrer Familie die Entscheidung, in sechs Monaten für 14 Tage Urlaub auf den griechischen Inseln zu machen. Vielleicht freuen Sie sich, daß alle Familienmitglieder einverstanden sind, vielleicht erleichtert es Sie auch, daß die Entscheidung hinter Ihnen liegt. Doch grundsätzlich gilt: *Allein durch die Entscheidung, ein Ziel verfolgen zu wollen, passiert in unserem Kopf – was die Motivation angeht – noch nicht sehr viel.*

Nachdem Ihre Urlaubsentscheidung dann einige Wochen oder Monate verstrichen ist, rückt langsam der Zeitpunkt näher, an dem Sie buchen müssen: Sie marschieren ins Reisebüro, lassen sich zwei Kilo Prospekte aushändigen und fangen an, sich mit den verschiedenen Optionen zu beschäftigen: *Sie beginnen, Gedankenenergie zum Thema Urlaub zu verdichten*: Sollen wir die Zusatzstudienreise buchen, den Tempel in

Delhi anschauen? Oder lieber zwei Tage lang die griechischen Inseln kennenlernen? Eine Sightseeing-Tour auf Mykonos und Lesbos buchen? Und dann, einige Tage später, auf dem Nachhauseweg vom Büro, ist es soweit: Sie warten an einer Ampelkreuzung, Ihr Blick fällt zufällig auf die Schaufensterdekoration eines Reisebüros, und Sie denken: „Ah ja, noch drei Wochen, und dann sind wir schon in Griechenland ..." 42 Minuten und einen Tagtraum später halten Sie vor Ihrer Garage und werden wieder wach. Sie könnten zwar nicht sagen, ob die letzten 14 Ampeln rot oder grün waren, aber Sie hoffen, daß Ihr Autopilot schon wieder alles richtig gemacht hat. Wie Sie mit Ihrer Familie die Säulenhalle der Stoiker angeschaut haben, können Sie dagegen in allen Einzelheiten beschreiben.

Der Volksmund nennt dieses Phänomen:

> **Vorfreude ist die schönste Freude.**

Arnold Schwarzenegger sagt über diesen Sachverhalt:

> **Disziplin ist nur eine Frage der Zielbewußtheit. Wer seine inneren Bilder klar vor Augen hält, kann die nächste Handlungsgelegenheit gar nicht abwarten ...**

Wissen Sie, was im Leben vieler Menschen fehlt? Sie kennen den gerade beschriebenen Zustand der Vorfreude aus eigenem Erleben nur, wenn es um Urlaub oder das Fußballspiel am nächsten Samstag geht. Was ihren Beruf, ihre Karriere und ihre Zukunft insgesamt anbelangt, ist ihnen dieser Drive der von innen kommenden Motivation jedoch fremd. Sie arbeiten, weil sie „müssen" und ihre Familie ja von irgendetwas leben muß, werden vielleicht mal durch einen Wettbewerb ihres Unternehmens, bei dem es etwas zu gewinnen gibt, zu einem Zwischenspurt „motiviert" – und das war's.

Lassen Sie uns deshalb festhalten:

> **Wahre Motivation kommt von innen.**

Und weiter: Das Problem vieler Menschen ist, daß sie nur in wenigen Lebensbereichen – wie beim Urlaub oder wenn es um Hobbys geht – soviel Gedankenenergie verdichten, daß die Eigendynamik der intrinsischen Motivation, wie Psychologen diesen von innen kommenden Drive nennen, beginnt. Wir können deshalb auch sagen:

Präziser ausgedrückt: Solange wir uns bewußt anhalten müssen, über ein Projekt oder ein Ziel nachzudenken, hat die Eigendynamik der von innen kommenden Motivation noch nicht begonnen.

Antoine de Saint-Exupéry empfiehlt deshalb dem kleinen Prinzen zu Recht: *„Willst du Männer zum Schiffsbau gewinnen, dann lehre sie nicht die Technik des Schiffebauens, sondern die Sehnsucht nach dem weiten, unendlichen Meer."*

Übrigens: Haben Sie je darüber nachgedacht, daß das „Feuer der Begeisterung" in unserem Kopf auch anfangen könnte, störend zu wirken? Haben wir nämlich erst einmal genügend Nachdenken in und um ein Projekt investiert, dann fällt es vielen von uns schwer, wieder abzuschalten. Denken Sie beispielsweise an Menschen, die beruflich so sehr in ein Projekt eingebunden sind, daß ihre Gedanken auch in ihrer Freizeit um ihre Arbeit kreisen – bei manchen so sehr, daß sie sogar Einschlafschwierigkeiten haben. Den Kindern solcher „Projekt-Zombies" bleibt dann oft nur noch die resignierende Erkenntnis: „Papa ist so sehr mit seinem Beruf verheiratet, daß er noch nicht einmal da ist, wenn er mit uns frühstückt."

4. Denkgesetz:
Der Grundsatz der sich selbsterfüllenden Prophezeiung

Dieses Denkgesetz besagt, daß unser Unterbewußtsein daran arbeitet, die Inhalte unserer Selbstgespräche zu verwirklichen. Henry Ford hat diesen Grundsatz einmal so beschrieben:

Glaube ans Gelingen, und du wirst wahrscheinlich recht behalten; glaube an dein Scheitern, und du wirst mit Sicherheit recht behalten.

Auf dieses Denkgesetz stützen sich viele Esoterik-Gurus, wenn sie mit faszinierenden Geschichten die „unglaubliche" Kraft des positiven Denkens schildern nach dem Motto: Wenn du nur fest genug daran glaubst, kannst du mit zwölf Metern Anlauf von hier bis auf den Mond springen.

Selbst auf die Gefahr hin, übertrieben deutlich zu werden: Sie können noch so fest daran glauben, von der Erde aus bis auf den Mond zu springen. Es wird nicht funktionieren – weder mit zwölf Metern Anlauf noch mit 120. Wenn Sie annehmen, die Sonne gehe im Westen auf und deswegen mit „felsenfestem Glauben" Richtung Westen dem nächsten Sonnenaufgang entgegengehen, werden Sie mit Ihrem festen Glauben Schiffbruch erleiden.

Die positive Erwartung funktioniert – anders als manche Gurus gerne behaupten – selbstverständlich nur im Rahmen des naturgesetzlich (Menschen-)Möglichen – wobei das allerdings oft sehr viel mehr ist, als wir in unserer Alltagskleingläubigkeit vermuten.

In der Leichtathletik gab es beispielsweise seit Beginn dieses Jahrhunderts den Traum, die Meile (1 609 Meter) in weniger als vier Minuten zu laufen. Alle Athleten, die sich an diesem Ziel versuchten, sind mehr als 50 Jahre lang gescheitert. So erschienen Anfang der 50er Jahre sogar Beiträge in der medizinischen Fachliteratur, die nachzuweisen versuchten, daß die Vier-Minuten-Meile jenseits des menschlichen Leistungspotentials liege und deshalb nie unterboten werden könnte. Dies alles wurde geglaubt bis zu jenem denkwürdigen Tag im Jahr 1954, an dem Roger Bannister die Meile in 3'59,6" lief. Das Herausragende an Roger Bannister war *nicht* sein läuferisches Talent (obwohl zweifelsohne von Weltklasseformat) – denn von seinem läuferischen Format gab es mehrere Dutzend Läufer, die ihr Ziel jedoch nicht erreichten.

Das Herausragende an Bannister war seine Fähigkeit, die von allen (bewußt oder unbewußt) akzeptierte Vier-Minuten-Schallmauer *gedanklich* durchbrechen zu können: Denken Sie an unser erstes Denkgesetz, demzufolge alles zweimal geschaffen wird: zuerst „drinnen" im Kopf, dann „draußen" in der Welt. Roger Bannister schilderte übrigens – womit wir uns im Kapitel „Mentales Training" noch näher beschäftigen werden –, daß er ein Jahr lang jeden Abend im Kopf die Meile in weniger als vier Minuten gelaufen ist, bis er die innere Sicherheit aufgebaut hatte, es auch „draußen" in der Welt zu schaffen. Daß Bannisters Leistung auf die sich selbsterfüllende Prophezeiung und nicht auf sein athletisches Potential zurückzuführen war, beweist folgendes: Weltweit haben in den zwei Jahren nach Bannisters Durchbruch 32 (!) Athleten die Vier-Minuten-Meile unterboten (bis heute übrigens mehr als 1 000 Läufer).

Dies läßt vermuten, daß das athletische Potential im wahrsten Sinne des Wortes bei Dutzenden vorhanden war, aber erst aktiviert werden konnte, nachdem einer die sich selbsterfüllende Prophezeiung von „es geht nicht" zu „es geht doch" verändert hatte.

Kurz vor den olympischen Spielen in Atlanta hatte ich die Gelegenheit, einige unserer Bundestrainer zum Thema „Soziale Kompetenz" zu coachen, um sie bei ihrer Wettkampfvorbereitung zu unterstützen. Als wir dabei über sich selbsterfüllende Prophezeiungen sprachen, schilderte mir unser Schwimmtrainer, daß er dieses Phänomen seit Jahren besonders deutlich in Bezug auf Michael Groß beobachten konnte. Er sagte zu mir: „Michaels Wettkampfstrecken werden in fast jeder Meisterschaft am ersten Tag geschwommen. Wann immer Groß antrat, verfolgten die anderen gebannt sein Abschneiden. Gewann er, platzte bei allen der Knoten und die ganze Mannschaft wurde euphorisch: „Unsere Vorbereitung hat sich ausgezahlt. Unser Trainingsprogramm paßt. Mit unserer Diät liegen wir richtig" und ähnliche Folgerungen wurden gezogen. Dabei hätte eigentlich alles klar sein müssen," so der Bundestrainer „das auf Grund der individuellen Vorbereitung eines jeden Athleten solche Schlüssel logisch gar nicht nachvollziehbar sind."

Entscheidend war hier nicht die Logik, sondern die „Psychologik" des Sich-selbst-Aufmunterns nach dem Motto: „Never change a winning team". Ein anderer Bundestrainer, der schon viele olympische Spiele mitverfolgt hatte, machte uns aufmerksam auf das Prinzip: Der Knoten platzt mit der ersten Goldmedaille.

Was sich im Sport mit seinen exakt meßbaren Leistungen leicht nachvollziehen läßt, gilt in anderen Lebensbereichen genauso: So beobachte ich beispielsweise seit vielen Jahren in Verkaufstrainings, daß Verkäufer in verschiedenen Vertriebsdirektionen von bestimmten Produkten sehr unterschiedlich überzeugt sind. Nach dem bisher Gesagten wird es Sie kaum erstaunen, daß diejenigen, die an ihr Produkt glauben, weit bessere Abschlußquoten vorweisen können als ihre Kollegen, die annehmen, „dieser Mist ist sowieso unverkäuflich" oder „unsere Produkte sind eh viel zu teuer".

So einfach diese Analyse auch ist, so grundlegend und tiefgreifend sind ihre Folgen: Wenn ich heute von einem Kunden gebeten werde, ein Verkaufstrainingskonzept zu erarbeiten, unterhalte ich mich zunächst in lockerer Atmosphäre mit einigen Verkäufern über ihre Produkte und den Markt, um herauszufinden, was sie wirklich denken. Die innere Identifikation oder eben Nicht-Identifikation spiegelt exakt die Verkaufsergebnisse wider – und zwar völlig unabhängig davon, wie gut ein Produkt wirklich ist.

Wenn eine Mannschaft nicht hinter ihrem Produkt steht, helfen nach dem Prinzip der „self-fulfilling prophecies" alle Produkt- und Einwandbehandlungsseminare dieser Welt nicht weiter. Erst wenn es gelingt, für die Verkäufer den „Roger-Bannister-Beweis" des „Es-geht-doch" zu führen, das heißt, der ins Auge gefaßten Zielgruppe das Produkt durch Vormachen tatsächlich erfolgreich zu verkaufen, läßt sich ein Klimawechsel durch diese „Keimzelle des Erfolgs" herbeiführen. Hat das Demo-Team erst mal Erfolg (was mit dem richtigen Konzept und den entsprechenden Verkäufern eine Sache von wenigen Wochen ist), erledigt sich der Rest aufgrund der Eigendynamik von selbst; ohne Erfolgsnachweis dagegen bewegen Trainingsmaßnahmen, wie gut sie auch sein mögen, fast gar nichts.

Den vielleicht beeindrucksten Nachweis für die Wirksamkeit sich selbsterfüllender Prophezeiungen finden wir in der Medizin:

Wir alle haben schon von Hypochondern gehört – von Menschen, die solange daran glauben, daß sie krank sind, bis sie tatsächlich entsprechende Symptome entwickeln, auch wenn es dafür keinen organischen Befund gibt. Bekannt ist auch, daß Menschen, die sehr optimistisch sind, was ihren Gesundungsprozeß angeht („das wird schon wieder"), wie etwa bei Operationswunden, deutlich bessere Heilungsverläufe haben (sogenannte „Heilhaut") als der Durchschnitt der Patienten.

Am besten bekannt – und auch gründlich erforscht – ist allerdings der sogenannte „Placebo-Effekt": Hier bekommen Patienten anstelle des „richtigen" Medikaments zu Testzwecken gleich aussehende Pillen ohne Wirkstoffe. Geschieht das in sogenannten Doppelblind-Studien, bei denen weder der Arzt noch der Patient weiß, wer wirklich das Medikament bekommt, berichten – je nach Studie – rund ein Fünftel derjenigen, die die Zuckerpillen bekommen haben, von einer deutlichen Verbesserung ihrer Befindlichkeit.

Immunforscher sind diesem Phänomen auf den Grund gegangen und haben einige erstaunliche Entdeckungen gemacht: Patienten, die über Kopfschmerzen klagten, wurde beispielsweise anstelle des versprochenen Aspirins gleichaussehende Tabletten ohne Wirkstoffe gegeben. Anschließende Untersuchungen der chemischen Blutzusammensetzung brachten dann zur Überraschung der Forscher erstaunliche Befunde: Patienten, die an die heilende Wirkung der ihnen verordneten Zuckerpillen glaubten, aktivierten ihre körpereigene „Apotheke" und produzierten genau die Menge körpereigenen Morphiums und anderer schmerzstillender Stoffe, die sie brauchten, um die Schmerzen zum Verschwinden zu bringen: Die Patienten bildeten sich also keine objektiv nicht vorhandene schmerzstillende Wirkung ein, sondern produzierten aufgrund ihrer Erwartung selbst die von ihnen benötigten schmerzstillenden „Medikamente".

Wenn selbsterfüllende Prophezeiungen geeignet sind, Rekorde zu brechen, körpereigene schmerzstillende Medikamente zu produzieren und in Einzelfällen sogar den Tod hinausschieben, *könnte es dann hilfreich sein, wenn Sie und ich alles daran setzten, daß wir an die „richtigen" Zukunftsprognosen glauben?*

Damit stellt sich die Frage, was wir tun können, wenn uns auffällt, daß sich unser Kopf mit den falschen Überzeugungen beschäftigt. Die Antwort darauf gibt das folgende Denkgesetz.

5. Denkgesetz:
Durch eine gezielte Entscheidung können wir die Aufmerksamkeit auf jeden ausgewählten Punkt lenken

Können Sie, während Sie diesen Text lesen, spüren, wie Ihr Blut im linken Ohrläppchen pulsiert? Ja oder nein, oder wissen Sie's noch nicht?

Gleichgültig, wie Sie jetzt anworten: um überhaupt antworten zu können, haben Sie das 5. Denkgesetz angewendet: Sie haben eine gezielte Entscheidung getroffen („Ich will wissen, was mit meinem Puls im linken Ohr los ist") und haben Ihre Aufmerksamkeit vom Text weg in Ihr linkes Ohr verlagert. Wenn Sie sich inzwischen wieder auf den Text konzentrieren, dann können Sie ein zweites Phänomen beobachten, das uns in der Praxis manchmal vor Herausforderungen stellt:

Es fällt uns zwar nicht schwer, unsere Aufmerksamkeit auf jeden ausgewählten Punkt zu lenken: Doch wenn an diesem Punkt nichts Interessantes passiert, dann sind wir mit unseren Gedanken schnell wieder da, wo wir angefangen haben. Schüler und Studenten können ein Lied davon singen: Sind sie mit ihren Gedanken nämlich schon in der Freizeit, helfen Appelle an den Verstand nur kurzfristig weiter. Denn zwischen dem, was sie verstandesmäßig wollen („Lernen"), und dem, wofür ihr Herz schlägt („Spielen/Freizeit haben"), klafft eine Lücke. Wer im Kampf zwischen Intellekt und Gefühl regelmäßig gewinnt, ist uns allen klar. Das nächste Denkgesetz hält deswegen fest:

6. Denkgesetz:
Im Streit zwischen Intellekt und Gefühl siegt das Gefühl

Angenommen, ein Arbeitskollege gesteht Ihnen: „Du, ich kann mich heute überhaupt nicht konzentrieren. Meine kleine Tochter kriegt den Blinddarm raus, und ich bin mit den Nerven völlig fertig." Kann Ihr Arbeitskollege sich wirklich nicht konzentrieren? Oder meint er nur, daß er sich leider nur auf das − beruflich gesehen − Falsche, nämlich die Operation seiner Tochter, konzentriert? Appell an den Intellekt des Kollegen („Mach' dir keine Gedanken. Blinddarmoperationen sind heute reine Routinesache") sind in diesem Fall genauso hilfreich wie die Versuche von Kernkraftwerksbetreibern, die Angst der Menschen vor der Atomkraft mit Statistiken wegzuargumentieren.

So schön es nun ist, unsere Aufmerksamkeit beliebig auf jeden von uns gewählten Punkt lenken zu können, so wenig hilft dies, wenn uns der neue Fokus emotional nicht fasziniert. Unsere Konzentration kehrt dann sehr schnell zu dem zurück, wofür unser Herz schlägt. Die Frage ist: Welche Möglichkeiten haben wir, unser Denken so zu lenken, daß die Gefühle „mitkommen" und wir so bessere Chancen haben, mit unseren Gedanken beim neuen Thema zu bleiben?

7. Denkgesetz:
Die Steuerung unserer Gefühle geschieht mental durch Bilder

Unsere Gefühle unterliegen körperlichen und mentalen Einflüssen. Der schnellste Weg, sie zu verändern − wie der Baustein „Stimmungs-Management" später zeigen wird − besteht im „Stimmungs-Management durch Body-Management". Hier lernen Sie, Ihren Körper gezielt so einzusetzen, daß Sie die Gefühle produzieren, die Sie aufbauen wollen.

Darüber hinaus können wir unsere Gefühle massiv beeinflussen durch die Bilder, die wir uns vorstellen. Und das bedeutet für jeden, der sich dauerhaft motivieren will, daß er seine Zukunft genauso bildhaft klar vor seinem inneren Auge sehen muß wie andere bestenfalls ihre Vergangenheit erkennen. Ich werde Ihnen deshalb im Kapitel „Mentales Training" alle Visualisierungstechniken vorstellen, mit denen sich Weltklasseathleten und andere Spitzenleister motivieren und auf Höchstleistungen vorbereiten.

Daß Menschen nicht nur in Sprache denken, sondern wir uns Wahrnehmungen *aller* Sinneskanäle vorstellen können, spricht sich langsam herum. Und trotzdem wird behauptet, daß sich manche Menschen keine inneren Bilder machen können. Wir machen dann die Augen zu, stellen fest, daß unsere inneren Bilder tatsächlich etwas anders aussehen als unsere äußeren und glauben diese Behauptung.

Zunächst einmal: Es ist sehr hilfreich, daß unsere inneren Bilder anders aussehen als unsere äußeren: *Denn sobald unser Gehirn nicht mehr zwischen innen und außen unterscheiden kann, geht's ab in die Klapsmühle!*

Falls Sie übrigens auch zu denen gehören, die glauben, keine Bilder sehen zu können, der 7. Baustein wir Ihnen zeigen, wie jeder von uns sein Visualisierungsvermögen einfach und leicht prüfen kann.

Das Problem vieler Menschen ist nicht, daß sie keine inneren Bilder haben, sondern das, was sie mit diesen Bildern anstellen. So kenne ich einige Menschen, die sich mit schöner Regelmäßigkeit „Aktenzeichen XY ungelöst" anschauen, nur um sich anschließend zu fürchten, wenn sie das nächste Mal in den Wald gehen.

8. Denkgesetz:
Beachtung schafft Verstärkung

Dinge, mit denen wir uns immer wieder beschäftigen, wachsen in unserem Bewußtsein und entfalten dort eine Eigendynamik. Dieser Grundsatz wurde bereits vor rund 100 Jahren von William James — einem der Väter der wissenschaftlichen Psychologie — entdeckt.

Mit der dynamischen Komponente dieses Grundsatzes haben wir uns bereits im 3. Denkgesetz beschäftigt: Der Geist des Menschen ist ein Feuer, daß entfacht sein will. William James hat sich nun weniger mit der Dynamik dieses Denkprinzips als vielmehr mit seinen grundlegenden Konsequenzen beschäftigt.

Das Prinzip „Beachtung schafft Verstärkung" läßt sich gut am Prozeß des Verliebens (oder auch dessen Gegenteil, dem „Entlieben") veranschaulichen: Angenommen, Sie begegnen in einer Diskothek dem Mann oder der Frau Ihres Lebens. Der andere sieht genau so aus, wie Sie es sich in Ihren kühnsten Träumen vorgestellt haben: blond, blauäugig, ideale „Molekularstruktur" usw. Darüber hinaus verfügt er oder sie über eine Unzahl weiterer positiver Eigenschaften.

Graphisch veranschaulicht sieht das Ganze also etwa so aus:

Figur	Blondes Haar	faszinierende Stimme	gebildet
+	+	+	+
gute Manieren		sympathisches Lächeln	
+		+	

Fast ausschließlich positive Eigenschaften! Aber: Nobody is perfect. Deshalb ergänzen wir – der wissenschaftlichen Genauigkeit zuliebe – die Unzulänglichkeiten des anderen:

akademischer Blaustrumpf	chronisch unpünktlich	gibt zuviel Geld aus
–	–	–

Stören uns die Negativseiten? Keine Spur! Nicht, wenn wir frisch verliebt sind. Denn wir alle kennen ja den Trick, daß Negative auszublenden: Beachtung schafft Verstärkung – und so denken wir an die tolle Figur des anderen, seine oder ihre glockenhelle Stimme und das naturblonde Haar, bis alles andere aus unserem Bewußtsein verschwunden ist. Das Ergebnis: Die Negativseiten unseres Partners sind für uns, wenn wir frisch verliebt sind, irrelevant – oft zum Erstaunen unserer Umwelt, die uns früher als kritisch-vernünftigen Menschen kennengelernt hat. Macht Liebe blind? Nach dem Grundsatz „Beachtung schafft Verstärkung" läßt sie uns zumindest so stark das Positive sehen, daß wir alles andere weitgehend ausblenden – bis zu dem Tag, an dem der Prozeß des Entliebens beginnt. Bevor ich Ihnen nun diesen Prozeß schildere, eine Vorbemerkung:

In unserer Kultur, glauben wir an das Konzept der romantischen Liebe. Die meisten von uns gehen davon aus, daß uneingeschränkte beiderseitige Zuneigung die beste Voraussetzung für eine langfristige Beziehung ist. Wir versprechen dem anderen auf dieser Basis in staatlichen und kirchlichen Zeremonien sogar ewige Treue, *obwohl die meisten von uns schon im Ansatz keine Ahnung haben, wie sie die Positivgefühle aufrechterhalten können, die Basis ihrer Treueschwüre sind!*

Sehen wir uns also den Prozeß des Entliebens – der Umprogrammierung positiver Gefühle in Gleichgültigkeit oder gar negative Empfindungen – näher an: Angenommen, Ihr Partner kommt öfter mal zu spät zum Rendezvous. In der Vergangenheit hat Sie das überhaupt nicht gestört, weil Sie sich die Zeit bis zum Eintreffen des oder der Angebeteten mit inneren Filmen zum Thema „glockenhelle Stimme" und „naturblondes Haar" vertrieben haben. Stellen Sie sich vor, Sie seien auch heute wieder für 19 Uhr verabredet: Wer wieder mal nicht pünktlich ist, ist der andere. Was allerdings pünktlich um 19 Uhr zur Stelle ist, ist das vorhergesagte Unwetter: Es haut Ihnen die Hagelkörner so um die Ohren, daß es eine wahre Freude ist. Was Ihre Stimmung weiter belastet, ist der Umstand, daß Sie weit und breit keine Möglichkeit finden, sich unterzustellen. Daß Sie diese Woche schon das dritte Mal warten wie bestellt und nicht abgeholt, ist besonders bitter. Als der/die Angebetete endlich mit 45 Minuten Verspätung um die Ecke biegt und Sie mit glockenheller Stimme fragt: „Na Schatz, bist du schon lange da?" platzt Ihnen der Kragen: Sie halten dem anderen eine Standpauke, die sich gewaschen hat, und schließen das Ganze – um der Sache Nachdruck zu verleihen – mit einer massiven Drohung: „Ich laß mich von dir doch nicht zum Hampelmann machen. Wenn das noch einmal vorkommt, ist es mit uns beiden aus."

Beachtung schafft Verstärkung: Nachdem Sie sich auf diese Art emotional nachdrücklich mit den Negativseiten Ihres Partners beschäftigt haben, träumen Sie bei der nächsten Verabredung nur noch bis fünf Minuten vor der Zeit von seinen oder ihren faszinierenden Vorzügen. Ab dann gilt Ihre Konzentration dem Sekundenzeiger Ihrer Armbanduhr, um festzustellen, ob die Gardinenpredigt vom letzten Mal auch gefruchtet hat.

Sind wir erst einmal von jemandem enttäuscht, fangen wir an, ihn *in einem neuen Licht zu sehen* – sprich: mit seiner Person andere innere Bilder zu verbinden. Wiederholen sich diese Negativeindrücke, verstärken wir die Negativbilder, und irgendwann rufen wir dann gute Freunde an und beginnen unser Gespräch mit: „Hör mal, du kennst doch auch die Manuela/den Klaus. Wir sind jetzt drei Jahre zusammen. Also ich weiß beim besten Willen nicht, was ich an der Frau/dem Mann gefunden habe. Ich glaube, ich muß damals geistig umnachtet gewesen sein."

Seien Sie sicher: Es ist höchst unwahrscheinlich, daß sich Manuela oder Klaus in den letzten Jahren charakterlich um 180 Grad gedreht haben (Goldhochzeiter wissen sogar zu berichten, daß 50 Jahre Erziehungsversuche an ihrem Partner nahezu spurlos vorübergegangen sind). Was den entscheidenden Stimmungsumschwung bewirkt hat – Beachtung schafft Verstärkung –, sind die inneren Bilder und Filme, die wir vorrangig mit unserem Partner verbinden. *Sehen wir nur noch seine Negativseiten, brauchen wir uns über erkaltete Gefühle nicht zu wundern.*

Beachtung schafft Verstärkung! Haben Sie dieses Prinzip so verinnerlicht, daß Sie es im Alltag beherzigen, wenn es darauf ankommt?

Angenommen, ein Mitarbeiter kommt zu Ihnen und sagt: „Chef, das kann ich nicht!" Gehören Sie in diesem Fall zu den 98 von 100 Chefs, die spontan zurückfragen: „Und warum nicht?" Und damit den Mitarbeiter einladen, sein Sackgassendenken weiter zu zementieren? Oder gehören Sie zu den löblichen Ausnahmen, die entgegnen: „Gut, daß Sie die Schwierigkeiten so klar erkennen. Was können wir tun, um sie bestmöglich in den Griff zu bekommen?"

Gehören Sie zur Legion der Verkaufsleiter, die einen Mitarbeiter im Verkaufstief coachen nach dem Motto: „Aber es muß doch einen Grund haben, daß du in den letzten vier Wochen nichts mehr verkaufst. Denk doch mal nach! Hast du private Sorgen? Ich meine, da muß doch irgend etwas vorgefallen sein!" Nachdem der Verkäufer dreimal die Wahrheit gesagt hat („Chef, ich weiß wirklich nicht, woran es liegt." – Tip für Chefs: Wenn er es wüßte, hätte er es wahrscheinlich schon abgestellt!), fängt er wunschgemäß an, Vermutungen zu produzieren: „Also das einzige, was mir einfällt, ist, daß unser Tobias in Mathe 'ne fünf geschrieben hat. Wahrscheinlich belastet mich das stärker, als ich wahrhaben will ..." Der Verkaufsleiter hat mit seinem Nachfassen endlich „Erfolg": Er hat dem Mitarbeiter geholfen, eine sich selbsterfüllende Prophezeiung zu entwickeln, die sich höchst plausibel anhört. Ergebnis: *Solange der Sohnemann in Mathe schlecht bleibt, weiß Papa, warum er sich nicht mehr aufs Verkaufen konzentrieren kann.*

Was machen *Sie* als Verkaufschef? Befragen Sie den Mitarbeiter, der einen Durchhänger hat, nach seinen größten Erfolgen, erinnern Sie ihn an seinen Rekordmonat, und unterstützen Sie ihn, aus dieser Perspektive von Selbstvertrauen und Stärke Lösungsideen zu entwickeln?

Was tun Sie als Verkäufer? 80 Prozent aller Verkäufer, die ich kenne, diskutieren bei Meetings mit Kollegen in epischer Breite die Nachteile der eigenen Produkte im Vergleich zu den Vorteilen des Wettbewerbs – und wundern sich, warum sie mit dieser Einstellung sowenig Erfolg haben. Beschäftigen Sie sich detailliert genug mit den Vorzügen Ihrer Produkte für geeignete Zielgruppen?

> Beachtung schafft Verstärkung: Wer beginnt, Pluspunkte zu suchen, der findet welche. Wer nach Nachteilen Ausschau hält, findet sie genauso zuverlässig.

In diesem Sinne heißt es bei Richard Bach:

> Führe deine Unzulänglichkeiten ins Feld, und ehe du dich versiehst, verbleiben Sie dir.

9. Denkgesetz:
Nichtbeachtung bringt Befreiung

Dieses Gesetz ergibt sich aus der Umkehrung des vorhergehenden Grundsatzes und wird vom Volksmund kurz und bündig kommentiert mit den Worten: „Aus den Augen, aus dem Sinn." So sehr das Prinzip auf den ersten Blick einleuchtet, es bedarf einer kurzen Klarstellung. „Nichtbeachtung bringt Befreiung" ist von seinem Anwendungsbereich her keine Einladung und Aufforderung, den gesunden Menschenverstand abzuschalten: Wer vor unübersichtlichen Linkskurven überholt nach dem Motto: „Es befreit mich, wenn ich nicht daran denke, daß mir jetzt einer entgegenkommen könnte", ist kein Konstruktivdenker, sondern schlichtweg blöd.

„Nichtbeachtung bringt Befreiung" bezieht sich vielmehr auf die Dinge, die wir entweder nicht ändern können oder aber nicht ändern wollen. Sie kennen vermutlich das Gebet: „Gott gebe mir die Kraft, die Dinge zu ändern, die ich ändern kann; die Gelassenheit, die Dinge zu akzeptieren, die ich nicht ändern kann, und die Einsicht, das eine vom anderen unterscheiden zu können." „Nichtbeachtung schafft Befreiung" will uns den Weg zur Gelassenheit in den Bereichen zeigen, die wir nicht ändern können.

Die Aufforderung: „Akzeptiere, was nicht zu ändern ist, und befreie dich gedanklich davon, indem du nicht mehr darüber nachdenkst" halten manche für einen unproduktiven Verdrängungsprozeß. Das genaue Gegenteil ist richtig. Denken Sie nur an einen Menschen, dessen große Liebe zerbrochen ist. Was soll er oder sie tun? Sich den ganzen Tag in destruktiver Selbstbespiegelung ins stille Kämmerlein verkriechen? Darüber nachgrübeln, warum sein Partner ihn verlassen hat, um so seinen Liebeskummer zu verstärken?

Wir alle wissen, daß dies das beste Rezept ist, um noch depressiver zu werden (wenn Sie's nicht wissen, lesen Sie bitte von Martin Seeligmann: *Pessimisten küßt man nicht*). Was empfiehlt der Volksmund also bei Liebeskummer: „Geh' mal wieder unter Menschen. Stürz' dich in deine Arbeit, unternimm etwas … " Und recht hat er:

> Unser Unterbewußtsein kann am besten Trauerarbeit leisten, wenn unser Bewußtsein abgelenkt ist und sich mit etwas anderem beschäftigt.

„Nichtbeachtung schafft Befreiung" hilft aber nicht nur, Trauerarbeit und die Verarbeitung anderer Negativgefühle zu beschleunigen, sondern empfiehlt sich auch, um ein Aufschaukeln negativer Gedanken zu vermeiden. Die Araber haben diesen Gedanken meisterhaft in das Sprichwort gekleidet:

> Wir können nicht verhindern, daß die Vögel der Sorge über unserem Kopf kreisen. Doch es liegt an uns zu entscheiden, ob sie Nester bauen dürfen.

Baustein 2:
Das konstruktive Selbstbild

5. Wie unser Selbstbild unser Verhalten beeinflußt

Das Gute, das ich tun will, das tue ich nicht; sondern das Böse, das ich nicht will, das tue ich", so schrieb der Apostel Paulus an die Gemeinde in Rom (Römerschrift 7,19). Auch wenn es sonst nicht so viele Parallelen zwischen dem heiligen Paulus und uns normal Sterblichen geben mag: In diesem Punkt können wir uns mit ihm identifizieren! Auch wir verhalten uns anders, als wir eigentlich wollten und bleiben hinter unseren Vorsätzen zurück. Wir tun wie Paulus das Böse, das wir meiden wollten, und unterlassen das Gute, das wir uns vorgenommen hatten. Die spannenden Fragen, denen Psychologen in diesem Zusammenhang seit Jahren nachgehen, heißen nun:

1. Wie ist es überhaupt möglich, daß wir uns anders verhalten, als wir „eigentlich" wollen, das heißt, wie kommt es, daß wir in unserem Kopf manchmal vom Fahrer zum Mitreisenden degradiert werden?

2. Wer oder was steuert in solchen Situationen unser Verhalten?

3. Wie können wir diesen „Steuermann" in den Griff bekommen?

Der erste, der in dieses dunkle Kapitel etwas Licht brachte, war in den 50er Jahren der amerikanische Schönheitschirurg Dr. Maxwell Maltz – ein Spezialist für Gesichtsoperationen bei Menschen, die unserem Schönheitsideal nicht entsprechen: Blumenkohlohren, Boxernasen, Verbrechergesichter veränderten sich unter Dr. Maltz' kundigen Händen so stark zum Positiven, daß die meisten seiner Patienten anschließend auf der Straße auch von Freunden nicht mehr wiedererkannt wurden. Die meisten seiner Patienten berichteten bei der Nachuntersuchung, daß sich ihr Leben völlig verändert habe und sie nun voller Selbstvertrauen und Optimismus durchs Leben gingen.

So naheliegend diese Reaktion ist, die Dr. Maltz auch bei etwa drei Viertel seiner Patienten beobachten konnte, so sehr befremdete ihn das Verhalten der anderen: Einer von vier Operierten hielt sich nach der Operation für genauso häßlich wie vorher! Menschen, die auf der Straße von Freunden und Nachbarn nicht wiedererkannt wurden, erklärten in der Nachuntersuchung: „Okay, Doc, der Buckel auf der Nase ist weg, aber ich habe dasselbe Verbrechergesicht wie vorher …" Entscheidend für unser Selbstwertgefühl ist also nicht unser tatsächliches Aussehen, sondern unsere Vorstellung davon – das, was Dr. Maltz dann unser „Selbstbild" nannte.

Diese Erkenntnis ist Ihnen und mir vom Alltag her durchaus vertraut: Vermutlich kennen auch Sie den einen oder anderen Fitneß-Enthusiasten, der nach Einschätzung seiner Freunde eine absolute Traumfigur besitzt, nach eigener Ansicht aber nach wie vor vier Pfund zuviel auf den Rippen hat. Oder denken Sie an Frauen, die mit ihrem Schicksal hadern, weil je nach Modediktat ihr Busen einige Zentimeter zu groß oder zu klein ist, Männer, die ihre Halbglatze unter Sportmützen verstecken, solange es eben geht.

Psychologen wissen inzwischen, daß sich unser Selbstbild nicht nur auf Äußerlichkeiten wie Beine, Bauch oder Busen bezieht, sondern auf die Gesamtheit aller Überzeugungen, die wir von uns selbst haben. Unsere Vorstellungen darüber, was wir können und nicht können, welche charakterlichen und intellektuellen Stärken und Schwächen wir bei uns sehen, welche Talente und Fähigkeiten wir uns zubilligen und welche nicht – nichts steuert unser Verhalten stärker als diese Glaubensüberzeugungen über uns selbst.

> Die stärkste verhaltenssteuernde Kraft in uns ist der Wunsch, langfristig in Übereinstimmung mit dem bewußten oder unbewußten Bild von uns selbst zu sein.

Damit haben wir eine erste Anwort auf die Frage, warum wir uns manchmal anders verhalten, als wir eigentlich wollen:

▶ Wenn Sie nach eigener Einschätzung kein „Verkäufer-Typ" sind, werden Sie vermutlich nicht dreist nach Aufträgen fragen – und sich nachher vielleicht wundern, warum Sie in der Abschlußphase all das nicht genutzt haben, was Ihnen wohlmeinende Verkaufstrainer mit auf den Weg gegeben haben.

▶ Wenn Sie nach eigener Landkarte ein harmoniebedürftiger Mensch sind, werden Sie Ihrem Chef vielleicht auch dann nicht widersprechen, wenn es „eigentlich" schon längst erforderlich wäre.

▶ Wenn Sie als Mutter nur für Ihre Kinder da sind (Selbstbild), wundern Sie sich möglicherweise, warum Sie solche Schwierigkeiten haben, an sich selbst zu denken, obwohl Ihre Freundinnen sagen: „Das ist doch das Normalste auf der Welt."

Die Antwort auf die Frage, wer auf dem Fahrersitz unseres Verhaltens sitzt, wenn wir das Gefühl haben, nur Passagier zu sein, lautet also: Unser Selbstbild, bewußte oder unbewußte Annahmen über uns selbst, die „per Autopilot" in unser Verhalten eingespeist werden, ob sie uns gefallen oder nicht.

Die naheliegende Frage für jeden, der sich persönlich weiterentwickeln möchte, heißt also: „Wie komme ich an diesen Kern meiner Persönlichkeit heran? Welche Ebenen sind ihm vorgelagert? Und wie gehe ich am besten vor, um mein Selbstbild als entscheidenden Schlüssel meines Verhaltens in meinem Sinn zu beeinflussen?"

6. Der Aufbau unserer Persönlichkeit

Die Frage nach dem Aufbau unserer Persönlichkeit – dem Wesen unseres Wesens – hat schon die alten Griechen beschäftigt. Von daher ist es nicht erstaunlich, daß wir bis heute eine Vielzahl von Modellen entwickelt haben, um unser Verhalten zu erklären. Das bekannteste ist vermutlich die Freudsche Dreiteilung von Es, Ich und Über-Ich.

Solche Modelle verhalten sich, wie alle unsere Theorien, zur Realität wie Landkarten zum Gelände, das heißt, sie sind weder falsch noch richtig, sondern bestenfalls nützlich. Ein in diesem Sinne besonders hilfreiches Konzept ist das von Robert Dilts entwickelte Schichtenmodell unserer Persönlichkeit, das auf den Überlegungen von Gregory Bateson zu logischen Ebenen und Abhängigkeiten in Systemen aufbaut. Es erlaubt uns, exakt zu beschreiben, wann, wie und unter welchen Voraussetzungen persönliche Weiterentwicklung funktioniert oder eben nicht funktioniert.

Nach Dilts läßt sich unsere Persönlichkeit beschreiben als ein System, das aus insgesamt fünf voneinander abhängigen Ebenen besteht: „Die Funktion jeder Ebene ist es, die Informationen auf der darunterliegenden Ebene zu organisieren. Eine Änderung auf einer darunterliegenden Ebene kann, muß aber nicht die darüberliegenden Ebenen beeinflussen; eine Veränderung auf die oberen Ebenen verändert jedoch notwendigerweise Dinge auf den darunterliegenden Ebenen, die damit den Wechsel auf der höheren Ebene unterstützen."

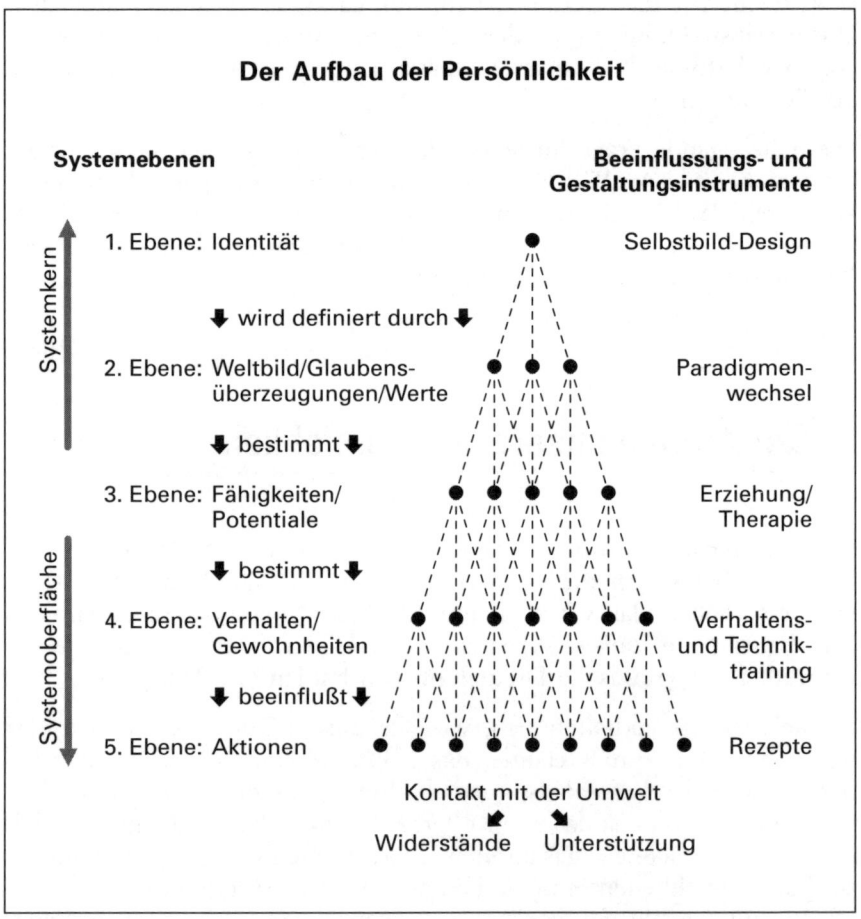

Die 5. (unterste) Ebene: Aktionen

Hier nimmt das System mit seiner Umwelt Kontakt auf. Die einzelnen Handlungen und Aktionen in konkreten sozialen Situationen sind von außen beobachtbar. Gefällt der Umwelt, was sie sieht und hört (ein freundliches „Guten Tag" beispielsweise), bekommen wir Unterstützung (ein freundliches Lächeln zurück). Kommt unsere Aktion nicht an (ein mürrisches Brummen), reagiert die Welt um uns mit Widerstand (und zeigt uns die kalte Schulter). Um nun möglichst viel Unterstützung und möglichst wenig Widerstand zu bekommen, können wir „Rezepte" erlernen, also konkrete Anleitungen, wie wir mit bestimmten Umweltsituationen am besten fertigwerden.

Das Verkaufstraining der 70er Jahre ist ein gutes Beispiel für diese Art von „Rezeptlernen". Verkäufer wurden damals gedrillt, auf bestimmte Kundenfragen wortwörtlich auswendig gelernte Antworten zu geben: „Auf Einwand 17 antwortest du mit Verbalkaratehebel 34. Sagt der Kunde: ‚Ist mir zu teuer' antwortest du mit: ‚Herr Kunde, womit vergleichen Sie unser Produkt?'"

Die Vorteile eines solchen Rezepttrainings liegen auf der Hand: Wer seine Reaktionen auf ein bestimmtes Kundenverhalten wie englische Vokabeln auswendig lernen kann, gewinnt in kurzer Zeit ein hohes Maß an Sicherheit – vorausgesetzt, der Kunde fragt genau das, worauf wir eine Antwort eingepaukt haben.

Die Methode des Rezepte-Lernens leistet also überall dort gute Dienste, wo es um relativ gleichförmige soziale Situationen geht, in denen sich bestimmte Interaktionen regelmäßig wiederholen: bei der Terminakquisition am Telefon, der Ausbildung der Mitarbeiter in Telefonzentralen, beim Service-Personal der Bundesbahnauskunft hilft Rezepttraining weiter.

Sobald jedoch die Anforderungen an die soziale Flexibilität beim Eingehen auf den Partner steigen, sind die Grenzen von Verhaltensrezepten schnell erreicht: Einkäufer großer Unternehmen erzählen deshalb heute immer noch mit leuchtenden Augen von der guten alten Zeit, in der ein lässig eingeworfenes: „Ist mir zu teuer", schnell den Antwortdrill des Verkäufers entlarvte. Retournierte der nämlich mit: „Herr Kunde, womit vergleichen Sie unser Produkt", kam er aus einer anderen Schule als derjenige, der mit einem: „Klingt, als hätten Sie ein Konkurrenzangebot", konterte. Welcher Spaß, beiden anschließend auf den Kopf zuzusagen, daß man als Einkäufer schon wußte, mit welcher Methode man eingeseift werden sollte ... Je offener die Grenzen des Rezepttrainings zutage traten, um so größer wurde der Ruf nach neuen Konzepten.

Die 4. Ebene: Verhalten und soziale Fertigkeiten

Anfang der 80er Jahre entdeckten dann viele Trainer das Verhaltenstraining als Schlüssel zur nächsthöheren Systemebene: Bringe ich einem Menschen die Technik des aktiven Zuhörens oder der überzeugenden Argumentation bei, wird er in einer Vielzahl von sozialen Situationen eine angemessene Reaktion selbst entwickeln können.

Dem Vorteil der deutlich größeren sozialen Flexibilität steht allerdings auch ein Nachteil gegenüber: Während auf der fünften Ebene (der Aktionsebene) Rezepte auswendig gelernt und sehr schnell verinnerlicht werden können, benötigt ein Training auf der Verhaltensebene deutlich mehr Wiederholungen und Anwendungserfahrungen, bis es perfekt funktioniert.

Die Pioniere des Verhaltenstrainings mußten jedoch mit Erstaunen und Verdruß schnell feststellen, daß die Bereitschaft ihrer Teilnehmer, neue Verhaltensweisen zu übernehmen, sehr unterschiedlich ausgeprägt war. Während manche Verkäufer und Führungskräfte neue Verhaltensmuster schnell integrierten, verhielten sich andere weitgehend änderungsresistent: Erwachsenenbildner und Trainer können ein Lied singen von Teilnehmern, die nach dem achten Seminar die Grundregeln für Zielsetzungs- und Kritikgespräche vorwärts- und rückwärts beten können, sich in der eigenen Führungspraxis aber einen feuchten Kehricht um diese Erkenntnisse scheren.

Offensichtlich gibt es im System „Persönlichkeit" also eine unserem Verhalten vorgeschaltete Ebene, die darüber entscheidet, welche Verhaltensweisen wir übernehmen können und wollen und welche nicht.

3. Ebene: Fähigkeiten und Potentiale

Unsere Fähigkeiten werden in der Kindheit geweckt und durch Erziehung entwickelt – ein Prozeß, der Jahre dauert und sich im Erwachsenenalter durch Selbsterziehung ein Leben lang fortsetzt (zumindest fortsetzen sollte). Fähigkeiten wie Kontaktbereitschaft, Einfühlungsvermögen und Verständnis für andere sind ohne Zweifel Voraussetzungen für die erfolgreiche Anwendung von „Aktivem Zuhören" und „Partnerbezogener Argumentation".

Solche Fähigkeiten lassen sich jedoch nicht in zweitägigen Quick-Fix-Seminaren vermitteln und stehen deswegen in einer Welt, die sich nur noch für Sofort-Lösungen interessiert, nicht mehr hoch im Kurs: Instant-Kaffee, Instant-Kakao, 60-Minuten-Foto-Service und Ein-Tages-Intensiv-Seminare zum erfolgreichen Menschenführer sind das Gebot der Stunde. Die Ebene der Fähigkeiten und des individuellen Potentials kristallisierte sich immer deutlicher als der entscheidende Schlüssel für Erfolg und Mißerfolg im Verhaltenstraining heraus, Verhaltensforscher begannen deshalb Mitte der 80er Jahre, sich mit der entscheidenden Frage zu beschäftigen:

> Was in unserer Persönlichkeit entscheidet darüber, welche Fähigkeiten wir entwickeln und welche Teile unseres Potentials wir aktivieren?

Die Antwort fanden sie – systemtheoretisch gesprochen – auf der zweiten Persönlichkeitsebene:

2. Ebene: Weltbild, Werte und Glaubensüberzeugungen

Stellen Sie sich vor, ein Vorgesetzter sei überzeugt, es gebe zwei Arten von Menschen: intelligente wie ihn (etwa drei Prozent der Bevölkerung) und Idioten wie seine Mitarbeiter (die übrigen 97 Prozent). Darüber hinaus glaubt dieser Chef, die 97 Prozent Schafe sollten den drei Prozent Schafshirten sehr dankbar sein, denn anderenfalls würde ihnen im Leben niemals die Führung zuteil, die sie brauchen, um sich zurechtzufinden.

Nehmen wir weiter an, der Besitzer dieses differenzierten Weltbildes besuche nun ein Führungseminar zum Thema: „Kooperatives Führen". Wir könnten nun vermuten, unser Mini-Napoleon würde Trainer, Thema und Thesen des Seminars („Delegieren Sie Verantwortung bis zur letzten Ebene, die sie kompetent wahrnehmen kann" und „lassen Sie den Mitarbeiter zuerst zu Wort kommen") in Bausch und Bogen verdammen. Dies geschieht manchmal auch, in der Praxis kommt es jedoch regelmäßig noch schlimmer:

Unser Boß filtert die neuen Informationen durch sein altes Weltbild und sagt sich: „Gute Idee! Erst mal den Mitarbeiter zu Wort kommen lassen. Dann weiß ich schneller, was der Idiot weiß und wo er sich irrt. Und dann kann ich ihn schneller korrigieren. Also kooperatives Führen macht wirklich Sinn." Unser Chef filtert also neue verhaltensändernde Informationen durch sein altes Weltbild, um anschließend festzustellen, daß sein altes Verhalten immer schon richtig war und jetzt auch noch durch neueste Führungserkenntnisse bestätigt wird.

Unser Weltbild hat für uns also die Funktion einer Landkarte, mit der wir uns im Gelände des Lebens zurechtfinden. Und „Sehenswürdigkeiten" wie kooperatives Führen, die in der Landkarte autoritärer Führer nicht eingezeichnet sind, werden im Wege projektiver und selektiver Wahrnehmung solange uminterpretiert, bis die Welt wieder zu unserer Weltsicht paßt.

Das bedeutet im Klartext: Wir können unsere Mitarbeiter zu Seminaren schicken, bis sie schwarz werden, und auch an unserem eigenen Verhalten erfolglos herumdoktern, bis uns die Lust vergeht:

> Solange alte Glaubensüberzeugungen unserem neuen Verhalten entgegenstehen, sind wir in unseren Fähigkeiten so eingeschränkt, daß wir langfristig bei unserem alten Verhalten bleiben.

Lassen Sie uns das an einigen praktischen Beispielen veranschaulichen: Stellen Sie sich vor, der Vorstandsvorsitzende eines international tätigen Konzerns stünde – bewußt oder unbewußt – auf dem Standpunkt: Die Macht eine Managers bemißt sich entscheidend danach, wie viele Umsatzmilliarden sein Unternehmen kontrolliert.

An dieser Landkarte des großen Meisters orientiert, werden mit expansiver Strategie andere Unternehmen dazugekauft. Man tummelt sich als Technologiekonzern-Tausendsassa in vielen Branchen und sucht Synergieeffekte zwischen Autos, Rüstungsgütern und der zivilen Luftfahrt: Solange es nicht gelingt, die rational-emotionale Landkarte der Konzernleitung „Umsatzmilliarden sind der Schlüssel zur Macht" durch eine neue Weltsicht zum Ertragsdenken auszutauschen, solange verpuffen Ratschläge interner und externer Berater ungehört.

Natürlich weiß jeder Vorstand, daß er nicht nur an Umsatz denken darf, sondern auch beim Ertrag schwarze Zahlen schreiben sollte:

> **Doch was unser Kopf weiß, tun wir noch lange nicht, wenn unser Herz nicht dahinter steht.**

Dies gilt für Top-Manager genauso wie für einfache Verkäufer. So wissen Kundenberater in Banken seit Jahren, daß die Höhe der ausgelegten Kredite bei weitem nicht so wichtig ist, wie der mit ihnen erwirtschaftete Deckungsbeitrag: Ein Berater, der für seine Bank 40 Millionen Mark Kredite ausgibt und dabei 0,7 Prozent Marge erzielt, war deutlich profitabler als der, der bei 50-Millionen-Mark-Krediten nur Geld gewechselt hat und magere 0,3 Prozent erwirtschaftet. Obwohl allen Beteiligten sonnenklar ist, daß Deckungsbeitrag höher als Umsatz bewertet werden sollte, bleiben die meisten Banken nach wie vor bei ihren Umsatzlisten: Emotional tief verwurzelte Anschauungen wechselt man eben nicht wie sein Hemd. Und solange Umsatz-Rennlisten der Erfolgsindikator bleiben, wird sich eben kein Ertragsdenken durchsetzen.

Das Beispiel von Umsatz- und Ertragsdenken zeigt uns genauso wie die Landkarte des autoritären Führers einige interessante Eigenschaften der zweiten Ebene des Systems „Persönlichkeit":

> **1. Unser Weltbild und unsere Glaubensüberzeugungen sind oft stark emotional unterlegt und damit nicht allein durch rationale Einsicht zu verändern.**

> **2. Die zweite Ebene kontrolliert alle ihr nachgeordneten Ebenen und entwickelt damit oft eine erhebliche Reichweite.**

Die Überzeugung des autoritären Führers (Ebene zwei: „Ich bin clever. Die anderen sind blöd."), entscheidet darüber, welche Fähigkeiten er entwickelt (Ebene drei: „Gutes Zuhören" und „Lernen von anderen" gehören in aller Regel nicht dazu, denn beides braucht man nicht, wenn die anderen blöd sind). Die dritte Ebene entscheidet dann wieder, welche – in diesem Fall kommunikativen – Techniken ein Mensch entwickelt (Ebene vier: aktives Zuhören, Verbalisieren, partnerorientierte Argumentation gehören beim autoritäten Führer nicht dazu). Und die Techniken und Skills der vierten Ebene bestimmen dann, wie wir uns in den konkreten sozialen Situationen verhalten, die unser Alltag einfordert: Die Markenzeichen des autoritären Führers sind uns allen nur zu gut bekannt: anderen ins Wort fallen, Ungeduld, Besserwisserei, Belehren, nicht zuhören und Bevormunden sind nur einige Kostproben seiner sozialen Kompetenz.

Aufgrund ihrer Reichweite empfiehlt sich die zweite Ebene für tiefgreifende persönliche Veränderungen und schnelle Weiterentwicklung. Denn in dem Augenblick, in dem sie sich ändern, ändern sich alle ihr nachfolgenden Ebenen in weiten Teilen mit. Um das nicht nur rational zu verstehen, sondern auch emotional nachzuerleben, versetzten Sie sich einmal in folgende Situation, die Führungstrainer Stephen Covey in seinen Seminaren beschreibt:

Sie sind sonntags früh auf der Anreise zu einem Kongreß und benutzen die U-Bahn. Ihr Abteil ist spärlich besetzt. Außer Ihnen fahren nur wenige ältere Menschen mit. Die Atmosphäre ist entspannt und friedlich, und Sie nutzen die Zeit, um noch einige Unterlagen durchzuarbeiten. An der nächsten Station steigen ein Mann und vier Kinder zu. Der Mann und – wie Sie vermuten – Vater der Kinder setzt sich neben Sie auf die Bank, während die Kids beginnen, im Abteil Fangen zu spielen. Mit der beschaulichen Atmosphäre ist es vorbei: Die Kinder sind außer Rand und Band und wie von Sinnen. Aufmunternde Blicke Ihrerseits zum Vater fruchten nicht, denn der schaut unbeteiligt zum Fenster hinaus – so als ginge ihn das Ganze nichts an. Sie ärgern sich, beherrschen sich aber und sagen zu Ihrem Nachbarn: „Entschuldigen Sie, mein Herr. Sie scheinen nicht zu bemerken, wie sehr Ihre Kinder die anderen Fahrgäste belästigen. Vielleicht können Sie sie ja mal zur Ordnung rufen."

In diesem Augenblick zuckt der Mann neben Ihnen zusammen und sagt mit leiser Stimme, so als käme er aus einem Traum: „Vermutlich haben Sie recht. Ich sollte mich mehr um meine Kinder kümmern. Wissen Sie, wir kommen gerade aus dem Krankenhaus. Die Mutter der Kinder … meine Frau ist eben gestorben … "

Könnte es sein, daß Ihr Ärger in Sekundenbruchteilen verraucht? Daß Sie auf einmal nicht mehr stolz sind auf Ihre vermeintliche Selbstbeherrschung, sondern beschämt sind über Ihren aggressiven Ton. Ist es Ihnen auf einmal peinlich, daß Sie nicht in der Lage waren, verzweifelte Kinder von unerzogenen unterscheiden zu können?

Genau darum geht es: Wenn sich Ihre Weltsicht ändert, verfügen Sie von einem Augenblick zum anderen über andere Fähigkeiten: Während Sie eben noch um Selbstbeherrschung gerungen haben, sind jetzt

Hilfsbereitschaft und Verständnis aktiviert. Und mit diesen Ressourcen ändert sich auch unser Verhalten nachdrücklich. Eben wollten wir zuschlagen, jetzt fragen wir uns voller Mitgefühl, wie wir helfen können.

Philosophen und Wissenschaftstheoretiker sprechen bei einem solchen Wechsel des Vorverständnisses von einem Paradigmenwechsel. Ein interessanter Aspekt neuer Paradigmen ist, daß wir – wenn wir sie erst einmal ganz erfaßt haben – nicht mehr hinter das zurückkönnen, was wir wissen. Schauen Sie sich beispielsweise einmal diese Landschaftsaufnahme von **Grönlandeis** an:

Gibt es irgendwelche Strukturen und Muster, die Ihnen ins Auge springen? Wenn nein, dann schauen Sie sich bitte zunächst ein „neues Paradigma" für dieses Bild auf Seite 79 an.

Erkennen Sie jetzt auch in der Aufnahme auf dieser Seite Muster und Strukturen, die Ihnen vorher gar nicht bewußt geworden sind? Wenn ja, dann versuchen Sie doch einmal, die Grönlandeis-Aufnahme wieder mit alten Augen zu sehen – also so, daß der Mann mit dem Bart wieder verschwindet.

Menschen, die nach jahrelanger Meditation zur Erleuchtung gelangen, berichten oft, daß sich „einerseits alles geändert hat, andererseits alles beim Alten geblieben ist". Diese Art von Paradigmenwechsel – das Alte in einem völlig neuen Licht zu sehen – wird durch das Grönlandeis-Bild gut veranschaulicht: Einerseits ist das Bild genauso wie früher, andererseits vermittelt es uns nach der „Mini-Erleuchtung" eine völlig neue Bedeutung.

Aus der Summe unserer Weltbilder, Werte und Grundüberzeugungen über uns und unser Verhältnis zur Welt ergibt sich unser Selbstbild – die Identität, die wir uns selbst zuschreiben:

1. Ebene: Identität und Selbstbild

Die beiden ersten Ebenen unserer Persönlichkeit beeinflussen sich – wie alle anderen Ebenen auch – wechselseitig: Einerseits entscheidet unser Selbstbild (erste Ebene) stark darüber, welches Weltbild und welche Grundüberzeugungen wir auf der zweiten Ebene zulassen können, andererseits wirken die Filter der zweiten Ebene stark darauf zurück, wie wir uns selbst sehen.

Wer beispielsweise „körperliche Stärke" für einen hohen Wert hält (Ebene 2) und zur Einschätzung seiner eigenen Kraft mit der Norm urteilt: „Wer schwächer ist als Schwarzenegger, ist ein Fuzzi" (ebenfalls Ebene 2), kommt möglicherweise zu dem Ergebnis: „Ich bin ein Mikkermann" (Selbstbilddefinition auf Ebene 1). Umgekehrt kann unser Eindruck, ein Schwächling zu sein (Ebene 1), dazu führen, Heldengestalten à la Arnold zu favorisieren (Werte Ebene 2).

Damit stellen sich nun einige spannende Fragen:

▶ Gibt es Blickwinkel, die uns helfen, ein konstruktives Selbstbild aufzubauen?

▶ In welchem Licht müssen wir uns und unsere Persönlichkeit sehen, um unsere Talente und Möglichkeiten heute und in Zukunft optimal zu entfalten?

▶ Gibt es so etwas wie ein „Paradigmen-Training" zur Persönlichkeitsentfaltung?

Die Antwort auf diese Fragen ist ein eindeutiges „Ja", und die nächsten drei Kapitel werden Ihnen hierzu die Einzelheiten vorstellen.

7. Selbstbild-Design in der Praxis

Selbstvertrauen meint – wie das Wort schon sagt – die Fähigkeit, sich selbst vertrauen zu können. Ob wir zu solchem Vertrauen in unsere Person Anlaß haben, hängt zu einem entscheidenden Teil davon ab, welche Erfahrungen wir mit uns in der Vergangenheit gemacht haben. Ein Schlüsselfaktor für unser Selbstvertrauen ist deshalb unser Erinnerungs-Management: Wer vor einer Herausforderung steht und sich beispielsweise spontan daran erinnert, wie er in ähnlichen Situationen bereits gepatzt hat, braucht sich über seine Selbstzweifel nicht zu wundern. Wer sich dagegen bei der Konfrontation mit einer Schwierigkeit an ähnliche Bewährungsproben erinnert, die er als Experte bereits souverän gemeistert hat, wird auf der Basis realistischen Selbstvertrauens aktiv.

In der Praxis ist es nun keineswegs so, daß ein Mensch 100 von 100 Verhandlungen in den Sand setzt und ein anderer 100 von 100 Chancen nutzt: Wir alle wachsen ab und an über unser durchschnittliches Leistungsniveau weit hinaus, und wir alle bleiben manchmal hinter unseren Möglichkeiten zurück. Die entscheidende Frage ist: An welche Referenzerfahrungen erinnern wir uns, wenn wir erneut gefordert werden?

Viele Menschen in unserem Kulturkreis neigen dazu, sich vor allem von ihren Schwächen und Fehlern her zu definieren. Ob dies – wie manche Psychologen vermuten – in erster Linie erziehungsbedingt ist, ob es mit der Zugehörigkeit zu einem bestimmten Kulturkreis zusammenhängt – wie andere vermuten –, kann hier genauso offen bleiben wie die Beobachtung von Arthur Schopenhauer, der sich bereits gefragt hat: „Warum sind sich die Dummen immer so sicher und die Gescheiten so voller Zweifel?" Entscheidend ist nämlich weniger, was gestern falschgelaufen ist, sondern vielmehr die Frage, was wir heute tun können, um realistisches Selbstvertrauen aufzubauen. Autosuggestive Verfahren wie Emil Coués Formel: „Mir geht es von Tag zu Tag besser und besser", werden von vielen Menschen als oberflächliche Kosmetik abgelehnt. Zu Recht: Wer sich vertrauen will, muß „harte Fakten" haben, warum er zu diesem Vertrauen Anlaß hat. Diese harten Fakten bekommen Sie mit den folgenden Übungen zum Selbstbilddesign.

Übung 1: Die Liste meiner Erfolge

Erstellen Sie eine Liste aller Situationen, in denen Sie im Leben über sich hinausgewachsen sind. Starten Sie, wenn Sie wollen, in frühester Kindheit: Wo waren Sie gut? Was ist Ihnen im Handumdrehen gelungen? Was konnten Sie schon damals besser als Ihre Geschwister und andere Kinder? Welche Fächer haben Ihnen in der Schule Spaß gemacht? Wofür haben Ihre Lehrer Sie gelobt? Worauf waren Ihre Eltern stolz bei Ihnen?

Durchkämmen Sie Ihre Kinderzeit und Jugend genauso wie Ihren Start ins Berufsleben und Ihren weiteren Karriereweg: Wo haben Sie sich – vielleicht sogar gegen den ausdrücklichen Rat anderer – für einen Weg entschieden, der Ihrem Leben eine neue, positive Richtung gegeben hat? Auf welche außerberuflichen Erfolge sind Sie stolz? Welche Hobbys haben Sie? Wo sind Sie Experte und kennen sich aus? Für welche Fähigkeiten im Umgang mit anderen werden Sie bewundert? Welche Verhandlungserfolge können Sie verbuchen? Welche Herausforderungen und Schwierigkeiten (eventuell auch bedingt durch Unfälle und Krankheiten) haben Sie bereits gemeistert?

Wenn Sie an jedem Tag Ihres Lebens nur vor drei „Mini-Herausforderungen" gestanden haben, blicken Sie schon als 30jähriger auf rund 30 000 Mini-Klippen zurück, die Sie erfolgreich gemeistert haben.

Und wenn nur jeder hundertste dieser Mini-Erfolge so groß war, daß er es verdient, in der Galerie Ihrer Erfolge einen Ehrenplatz einzunehmen, ist Ihre Erfolgsliste schon im Alter von 30 Jahren etwa 300 Erfolge lang.

> Harte Fakten vergangener Erfolge sind das Fundament unter der Burg unseres Selbstvertrauens.

Ruhen Sie nicht eher, als bis Sie in der Sandwüste Ihrer Erinnerung 50 harte Felsbrocken des Erfolgs zusammengetragen haben.

Übung 2: Die Liste der erfüllten Träume

Das erste Fahrrad, das erste Moped, das Sie sich gekauft haben, war vielleicht genauso die Realisierung eines Traums wie Ihre erste Flugreise oder Ihr erster Urlaub in Amerika. Der eine oder andere Traum, den Sie sich erfüllt haben, wird nicht notwendig in der Lebensbilanz Ihrer Erfolge auftauchen. Sie sollten sich deshalb auch eine Liste der Träume anlegen, die Sie sich schon erfüllt haben. Denn je mehr Beispiele Sie finden für Ihre Fähigkeit, die Träume Ihres Lebens zur Realität werden zu lassen, um so mehr Selbstvertrauen haben Sie, wenn es darum geht, Ihre Träume von heute zur Realität von morgen zu machen.

Übung 3: Selbstvertrauen im Beruf

Fertigen Sie sich eine Liste mit all den Eigenschaften und Fähigkeiten an, die einen Spitzenleister in Ihrem Beruf auszeichnen. Listen Sie anschließend auf, wann und wo Sie sich und anderen genau diese Eigenschaften schon bewiesen haben.

Angenommen, Sie sind Verkäufer: Eine „unbeirrbar positive Grundeinstellung" könnte dann genauso in Ihrem Spitzenleister-Profil auftauchen wie „Verhandlungsgeschick" oder „Durchsetzungsvermögen in der Abschlußphase".

Im zweiten Schritt fragen Sie sich jetzt, wann und wo Sie in Ihrem Leben diese Eigenschaften bereits unter Beweis gestellt haben. Wo haben Sie eine unbeirrbar konstruktive Einstellung gezeigt? Haben Sie sich gegen den Rat Ihrer Eltern, der Verwandten und Ihrer Bank ein Haus gekauft? Haben Sie Eigenkapital durch Eigenleistung ersetzt und in zwei Jahren mit zwei linken Händen das Unmögliche möglich gemacht? Wenn ja, dann stellt sich Ihnen nicht mehr die Frage, *ob* Sie eine unbeirrbar positive Einstellung haben. Sie brauchen sich nur noch zu entscheiden, *wann* Sie diese Einstellung im Verkauf aktivieren.

Übung 4: Das Erfolgstagebuch

Wenn Sie bei der ersten Übung das unbefriedigende Gefühl hatten, daß Sie im Leben weit mehr Erfolge hatten, als Ihnen heute noch einfallen, empfehle ich Ihnen, ein Erfolgstagebuch zu führen: Führen Sie über Ihr Leben Buch. Protokollieren Sie Ihre Erfolge!

> Ein Leben, das wert ist, gelebt zu werden, hat es auch verdient, protokolliert zu werden.   *Anthonny Robbins*

Führen Sie nur eine Woche lang täglich ein Erfolgsprotokoll, und Sie werden feststellen: Bei der abendlichen Auflistung Ihrer „Etappen-Erfolge" fallen Ihnen täglich mehrere Punkte ein, die Ihnen nie bewußt geworden wären, wenn Sie sie nicht für Ihre Erfolgsbilanz aktiviert hätten.

Ihr Erfolgstagebuch ist ein Instrument aktiver Psychohygiene: Indem Sie sich täglich fragen, was gut war und worauf Sie stolz sein können, fokussieren Sie automatisch auf Ihre Stärken. Vor ausstehenden Herausforderungen bietet es Ihnen die Möglichkeit, vergangene Erfolge Revue passieren zu lassen und dadurch Ihr Selbstwertgefühl zu stärken. Und vor allem:

> Wer morgens weiß, daß er abends sein Handeln protokolliert, fühlt sich seinen Vorsätzen und Zielen viel stärker verpflichtet.

Genauso wie jeder Garten Hege und Pflege braucht, damit sich Zier- und Nutzpflanzen gegen Unkraut durchsetzen, genauso braucht unser Denken Hege und Pflege in Form von aktiver Psychohygiene. Das tägliche Protokoll unserer Erfolge ist der ideale Einstieg dazu.

Und noch eines: Sie werden in Ihrem Erfolgstagebuch um so mehr Positives zu berichten haben, je stärker es Ihnen gelingt, Ihr Leben um die Philosophie „Stärken stärken" zu organisieren. Ob Sie die Philosophie des Auf- und Ausbaus Ihrer Stärken wirklich leben, können Sie allabendlich beim Erstellen Ihres Erfolgsprotokolls testen. Die Faustformel dafür lautet: *Wenn sich das, was Sie tun, nicht gut anfühlt, ist es keine Stärke!*

8. Persönliche Weiterentwicklung und ihre Bremsen

Wer sich mit Persönlichkeitsentwicklung näher beschäftigt, tut gut daran, zunächst den schillernden Begriff „Persönlichkeit" näher zu bestimmen. So sind sich manche Menschen sicher, daß ihr Dackel Waldi deutlich mehr Persönlichkeit besitzt als die Mehrheit ihrer Nachbarn, andere behaupten, Mahatma Ghandi und Martin Luther King seien wirkliche Persönlichkeiten, erklären aber im nächsten Atemzug, jeder Mensch habe eine Persönlichkeit.

Damit wir uns in diesem Begriffswirrwarr zurechtfinden, biete ich Ihnen zunächst einmal die Unterscheidung zwischen „eine Persönlichkeit haben" und „eine Persönlichkeit sein" an: Der Gutachter, der im Mordprozeß über die Persönlichkeit des Angeklagten referiert, verwendet „Persönlichkeit" als Beschreibungsbegriff. Persönlichkeit meint hier wertfrei die individuelle Art eines Menschen, Innen- und Außenweltreize zu verarbeiten und dementsprechend zu handeln. In diesem Sinne *hat* jeder eine Persönlichkeit.

Aber nicht jeder, der eine Persönlichkeit hat, *ist* auch eine Persönlichkeit. Die für mich überzeugendste Definition für den Wertbegriff „eine Persönlichkeit sein" stammt von Abraham Maslow, dem Begründer der humanistischen Psychologie. Er definierte „Persönlichkeit sein" als den „selbstverwirklichenden Menschen, der seine Talente durch Leistung, Kreativität und Charakter integriert entfaltet" – eine Begriffsbestimmung, die jedem Erzieher und Erwachsenenbildner ins Stammbuch geschrieben gehört: Sie zeigt uns nämlich, wie morsch und brüchig einige der Scheinideale sind, nach denen viele von uns streben:

▶ Wer zum Beispiel Leistung ohne Ende produziert, sich in diesem Prozeß aber immer stärker selbst verliert, ist im Maslowschen Sinne kein sich selbstverwirklichender Mensch.

- Wer gewissen- und skrupellos nach Leistung strebt und dabei opportunistisch sein Fähnchen in den Wind hält, bringt vielleicht die Leistung; ihm fehlt aber der entsprechende Charakter.

- Wer sich um Leistung und Charakter nur in dem Rahmen müht, den die Gesellschaft vorgibt (Mitläufer), denkt nicht gegen Regeln und ist damit nicht im Maslowschen Sinne kreativ.

- Wer Leistung, Kreativität und Charakter entwickelt, dabei aber seine innere Zerrissenheit nicht überwindet, dem würde Maslow ebenfalls noch weitere Entwicklungsperspektiven zeigen.

Wer keine Leistung und damit keinen gesellschaftsbezogenen Nutzen produziert, kann als Obdachloser unter der Brücke noch so kreativ und charakterstark sein – ihm fehlt nach Maslow der Nutzenbeitrag für unsere Gesellschaft, der für Persönlichkeiten kennzeichnend ist. Fragen wir uns also, wie wir unsere Begabungen und Talente entfalten können, um zu einer Persönlichkeit im Maslowschen Sinne zu reifen. Schauen wir uns dazu zunächst die Übersicht auf der folgenden Seite an.

Zu 1: Ausgangspunkt dieses Modells, das unsere Entwicklung als dynamischen Prozeß beschreibt, ist die Persönlichkeit des einzelnen. Ihr wohnt – wie jedem Organismus – die Tendenz inne, sich in Begabungen und Talent immer weiter entfalten zu wollen. Daß lebende Systeme den Antrieb in sich tragen, sich immer weiter zu entwickeln, ist in den Naturwissenschaften gesicherter Stand der Erkenntnis. Der französische Naturwissenschaftler und Jesuitenpater Teilhard de Chardin nennt den imaginären Punkt, auf den sich die gesamte Schöpfung hinzuentwickeln scheint, „Punkt Omega". Ob unsere Evolution sich tatsächlich zielgerichtet auf einen einzigen Punkt hin bewegt, kann für unsere Überlegungen offenbleiben. Tatsache ist jedoch, daß wir alle – aus Gründen, die wir manchmal selbst nicht begreifen – uns „schneller, höher und weiter" entwickeln wollen.

Zu 2: Gegengewicht und Ausgleich zu diesem Entfaltungsdrang sind unsere Hemmungen. Darunter fallen definitionsgemäß alle körperlichen, geistigen und seelischen Einflüsse, die uns an weiterer Entfaltung hindern. Unsere Hemmungen haben zunächst einmal Schutzfunktion: Denn wenn Sie, vor 10 000 Jahren – angefeuert durch Ihren „Schneller-höher-weiter-Eroberungsdrang" – um eine Ecke bogen, dann war der nächste Bär nicht allzuweit weg. Und je weniger naseweis und naßforsch Sie damals das neue Terrain erkundeten, um so größer waren Ihre Chancen, den jeweiligen Abend gesund zu erleben.

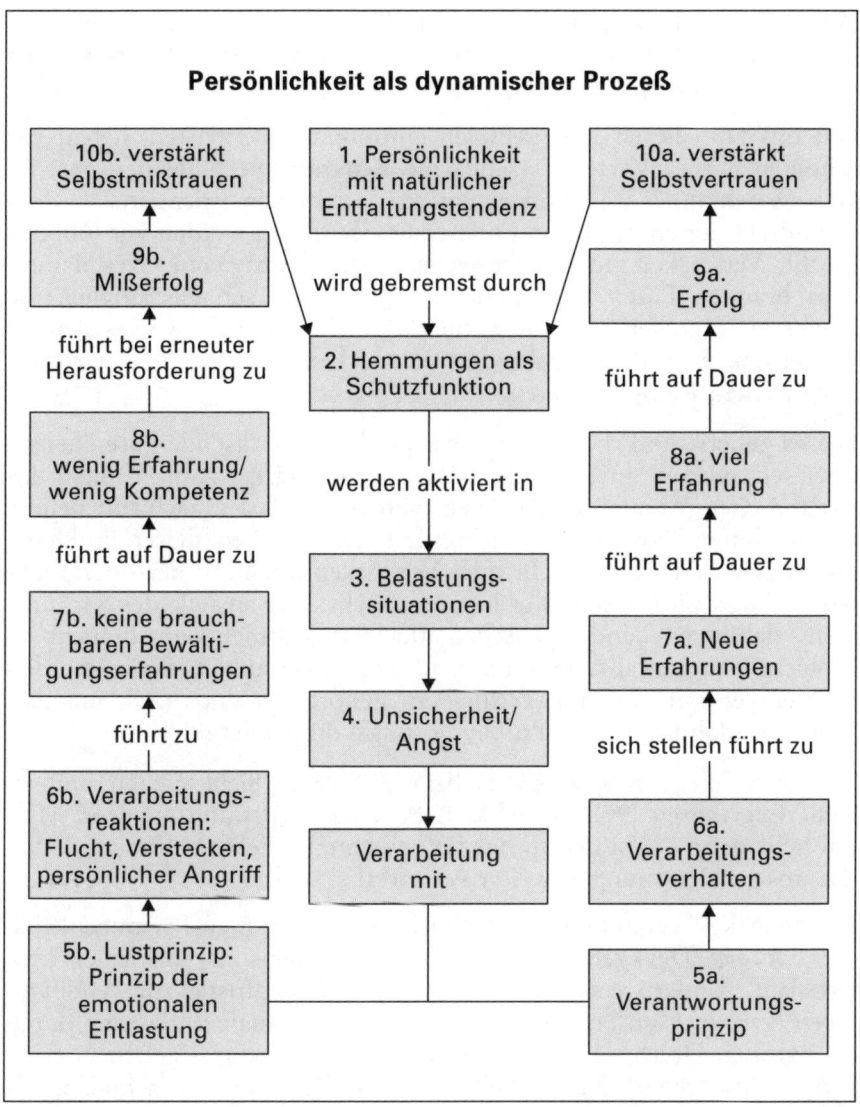

Persönlichkeit als dynamischer Prozeß

10b. verstärkt Selbstmißtrauen	1. Persönlichkeit mit natürlicher Entfaltungstendenz	10a. verstärkt Selbstvertrauen
9b. Mißerfolg	wird gebremst durch	9a. Erfolg
führt bei erneuter Herausforderung zu	2. Hemmungen als Schutzfunktion	führt auf Dauer zu
8b. wenig Erfahrung/ wenig Kompetenz	werden aktiviert in	8a. viel Erfahrung
führt auf Dauer zu	3. Belastungssituationen	führt auf Dauer zu
7b. keine brauchbaren Bewältigungserfahrungen		7a. Neue Erfahrungen
führt zu	4. Unsicherheit/ Angst	sich stellen führt zu
6b. Verarbeitungsreaktionen: Flucht, Verstecken, persönlicher Angriff	Verarbeitung mit	6a. Verarbeitungsverhalten
5b. Lustprinzip: Prinzip der emotionalen Entlastung		5a. Verantwortungsprinzip

Daß unsere Hemmungen ursprünglich unserem Schutz dienten, können wir heute noch an unserer Sprache erkennen: Wann immer wir jemanden als „hemmungslos" bezeichnen, ist das in aller Regel kein Kompliment, sondern soll viel mehr ausdrücken, daß jemand die Grenzen vermissen läßt, die gut wären, um ihn vor sich selbst zu bewahren.

Zu 3: Zum Glück spüren wir unsere Hemmungen nicht ständig. Wir bemerken sie erst, wenn sie in Belastungssituationen aktiviert werden und dann Gefühle von Unsicherheit und Angst (4.) in uns hervorrufen.

Um uns von diesen Streßgefühlen emotional zu entlasten, haben wir schon in grauer Vorzeit verschiedene Reaktionsmechanismen entwikkelt: Wir können uns zum einem am Lustprinzip orientieren – dem Grundsatz der emotionalen Entlastung (5b). Dann werden wir (6b) mit Flucht, Verstecken oder persönlichem Angriff reagieren. Wer damals dem braunen Bären begegnete, tat gut daran, schnellstmöglich die Flucht zu ergreifen oder – wenn das nicht möglich war – sich zu verstecken. Schieden Flucht und Verstecken aus, mußten wir zum persönlichen Kampf antreten.

Dieses genetische Erbe hat uns über Jahrhunderttausende gute Dienste erwiesen, wird in unserer Zeit jedoch immer stärker zum Problem: Im dynamischen Wandel unserer Zeit werden wir fast täglich mit neuen, ungewohnten Situationen konfrontiert. Die meisten dieser Probleme lassen sich weder mit Furcht oder Verstecken noch mit personenorientierter Aggression lösen. Wer hier ausweicht oder anstelle des Sachproblems dahinterstehende Menschen attackiert, sammelt keine brauchbare Problemlösungserfahrung (7b). Und wer gewohnheitsmäßig zu den Problemverdrängern und -vermeidern gehört, der entwickelt mangels Trainingserfahrung kaum Problemlösungskompetenz (8b).

Daß sich solche Know-how-Defizite auf lange Sicht rächen und zu Mißerfolg führen (9b), bedarf keiner weiteren Ausführung: Und Mißerfolg ist dann der beste Humus für berechtigtes Selbstmißtrauen (10b), das unsere Hemmungen weiter verstärkt!

Persönlichkeitsveränderung führt nicht automatisch zu Persönlichkeits*entwicklung*! Der gerade beschriebene Mechanismus ist leider kein Kreislauf, sondern eine *Passivitätsspirale*, die langfristig zur *systematischen Persönlichkeitsverkümmerung* führt: Emotionale Entlastung durch die „großen Drei" – Flucht, Verstecken und Attacke – gehen in einer vernetzten, arbeitsteiligen Welt voller Sachprobleme regelmäßig als Schuß nach hinten los!

Die Frage ist: Welche Alternative haben wir? Die Antwort lautet: Das Prinzip der rationalen Verantwortung (5a): Wer sich Sachproblemen stellt, der sammelt Problemlösungserfahrung (6a). Das bedeutet nun nicht, daß er jedes Problem beim ersten Mal souverän löst, sondern nur, daß er nachher besser weiß, was funktioniert und was nicht.

Wer den Weg der aktiven Problemlösungsbewältigung regelmäßig wählt (7a), der hat irgendwann viel Lösungserfahrung (8a). Und wer viel Problembewältigungskompetenzen hat, wird schon nach der „Versuch-und-Irrtum"-Methode auf längere Sicht Erfolg haben (9a). Und wer Erfolg hat, dessen Selbstvertrauen wächst in der Regel (10a). Mehr Selbstvertrauen führt zum Abbau unserer Hemmungen – und wir sind unterwegs auf der Aktivitätsspirale zu persönlichem Wachstum und Erfolg.

Bleibt eine Frage: Wenn diese Zusammenhänge so sonnenklar sind, warum richten sich dann nur so wenige nach ihnen? Warum gibt es nach wie vor so viele Drückeberger, Problemaussitzer und Sündenbock-Sucher? Warum gibt es so viele, die wissen, daß die Welt schuld ist und sich ändern sollte und sie selbst nichts zu tun brauchen (und als arme Opfer ja auch nichts tun können)?

Die Antwort ergibt sich bereits aus dem gerade skizzierten Entwicklungsmodell: Wer sich Sachproblemen stellt, muß sich – zumindest zeitweise – vom Lustprinzip der emotionalen Entlastung befreien. Das setzt die Bereitschaft voraus, kurzzeitigen Lustgewinn zugunsten langfristiger und dauerhafter Zufriedenheit hinten anzustellen. Und vor die Wahl gestellt, sich zu ändern oder Gründe zu erfinden, warum eine Änderung nicht erforderlich ist, machen sich die meisten auf die Suche nach Entschuldigungen. Hier gilt dann: „Je intelligenter ein Mensch ist, um so mehr Ausreden hat er."

Wer sich ändern will, muß zunächst einmal einen Punkt finden, an dem er ansetzen kann. Über dem Tempeltor des Orakels in Delphi steht nicht zufällig die Empfehlung: „Erkenne dich selbst". Bevor wir über Paradigmen und Perspektiven persönlicher Entfaltung sprechen, schauen wir uns deswegen zum Abschluß dieses Kapitels ein Liste bewährter Grundeinstellungen von Drückebergern an (wenn Sie sich nirgendwo wiederfinden, sind Sie entweder heilig oder aber ein hoffnungsloser Ignorant. Geben Sie dieses Buch in beiden Fällen jemandem, der mit seinem Leben noch etwas anfangen möchte).

Bewährte Fluchtstrategien für Stubenhocker und geistige Dachstock-Bewohner sind:

1. Ausreden, wie zum Beispiel „keine Zeit" (die dümmste aller Ausreden). Jeder hat alle Zeit, die es gibt. Täglich solide 24 Stunden. Wer also sagt, „keine Zeit", der meint: „Dafür möchte ich mir keine Zeit nehmen." Wer also für seine Gesundheit oder für Ausgleichssport keine Zeit hat, der sagt im Klartext: „Ich weiß zwar, daß es wichtig ist, aber

ich ziehe es vor, meine Zeit mit unwichtigen Dingen zu verplempern."
Wer sagt, „kein Bock", dem kann die Lust von anderen auch nicht
herbeigeredet werden. Deshalb manipulationssicherer als „keine Zeit".

„Das bringt nichts" ist die Manageralternative für „keine Lust", da bei
Führungskräften der Mangel an Antriebsenergie wegen Imageschädi-
gung verpönt ist.

2. Killerphrasen: „Haben wir noch nie so gemacht", „haben wir schon
immer so gemacht," „da könnte ja jeder kommen", „wenn das wirklich
ginge, hätte es die Konkurrenz schon längst gemacht". Prädikat: Sehr
empfehlenswert für intellektuelle Bremsertypen, die sich in Bürokratien
als verantwortungsbewußte Bedenkenträger profilieren wollen.

3. Psychotrip: Eigene Negativgefühle als Entschuldigung einsetzen.
Klingt im authentischen Workshop-Jargon: „Also, ich find das jetzt ganz
echt beschissen, ja. Die ganze Atmosphäre hier und so. Echt zum
Kotzen. Mußt' ich einfach mal so sagen, ja." Merke: Wer die Selbstverantwortung für seine Gefühle ablehnt, entläßt den einzigen aus der
Pflicht, der ihm helfen könnte, die Welt in seinem Kopf zu kontrollieren,
nämlich sich selbst!

4. Angst vor Neuem, Angst vor Unbekanntem, Angst vor Veränderung –
die apokalyptischen Reiter für alle ewig Gestrigen!

5. Sündenbocksuche: „Mein Chef hat keine Zeit für mich", „meine Frau
versteht mich nicht", „meine Kinder machen mich fertig" und „das
Kantinenessen macht mich dick". So, so, das Kantinenessen war's. Hat
listig auf dem Teller gelegen, verführerisch einladend gestarrt und uns
anschließend so hypnotisiert, daß es unter Ausschaltung unseres freien
Willens seinen Weg in unseren Magen gefunden hat. Dumm gelaufen,
nicht wahr?

6. Moralapostel: „Die anderen sollen sich ändern." Klar! Und solange
die es nicht tun, brauchen und können wir ja gar nicht anfangen. Die
Gesellschaft, die Gewerkschaften, die Arbeitgeber, die Russen und –
jawohl – der „Zeitgeist" sind schuld. Der Werteverfall, der Staat, das
lausige Erziehungssystem, fehlende Zukunftsperspektiven …

7. Abschieberitis: „Das können Sie besser", „das ist nicht mein Aufgabengebiet." Auch nicht schlecht! Erst immer cleverer sein als andere, bis
es dann ans Arbeiten geht und dann die eigene Dummheit strategisch
geschickt in den Vordergrund spielen.

8. Aufschieberitis: „Was du heute kannst besorgen, das verschiebe ruhig auf morgen", heißt die Maxime vieler, die nach eigener Einschätzung auch sonst „echt clever" sind: Kennen Sie Menschen, die sich erst auf den letzten Drücker auf eine Hausarbeit, Klausur oder sonst etwas Wichtiges vorbereiten? Der Selbstschutzmechanismus, der dahinter steht, ist schnell geoutet. Er heißt schlichtweg: „Lieber faul als doof." Denn wer schlecht vorbereitet schlecht abschneidet, kann nachher sagen: „Kein Wunder, daß ich danebenlag. Ich hatte ja keine Zeit, mich richtig vorzubereiten. Zwei Tages- und Nachtschichten und doch noch ein knappes Ausreichend. Hätte ich soviel gebüffelt wie alle die Streber-Leichen, hätte ich die anderen locker in den Schatten gestellt."

9. Aufschieberitis durch Nachdenken: Prinzipielle Unentschlossenheit ist eine weitere Geheimwaffe der Aufschubspezialisten: „Das sollten wir noch überdenken", „hier könnten wir zur sorgfältigen Prüfung noch einen Ausschuß einsetzen mit anschließender Expertenbefragung." Klasse, Klasse! Merke: „Ich muß noch nachdenken" ist oft die klassische Entschuldigung derer, die eh nichts tun wollen.

10. „Ich hab's versucht": Das typische Verliererstatement, das durch philosophische Überhörungen wie: „In großen Dingen genügt es, sie versucht zu haben", auch nicht besser wird. Gerade in großen Dingen genügt es eben nicht, nur zu versuchen.

> „Ich hab's versucht" heißt übersetzt: „Ich habe entschieden, daß das Nichterreichen meines Ziels ebenfalls ein akzeptabler Weg ist, mit meinem Leben fortzufahren."

11. Verantwortungsscheu: Nichts sehen, nichts hören, nichts sagen: Die Graue-Maus-Strategie fürs Berufs- und Privatleben. Eine Variante von Verantwortungscheu ist das Verstecken hinter Normen: Haben Sie von der öffentlichen Verwaltung auch nur einen einzigen Brief bekommen, in dem es hieß: „Ich lehne Ihren Antrag gemäß § XYZ ab." Nein. Guter Kanzleistil ist es, den Bürger absenderlos zu knechten: „Gemäß § XYZ konnte der Bewilligung Ihres Antrags nicht stattgegeben werden." Achten Sie deshalb auf Ihre Sprache. Sie ist ein guter Indikator für Ihre Bereitschaft, Verantwortung zu übernehmen.

12. Zugucken statt mitspielen: Die Lieblingsstrategie für geistige Dachstock-Bewohner. Emotionen aus zweiter Hand, wie sie die Regenbogenpresse wöchentlich in Millionenauflage anbietet (Was wird aus Prinzessin Caroline und Prinz August von Hannover?), sind Entertainment für die, die sich nicht mit ihrem Leben und ihren eigenen Gefühlen auseinandersetzen wollen oder können.

(Mit der eigenen Tochter zu kommunizieren, die sich gegen Mutters und Vaters Werteordnung mit einem verheirateten Mann einläßt, ist halt problematischer, als Caroline zu verdammen.)

> Wer tagsüber in der Eigernordwand klettert, braucht abends keinen Luis-Trenker-Film.

Haben Sie sich ab und zu wiedererkannt? Das Dutzend ist voll. Unsere Beispielliste erhebt keinesfalls Anspruch auf Vollständigkeit, denn der menschliche Geist ist gigantisch kreativ und innovativ, wenn es darum geht herauszufinden, warum etwas nicht funktioniert und deswegen auch nichts zu tun ist. Das nächste Kapitel zum Paradigmen-Training sagt Ihnen, welche Grundüberzeugungen, Weltbilder und Landkarten wir brauchen, um uns den Herausforderungen unseres Alltags zu stellen.

9. Die Grundsätze persönlichen Wachstums

1. Paradigma: Selbstliebe

Mal Hand aufs Herz, lieber Leser: Lieben Sie sich selbst? Mögen Sie sich, und schätzen Sie sich selbst genauso wie den oder die Menschen, die Ihnen am nächsten stehen? Schauen Sie voller Stolz auf sich, wenn Sie in den Spiegel blicken? – Etwa so, wie Sie auf Ihren Jüngsten schauen, wenn der gerade das Laufen lernt?

Was antworten Sie? „Ja und nochmals ja" oder eher „Ich weiß es nicht" oder „Ich bin mir nicht sicher"? Wenn ein guter Freund uns gesteht, er sei sich nicht sicher, ob er seine Frau liebt, dann wissen wir diese Ungewißheit nach unserer Lebenserfahrung zu Recht als „Nein" zu deuten: Wer einen anderen wirklich liebt, hat – was seine Gefühle angeht – keine Zweifel. Das bedeutet umgekehrt: Solange wir noch Zweifel an unserer Beziehung zu uns selbst haben, sind diese Zweifel im Zweifel berechtigt.

Liebe – in der klassischen Definition des Aristoteles – meint, „das So-Sein des anderen zu wollen". Selbstliebe meint dann, sich selbst so zu wollen, wie man ist. Das hat mit eitler Selbstverliebtheit, Narzismus,

Egoismus, Egozentrik und anderen deformierten Beziehungen zu sich selbst nichts zu tun. Es bedeutet auch mehr als Selbstakzeptanz, obwohl diese ein wichtiger und notwendiger Schritt auf dem Weg der Liebe zu uns selbst darstellt.

Wenn wir jemanden akzeptieren können, sind wir bereit, ihn zu nehmen, wie er ist. Wenn wir jemanden lieben im Sinne der aristotelischen Definition, sind wir darüber hinaus bereit, sein So-Sein, seine Stärken und Schwächen, zu bejahen und ihn rückhaltlos zu fördern.

Wie können wir lernen, uns in diesem Sinne zu lieben? Was können und sollten wir tun? Die schlichte Antwort lautet: Nichts! Es gibt nichts, was Ihr Lebenspartner *tun* kann, damit Sie ihn oder sie wirklich lieben: Denn wenn und solange Ihre Liebe an Bedingungen geknüpft ist, ist es nicht wahre Liebe im Sinne von Aristoteles. Wahre Liebe stellt keine Bedingungen: *Entweder Sie entscheiden sich für den anderen und schenken ihm/ihr Ihre Liebe, oder Sie tun es nicht.* Und genau so ist es mit Ihnen selbst:

> Entweder Sie *entscheiden* sich, sich selbst zu lieben, und schenken sich diese Liebe, oder Sie tun es nicht!

Die bewußte Entscheidung, uns selbst zu lieben – ohne Bedingung und ohne Wenn und Aber –, ist der erste Schlüssel zu persönlichem Glück und zur persönlichen Entwicklung. Wenn wir anfangen, uns selbst rückhaltlos zu lieben, und wenn wir beginnen, diese Liebe genauso zu hegen und zu pflegen wie unsere Gefühle für diejenigen, die uns im Leben am nächsten stehen, werden wir anfangen, interessante Entdeckungen zu machen: Ist Ihnen schon einmal aufgefallen, daß wir kleine Schwächen an unserem Liebes- und Lebenspartner nicht nur akzeptieren, sondern sogar mögen? Schon mal darüber nachgedacht, warum Sie den Babyspeck Ihres zehn Monate alten Säuglings so süß finden, sich selbst aber für vier Pfund Übergewicht hassen? Warum Sie Ihren Partner in seiner spontanen und manchmal unbedachten Art „rührend" finden, sich selbst dagegen in ähnlichen Situationen einen Tolpatsch schelten? Sie wissen bereits: Die meisten, die einen Schönheitschirurgen bemühen, sehen sich nachher genausowenig mit liebenden Augen wie vorher.

Ein guter Gradmesser für Ihre bewußte und unbewußte Liebe zu sich selbst ist die Abwesenheit von Selbstsabotage in Ihrem Leben. Angenommen, Sie besäßen ein Rennpferd im Wert von einer Million Mark, das Sie über alles lieben: Würden Sie es literweise Whisky saufen lassen, permanent mit Big Macs füttern, ihm täglich 60 Zigaretten spendieren und es jeden Tag 18 Stunden lang ohne Unterlaß zu härtester Gangart anpeitschen? Würden Sie ihm berechtigte Ruhepausen am Wochenende vorenthalten, indem Sie es bis vier oder fünf Uhr morgens auf Rummelplätzen sich zerstreuen lassen, und würden Sie ihm dann noch permanent vorhalten, es sei nicht gut genug?

Meine Frage an Sie: Wenn Sie das alles keinem Ihrer Tiere antun würden, warum fangen Sie als Ausdruck Ihrer Selbstliebe nicht damit an, mit dieser Art systematischer Selbstdemontage aufzuhören? Nur nebenbei: Wenn Sie sich gerade bei der einen oder anderen Selbstsabotage entdeckt haben, brauchen Sie jetzt nicht anzufangen, sich dafür zu bestrafen. Die Lösung liegt in der Erkenntnis:

> Wo ich bin, ist, wo ich bin. Und wohin ich gehe, liegt bei mir!

2. Paradigma: Selbstbewußtsein

Neben Selbstliebe und Selbstvertrauen ist Selbstbewußtsein ein weiterer Schlüssel beim Umgang mit uns selbst. Anders als die Umgangssprache, die „Selbstbewußtsein" oft gleichbedeutend verwendet mit „Selbstvertrauen", wollen wir hier das ursprüngliche Wortverständnis nutzen: Selbstbewußtsein meint – wie der Begriff schon nahelegt – zunächst nichts anderes als „Bewußtsein von uns selbst", das heißt das Bewußtsein dessen, was wir denken, fühlen und tun.

Mosche Feldenkrais, ein großer Körpertherapeut und Begründer der nach ihm benannten Feldenkrais-Methode, hat dazu gesagt: „Die Natur ist nicht freundlich zu den Wesen, die kein Bewußtsein haben", will heißen: Die Naturgesetze wirken für uns und gegen uns, unabhängig davon, ob wir sie kennen oder nicht: Wer mehr Alkohol trinkt, als er vertragen kann, ist blau – unabhängig davon, ob er um seine geringe Alkoholverträglichkeit wußte oder nicht. Das bedeutet: Je besser wir uns selbst erkennen, und je stärker uns die Mechanismen unseres eignen Handelns durch „Bewußtseinserweiterung" klarwerden, um so mehr untersteht unser Leben unserer potentiellen Kontrolle. Der erste Hauptsatz der Persönlichkeitsentwicklung heißt nicht zufällig:

> Wenn du weißt, was du tust, kannst du anfangen, zu tun, was du willst.

Nehmen wir an, Sie seien jähzornig. Solange Ihnen Ihr „Ausrasten" erst drei Minuten nach Ihrem Tobsuchtsanfall bewußt wird, können Sie es zwar bereuen, aber nicht mehr ändern. Um Ihre Zornesausbrüche in den Griff zu bekommen, brauchen Sie mehr „Selbstbewußtsein": Erst wenn Ihnen in „Realzeit", also in dem Augenblick, in dem der Ärger anschwillt, bewußt wird, welcher Prozeß abzulaufen beginnt, haben Sie die Möglichkeit, sich neben sich zu stellen und sich für ein anderes Verhalten zu entscheiden.

Viktor E. Frankl, der Begründer der Logotherapie und Psychotherapeut von Weltruf, sagt dazu: „In der Zeit zwischen Reiz und Reaktion liegt

---

Vom Selbstbewußtsein zur Selbstverwirklichung

Selbstbewußtsein

Das Bewußtsein für das, was wir denken, fühlen und tun

Voraussetzung für $\downarrow$

Selbstkontrolle

die Steuerung dessen, was wir denken, fühlen und tun

Voraussetzung für $\downarrow$

Selbstdisziplin

die Fähigkeit, das zu tun, was wir uns vorgenommen haben

führt zu $\downarrow$

Selbstvertrauen

das Vertrauen in uns selbst, das in unserem bisherigen Verhalten eine realistische Basis findet

fördert $\downarrow$

Selbstverwirklichung

der Prozeß, unsere Talente und Begabungen harmonisch integriert zu entfalten und der Beste zu werden, der wir sein können.

---

unsere menschliche Größe, unsere Macht und unsere Freiheit." Anders als Tiere, die auf Schlüsselreize nur mit einem festdefinierten Instinktprogramm antworten können, haben wir die Qual der Wahl – die Chance, unsere Reaktion zu wählen. Dies setzt voraus, daß wir ein Bewußtsein für die Situation und für uns in der Situation entwickeln: Wahlmöglichkeit erkennen, Autopilot abschalten und das neue, gewünschte Verhalten praktizieren, ist Privileg derer, die selbstbewußt sind und deshalb Selbstkontrolle ausüben können.

Fassen wir zusammen: Wann immer wir etwas Neues lernen, ist Selbstbewußtsein der erste Schritt auf dem Weg zum Erfolg. Wer auf schneeglatter Fahrbahn ins Rutschen kommt, in Panik gerät, mit voller Kraft auf die Bremse tritt und mit blockierten Rädern auf ein Hindernis zurutscht, braucht – so überraschend es auf den ersten Blick klingt – mehr Selbstbewußtsein: Denn erst wenn ihm klar wird, daß er den Fuß auf der Bremse hat, der dort aber nicht hingehört, wird unser potentieller Crashpilot „selbstbewußt" sein Verhalten korrigieren.

3. Paradigma: Fokus auf den persönlichen Einflußbereich

Sagt ein Mann zu seinem Nachbarn: „Meine Frau und ich haben uns die Entscheidungen im Familienkreis gerecht geteilt. Sie ist zuständig für die kleinen Dinge, wie Einkäufe, Haus, Einrichtung, Auswahl des Urlaubsortes, Autokauf und dafür, wo und wie wir unser Haushaltsgeld ausgeben. Und ich entscheide in den Fragen der Weltpolitik: Wer neuer Generalsekretär der Vereinten Nationen werden soll, daß Sadam Hussein endlich abgesetzt und Bayern München Deutscher Fußballmeister wird."

Dieser Witz veranschaulicht ein höchst interessantes Thema: Wenn wir uns einmal die Gesamtheit der Dinge ansehen, die uns im Leben betreffen und interessieren, dann können wir in Anlehnung an Stephen Covey folgende Unterscheidung machen:

▶ Es gibt Dinge, die wir entscheiden und gestalten können (unser *Einflußbereich*).

▶ Es gibt Dinge, die unser Leben positiv oder negativ betreffen, aber nicht unserer Einflußsphäre unterliegen *(Betroffenheitsbereich)*:

Die entscheidende Frage ist nun:

▶ Über welchen Bereich denken wir stärker nach?
▶ Welcher Bereich beschäftigt uns emotional stärker?
▶ Wo verbringen wir gedanklich den größten Teil des Tages?
▶ Liegt unser Fokus gewohnheitsmäßig in unserem Einflußbereich oder im Betroffenheitsbereich?

Bevor Sie jetzt leichtfertig antworten: „Natürlich denke ich fast ausschließlich über meinen Einflußbereich nach!", halten Sie bitte einen Augenblick inne, und prüfen Sie sich sehr sorgfältig. Denn nach dem, was wir uns eben über Selbsterkenntnis und Selbstbewußtsein erarbeitet haben, wissen Sie, daß wir uns nur dort ändern können, wo wir Änderungsbedarf entdecken – mit den Worten des Bewußtseinsforschers Timothy Leary: „Das Problem mit uns Menschen ist, daß wir nicht erkennen, was wir nicht erkennen. Und solange sich das nicht ändert, besteht für uns nur wenig Hoffnung auf Besserung."

Machen Sie sich bitte folgende Zusammenhänge bewußt:

1. Wer über seinen Einflußbereich nachdenkt, ist per Definition Täter und Urheber seiner Aktionen und seines Schicksals, das heißt, er ist jemand, der in seinem Weltbild Gestaltungsspielräume und Chancen sieht.

2. Je öfter und je länger wir über unseren Einflußbereich nachdenken, um so stärker wird dieser Bereich in unserem Bewußtsein – Beachtung schafft Verstärkung.

3. Je stärker wir uns mit unserem Einflußbereich beschäftigen, um so größer wird er.

4. Alle für unser Lebensglück wichtigen Dinge liegen in unserem Einflußbereich.

5. Mächtige und Erfolgreiche tun zeitlebens nichts anderes, als über ihren Einflußbereich nachzudenken, ihn zu hegen und zu pflegen und ihn dadurch nach und nach auszuweiten.

6. Der entscheidende Unterschied zwischen Gewinnern und Verlierern ist der Unterschied im Kopf: Während Verlierer 90 Prozent ihrer Zeit mit dem Problem zubringen (Betroffenheitsbereich), investieren Gewinner 90 Prozent Ihrer Zeit in die Lösung, sprich in ihren Einflußbereich.

Einige Anmerkungen zu diesen Grundsätzen:

Menschen, die in ihrem Leben nur noch Probleme sehen und an ihrem Schicksal verzweifeln, brauchen therapeutische Hilfe. Sie nehmen nur noch ihren Betroffenheitsbereich wahr. Ihr Einflußbereich ist in ihrem eigenen Erleben auf Null geschrumpft: Erster Schritt jeder Psychotherapie – wenn sie funktioniert – ist, dem Patienten das Bewußtsein für seinen eigenen Einflußbereich zurückzugeben und ihm damit wieder die Möglichkeit einzuräumen, in seinem Leben selbstgestaltend aktiv zu werden.

Unser Einflußbereich wird um so größer, je stärker und öfter wir uns mit ihm beschäftigen. Dies versteht sich für viele Menschen von selbst, soll hier für den einen oder anderen Zweifler jedoch noch kurz illustriert werden:

Nehmen Sie an, ein Chef neige dazu, seine beiden Assistenten zu tyrannisieren und auszunutzen. Der eine ist darüber hell empört und beklagt sich bei Freunden und Bekannten. Der Zweite analysiert nüchtern die Stärken und Schwächen seines Chefs und konzentriert sich auf den Bereich, der im Unternehmen am stärksten brachliegt (Logistik). Der eine ist drei Jahre später völlig frustriert, der andere in der Branche als Logistikexperte bekannt und anerkannt. Meine Fragen:

▶ Auf wen wird der Chef in Logistikfragen stärker hören?

▶ Mit wem muß der Chef deutlich mehr Kompromisse eingehen, um sein bestes Pferd im Stall zu halten?

▶ Wer könnte – wenn es hart auf hart kommt – eher auf den anderen verzichten: Der Tyrann auf seinen branchenbekannten Logistikexperten oder der Logistikexperte auf seinen Chef?

Dieses Beispiel ist übrigens kein Einzelfall: Wir alle kennen die sogenannten „grauen Eminenzen" eines Unternehmens – Menschen, deren tatsächlicher Einfluß viel weiter reicht, als es ihre Stellenbeschreibung ausdrückt: Tun Sie es ihnen gleich, und fokussieren Sie auf den Bereich, der Ihrer Kontrolle unterliegt.

„Ich kann in meinem Leben nichts selbst gestalten. Mein Chef spannt mich täglich zehn bis zwölf Stunden ein, und anschließend verlangen meine drei Kinder ihr Recht. Am Wochenende bin ich völlig fertig, bringe noch Arbeit mit nach Hause und falle abends um 22 Uhr todmüde ins Bett."

Klagelieder wie diese höre ich in vielen Seminaren – in der Regel sehr bildhaft, überzeugend und mit viel Energie vorgetragen. Das Problem der Jammerer ist schnell umrissen: Sie haben ihren Einflußbereich im Leben völlig aus dem Blick verloren. Einer der schnellsten und besten Wege zur „Realitätstherapie" besteht darin, sie mit der These zu konfrontieren, daß alle – und zwar ausnahmslos alle – für unser Lebensglück wichtigen Funktionen zu 100 Prozent unserer Kontrolle unterliegen:

▶ Der einzige, der Ihre Einstellung zu sich und der Welt kontrolliert, sind Sie selbst.

▶ Ihre Selbstliebe, Ihre Selbstakzeptanz, Ihr Selbstvertrauen und Ihr Selbstbewußtsein liegen allein in Ihrem Einflußbereich.

▶ Das „Mikroklima", das Sie in Ihrer Familie schaffen, liegt weitgehend bei Ihnen (auch die Frage, ob Sie mit dem richtigen Partner verheiratet sind oder sich vom falschen scheiden lassen sollten).

▶ Die Auswahl Ihrer Freunde und die Art, wie Sie Freundschaften und Ihren Bekanntenkreis pflegen, ist ebenfalls allein Ihr Bier.

Die Gewohnheiten, die Sie praktizieren, liegen allein bei Ihnen: Ob Sie sich gesund ernähren, sich Muße und Erholungspausen gönnen, Ausgleichssport betreiben, Zeit in Weiterbildung investieren, morgens rechtzeitig aufstehen und den Tag vorbereiten, dankbar sind und jeden Tag als Geschenk des Schöpfers willkommen heißen (denken Sie an die vielen Tausend, die seit letzter Nacht nicht mehr dabei sind) – all das liegt allein bei Ihnen!

4. Paradigma: Blickwinkel, die unsere Lernbereitschaft entwickeln

Der Aufforderung, unsere Komfortzone zu verlassen und uns im Leben regelmäßig im psychischen Wachstumsbereich aufzuhalten, werden wir nur gerecht, wenn wir dem Abenteuer „Wachstumszone" mit der richtigen Einstellung begegnen:

1. Entwickeln Sie ein konstruktives Verhältnis zum Unbekannten

Das Unbekannte ist das Feld unbegrenzter Chancen und Möglichkeiten, ein Paradies, das darauf wartet, von uns entdeckt zu werden. Doch es öffnet sein Füllhorn nur für diejenigen, die ihre Hemmungen überwinden und sich dem Neuen stellen: Ralph Waldo Emerson gibt uns hierzu den Tip:

> Tue das, wovor du dich fürchtest, und das Ende deiner Furcht ist gewiß.

Wer das blanke Eis fürchtet, kann Schlittschuhlaufen lernen und ihm dann viel Freude abgewinnen. Wer das Unbekannte fürchtet – neue Menschen, neue Situationen, neue Themen –, kann so lange Kontaktbereitschaft praktizieren, bis aus ihr Kontaktfreude wird.

2. Fehler sind Orientierungshilfen

Nehmen Sie Fehler als das, was sie sind: Soll-Ist-Abweichungen, die uns notwendige Informationen zur Kurskorrektur geben: Wenn Sie Nonstop Frankfurt – Los Angeles fliegen, ist Ihr Flugzeug in 99,9 Prozent der Flugstrecke nicht auf Kurs: Was der Flugcomputer des Lufthansa-Airbuses vielen von uns voraus hat, ist: Er nimmt „Fehler" nicht persönlich, sondern verwertet sie als Feedback. Machen Sie's ihm nach: Fehler beziehen sich auf Ihr Verhalten, nicht auf Ihre Person. Und noch eines: Menschen wollen keine Menschen, die keine Fehler machen; Menschen wollen Menschen, die mit Fehlern fertigwerden.

Warum sind nahezu alle großen Volksführer weltweit reich an Kalenderjahren und damit auch reich an Erfahrung? Warum sind die meisten Topmanager Mitte 40 oder älter? Warum kann nach der Geschäftsordnung des Deutschen Bundestags zum Kanzler nur gewählt werden, wer das 39. Lebensjahr vollendet hat? Die Antwort lautet: Gutes Urteilsvermögen ist regelmäßig das Ergebnis von viel Erfahrung, und viel Erfahrung ist regelmäßig auch das Ergebnis von vielen Fehlern. Es gibt auch kaum jemanden, der an der Börse reich geworden ist, ohne viel Lehrgeld zu zahlen. Henry Ford ist fünfmal Konkurs gegangen, bevor er als Automobilunternehmer Weltruhm erlangte, und Boris Becker und Steffi Graf schlagen in einem Monat mehr Bälle ins Aus als die meisten Gelegenheitsspieler in einer ganzen Saison.

> Kennzeichen von Champions ist nicht, keine Fehler zu machen. Markenzeichen von Profis ist, mehr Fehler als andere konstruktiv verarbeiten zu können.

Viele bewundern Michael Schumacher, fast jeder möchte so gut Auto fahren können wie er, und die allermeisten würden gerne über ein ähnliches Einkommen verfügen. Doch wie viele von uns Hasenfüßen wären bereit, dafür mehrfach im Jahr mit 100 Stundenkilometern oder mehr in die Leitplanken zu fahren – eine Fehlerquote an „kleinen Ausrutschern" im Training, mit der Michael Schumacher seit mehr als 20 Jahren lebt?

3. Probleme sind Trainingschancen

Probleme sind Aufgaben, deren Lösungsweg dem Bearbeiter derzeit noch nicht bekannt ist. Insoweit sind sie für uns Trainingschancen und Herausforderung, uns und unsere Fähigkeiten weiterzuentwickeln. Der Begründer der amerikanischen Erfolgsliteratur, Napoleon Hill, geht sogar noch einen Schritt weiter. Er empfiehlt als Vorverständnis:

> Jedes Problem enthält den Keim eines noch größeren Vorteils.

Daß Napoleon Hill dieses Paradigma wirklich mit Leben gefüllt hat, zeigt seine persönliche Lebensgeschichte sehr eindrucksvoll: Als sein Sohn ohne Ohren geboren wurde und alle medizinischen Diagnosen übereinstimmend zu dem Urteil kamen, er werde nie hören können, hielt Napoleon Hill an seiner Überzeugung fest, daß in jedem Problem der Keim eines größeren Vorteils steckt. Neun Jahre lang widmete er sich täglich der Aufgabe, seinem Sohn mit Affirmationen das Selbstvertrauen zu geben, ein völlig normales Leben leben zu können. Das Ergebnis: Sein Sohn entwickelte – ohne Trommelfelle (!) – 65 Prozent des normalen Hörvermögens, weil sein Gehirn lernte, die schwache Resonanz der Schallwellen auf der Schädeldecke zu identifizieren. Er besuchte Grundschule, Highschool und College wie jedes andere Kind.

Ein weiterer interessanter Betrachtungswinkel zum Umgang mit Problemen stammt von Dr. Martin Seligmann: Er fand heraus, daß Verlierertypen – bewußt oder unbewußt – davon ausgehen, Probleme seien dauerhaft, Ausdruck eigenen Unvermögens und würden sich auf ihr ganzes Leben auswirken.

Gewinner denken dagegen: Auch dies wird vorübergehen. Probleme haben nichts mit meiner Person zu tun, sondern bestenfalls mit meinem bisherigen Verhalten; wenn ich in irgendeinem Teilbereich vor einer Herausforderung stehe, hat das mit meinem übrigen Leben absolut nichts zu tun.

Zusammengefaßt: Probleme sind Wachstumschancen und oft Grundsteine für unsere weitere Entwicklung. Sie gehen vorüber, betreffen in aller Regel nur einen kleinen Sektor unseres Lebens, haben nichts mit unserer Person zu tun, sondern sind Feedback des Lebens, unser Verhalten zu modifizieren.

Also: Wenn das nächste Problem auf Sie zukommt, gehen Sie es mit einer konstruktiven sich selbsterfüllenden Prophezeiung an. Wie wäre es mit:

> Niemals wird mir eine Aufgabe gestellt, ohne daß ich die Kraft hätte, sie zu erfüllen. Aber es könnte sein, daß ich mich dafür anstrengen muß.

4. Alles, was es wert ist, getan zu werden, ist es auch wert, schlecht getan zu werden

Die Achillesferse vieler Menschen, die viel und Großes von sich erwarten, ist ihr Hang zum Perfektionismus: Wenn Sie durchs Leben gehen mit dem Prinzip: „Exzellenz und Vortrefflichkeit ist mein Standard", kann dies als Schuß nach hinten losgehen, etwa dann, wenn Sie sich dadurch bremsen lassen, etwas Neues zu tun, nur weil sie es noch nicht perfekt genug beherrschen. Mir hilft in diesen Fällen die Erkenntnis weiter: Wenn es überhaupt wert ist, getan zu werden, dann ist es auch o. k., es solange schlecht zu tun, bis es gut getan werden kann.

5. „Succes is a numbers game"

„Erfolg ist ein Gesetz der Serie, und Mißerfolge sind Zwischenergebnisse. Wer weitermacht, kann gar nicht verhindern, daß er irgendwann auch Erfolg hat." Auf diese Kurzformel läßt sich die Grundphilosophie von Thomas Alva Edison bringen, dem mit 1892 internationalen Patenten erfolgreichsten Erfinder der Welt. Legendär ist beispielsweise Edisons Argumentation gegenüber Journalisten, die ihn auf mehrere Tausend Fehlversuche bei der Entwicklung der Glühlampe ansprachen: „Wer so viele Wege ausschließen kann, wie es nicht geht", entgegnete Edison seinen Kritikern, „optimiert mit jedem Versuch die Wahrscheinlichkeit, daß es beim nächsten Mal klappt."

5. Paradigma: Bedingungslos glücklich sein

„Die meisten Menschen sind exakt so glücklich, wie sie es sein wollen", beobachtete bereits Abraham Lincoln. Wie ist es mit Ihnen: Werden Sie glücklich sein, sobald Sie Ihren neuen Job bekommen? Ihr neues Auto da ist? Sie im neuen Haus wohnen? Geheiratet haben oder die Scheidung hinter Ihnen liegt? Sie endlich Kinder haben, diese zur Schule gehen oder schließlich das Elternhaus verlassen?

Die meisten von uns haben zwischen sich und ihr Glück Trennwände aufgestellt: „Wenn X in meinem Leben erfüllt ist, dann kann ich mir erlauben, glücklich zu sein." Das Teuflische an diesem Denkmuster ist: Wir benutzen es nicht nur einmal und sind dann für den Rest unseres Lebens glücklich, sondern im Gegenteil, sobald eine Glücksbedingung eingetreten ist, erfinden wir zwei neue, um unser Glücklichsein weiter in die Zukunft hinauszuschieben.

Lieber Leser, im Grunde unseres Herzens wissen wir's bereits:

> Entweder wir entscheiden uns, hier und jetzt glücklich zu sein, oder wir sind es nie!

Deshalb die Frage an Sie: Wie glücklich sind Sie – hier und jetzt? Und: Welche Bedingungen und Trennwände haben Sie gedanklich zwischen sich und Ihr Glück gestellt? Und noch etwas: Alles, was wir gelernt haben, können wir auch wieder verlernen, das heißt, die Mauern, die wir in unserem Kopf selbst errichtet haben, können wir auch selbst wieder einreißen!

6. Paradigma: Hohe Standards

> Verlange mehr von dir, als andere je verlangen können.

So lautet die übereinstimmende Empfehlung von Weisheitslehrern und Erfolgsautoren: Die Standards, die wir für uns selbst als gültig akzeptieren, entscheiden nicht nur zu einem großen Teil darüber, was wir im Leben erreichen, sondern beeinflussen auch unser Selbstbild. Wer beim Bundesgrenzschutz in der GSG 9 seinen Dienst tut, der definiert sich in aller Regel auch durch die überragenden Leistungsstandards dieser Eliteeinheit. Würde den GSG-9-Soldaten erklärt, sie brauchten von morgen an für ihr bescheidenes Gehalt nur noch das zu leisten, was ein normaler Schutzpolizist kann, wäre nicht Motivation, sondern totaler Frust die Folge.

Fragen Sie sich deshalb kritisch: Wo gebe ich mich mit weniger zufrieden, als ich von mir erwarten kann? Welche Leistungsstandards markieren in meinem Leben – beruflich und privat – den GSG-9-Elite-Maßstab?

Definieren Sie Ihre wichtigsten Lebensbereiche (Karriere, Familie, Gesundheit, Weiterbildung, Finanzen, Freunde etc.), und bestimmen Sie für diese Bereiche den Anspruch, den Sie bei Ihren Talenten und Begabungen berechtigterweise an sich selbst stellen können.

> Was Sie von sich selbst halten, sehen Sie daran, was Sie von sich selbst verlangen!

7. Paradigma: Priorität des Handelns

Angenommen, Sie bekämen ein Buch in die Hand mit dem Titel *Biomechanik des aufrechten Gangs von Zweibeinern*. Das Werk ist 550 Seiten stark, beschreibt alle 274 Muskeln, die wir beim Gehen einsetzen mit lateinischen Namen, und stellt auf beiliegender Diskette in Computersimulation 72 Kraftvektoren vor, die beim Wandern harmonisch zusammenspielen müssen, damit wir nicht stolpern. Meine Frage an Sie: Wie wäre die Menschheit zu Fuß, wenn wir auf diesem Weg das Gehen gelernt hätten?

Das Vorverständnis, das ich Ihnen für unseren Alltag vorstellen möchte, lautet schlicht und ergreifend: Gehen ist einfach, wenn man es tut!

> Ein guter Plan, diese Woche exekutiert, ist besser als ein perfekter Plan, der nächste Woche umgesetzt wird.
>
> *General George S. Patton*

Will heißen: Vergessen Sie wochenlange Grübeleien nach dem Motto: „Soll ich, soll ich nicht?" Pfeifen Sie auf pseudowissenschaftliches Theoretisieren, wenn es um Ihr Leben, Ihre Praxis und Ihren Erfolg geht. Relativieren Sie die gängige Wissenschaftsgläubigkeit unserer Zeit mit Ihrem gesunden Menschenverstand. Unsere Mediziner lachen über die Doktoren aus dem 15. Jahrhundert, und die Ärzte im Jahre 2500 werden über uns schmunzeln: *Die Geschichte der Wissenschaft ist die*

Geschichte des fortschreitenden Irrtums. Es gibt kaum eine naturwissenschaftliche Theorie, die nicht durch neue Erkenntnisse komplett revidiert worden ist.

Sie brauchen keine wissenschaftlichen Untersuchungen über die Schädlichkeit des Rauchens abzuwarten, um mit dem Rauchen Schluß zu machen. Sie müssen keine 350 Diäten studieren, um mit einer vernünftigen Ernährung zu beginnen. Verzichten Sie in Ihrem Unternehmen auf Ausschüsse und Gremien, die so überflüssig sind wie ein Kropf. Sparen Sie sich 1 200 Stunden Selbstanalyse auf der Therapeuten-Couch und die Lektüre Dutzender Bücher über Partnerschafts- und Beziehungstherapie. Denken Sie daran: *Gehen ist einfach, wenn man es tut.* Oder, wie man bei Nike's sagt: Just do it!

8. Paradigma: Achte auf deine Gedanken

Der Schlüssel zu den Toren dieser Welt heißt: Gedankendisziplin. Gedanken sind der Anfang unserer Taten — eine Erkenntnis, die Weisen aller Zeiten und Kulturen geläufig ist.

Mihaly Csikszentmihalyi, ein weltweit renommierter Psychologe, der sich mit der Erforschung des Glücks beschäftigt, fand in seinen Studien heraus, daß Menschen am glücklichsten sind, wenn sie ihre Gedanken so bündeln, sich so stark konzentrieren, daß ihre Energien frei fließen. Diesen Zustand, indem man sich lustvoll im Vollzug seiner Talente und Möglichkeiten erlebt, nannte er das Flow-Erlebnis.

Csikszentmihalyi konnte nachweisen, daß dieses Flow-Erlebnis nicht Wissenschaftlern, Forschern und anderen Geistesgrößen vorbehalten ist, sondern daß Fließbandarbeiter, Köche und Kindergärtnerinnen genauso davon zu berichten wissen wie Gärtner, Schüler und Hausfrauen: Im Zustand entspannter Konzentration, wenn unsere Energien frei fließen, erleben wir alle Glücksgefühle, die das „Vergnügen" eines Abendessens oder guter Fernsehunterhaltung weit übersteigen.

Daß Fließbandarbeiter gleichwohl zu Protokoll geben, ihre Arbeit sei öde und ihre einzige Freude im Leben sei ihr Mallorca-Urlaub, steht dem nicht entgegen, sondern ist nur Ausdruck unserer „Kollektiv-Hypnose": „Arbeit ist ätzend, nur Urlaub ist toll." Die Forschungsergebnisse von Csikszentmihalyi sprechen nämlich eine deutlich andere Sprache: Im Urlaub in ungewohnter Umgebung, beim Zusammensein mit der Familie, die man sonst kaum sieht, entwickeln die meisten Arbeiter und

Angestellten deutlich mehr Streß- und weniger Flow-Phasen als an ihrem Arbeitsplatz, an dem ihnen die Arbeit routiniert von der Hand geht.

Lernen Sie deshalb, Ihr Denken zu kontrollieren. Trainieren Sie, bei möglichst vielen Tätigkeiten in den Zustand entspannter Konzentration hineinzukommen, in dem die Zeit still steht oder wie im Flug vergeht und in dem wir uns lustvoll im Vollzug unseres Könnens erleben. Diesen Geisteszustand können Sie weder kaufen noch mieten. Niemand kann ihn für Sie erwerben: Sie sind der einzige, der sich Flow-Erlebnisse zum Geschenk machen kann!

„Achte auf deine Gedanken" bezieht sich aber nicht nur auf den *Prozeß* des Denkens im Sinne von: „Fokus führt zum Flow", sondern gibt uns auch Hinweise auf *Denkinhalte*, die unser Selbstbild und unsere Persönlichkeit weiterentwickeln. „Leben im Heute" – das Leben in „zeitdichten Fächern", wie Dale Carnegie diese Denkhaltung nennt, ist beispielsweise eine ausgezeichnete Hilfe, um unser Denken auszurichten. Wer gedanklich im Heute lebt, praktiziert automatisch den Grundsatz:

> Der beste Weg, für die Zukunft zu sorgen, besteht darin, alle Energie, Begeisterung und Sorgfalt darauf zu verwenden, die Arbeit des heutigen Tages zu einer vorzüglichen Leistung zu machen.

Wer gedanklich im Heute lebt, behängt sich nicht mit den Mühlsteinen und Schuldgefühlen der Vergangenheit, die ihn zum unproduktiven Grübeln verführen („Hätt ich doch nur … ", „Warum habe ich damals nicht, als meine Eltern noch lebten … "). Wer im Heute lebt, macht keine Katastrophenfilme über die Zukunft und blockiert sein Denken nicht mit Furcht und Schrecken über Unwägbarkeiten, die in 98 Prozent aller Fälle sowieso nicht eintreten.

Wir alle haben jeden Tag nur ein begrenztes Maß an physischer, psychischer, intellektueller, emotionaler, kreativer und sozialer Energie: Je weniger wir davon im gedanklichen Gestern oder Morgen verschwenden, um so mehr PS bringen wir heute auf die Straße. Das Archimedische Prinzip („Gebt mir einen festen Punkt, und ich werde die Welt aus den Angeln heben") lautet, auf eine erfolgreiche Lebensgestaltung bezogen: Heute!

> „Heute" ist Zeit unseres Lebens der einzige Tag, an dem wir die Welt aus den Angeln heben können.

Damit wir uns recht verstehen: Wenn ich sage, daß wir uns nicht *um* die Zukunft sorgen sollen, dann schließe ich damit keinesfalls aus, daß wir heute *für* die Zukunft vorsorgen. Im Gegenteil:

> Mißerfolg im Leben ist in vielen Fällen das Ergebnis der Weigerung, heute für die Zukunft zu planen und diesen Plan auch umzusetzen.

Das Prinzip des Nichturteilens ist eine weiterer wichtiger Grundsatz auf dem Weg zu persönlicher Weiterentwicklung. Pseudo-kritisches Hinterfragen ist heute „in". Nach vielen Jahren schulischer Übung im kritischen Hinterfragen haben wir uns schon daran gewöhnt, alles und jedes zu hinterfragen – ob es Sinn macht oder nicht. Der Preis, den wir für das destruktive Zerschlagen von Vorbildern, Werten und Idealen zahlen, ist hoch – und in unserer Gesellschaft deutlich sichtbar. Ausgiebiger Genuß vom Baum der Erkenntnis – erstens zu wissen, was gut und böse ist, zweitens zu wissen, daß die anderen böse sind und wir gut, und drittens zu wissen, daß die andern sich ändern müssen und wir nicht – liegt uns offensichtlich schwer im Magen: „Fighting for peace", sagen die Amerikaner derb, aber treffend, „is like fucking for virginity."

Ob Sie das Schlechte in sich oder anderen bekämpfen, bleibt sich letztlich gleich: Wer urteilt, akzeptiert nicht. Und wer den Ist-Zustand nicht akzeptiert, blockiert einen großen Teil seiner Änderungsenergien: Solange Sie am Spiegel vorbeigehen und den Bauch einziehen, weil Sie die Rettungsringe um Ihre Taille verurteilen, werden Sie nichts tun, um diesen Zustand zu ändern. Erst an dem Tag, an dem Sie Ihre Fettleibigkeit ohne Wenn und Aber akzeptieren, setzen Sie die Energie frei, sich zu ändern. Das Paradoxe unserer Entwicklung heißt deswegen:

> Erst wenn wir uns akzeptieren, wie wir sind, können wir werden, wie wir sein wollen.

Ein Unterpunkt des Prinzips, wenig zu urteilen, ist der Grundsatz: *Vergleiche dich nicht mit anderen.* Jeder von uns hat unterschiedliche Talente, Startbedingungen und Entwicklungspotentiale. Wer also Äpfel mit Birnen vergleicht, braucht sich nicht zu wundern, wenn er bei diesem wenig hilfreichen Unterfangen zweiter Sieger bleibt: Ersetzen Sie relativen (vergleichenden) Ehrgeiz durch absoluten Ehrgeiz!

> Der einzige, den es zu übertreffen gilt, sind wir selbst!

9. Paradigma: Dankbarkeit ist der Schlüssel

Worüber denken Sie im Leben die meiste Zeit nach? Über die 98 Prozent der Dinge, die schon perfekt sind, oder über die zwei Prozent, die Ihnen zum Paradies auf Erden noch fehlen? Wenn Sie nun sind wie die meisten Menschen, dann denken Sie an Ihre Gesundheit nur, wenn Sie eine Erkältung haben. Die 50 000 Mark, 100 000 Mark oder 500 000 Mark, die Sie jedes Jahr verdienen, interessieren Sie nicht, wenn Ihr Chef das Doppelte verdient. Der ist auch nicht glücklich, denn sein Vorstand verdient noch einmal deutlich mehr. Doch der kann sich auch nicht so recht freuen, weil er im Vergleich zu Michael Schumacher immer noch ein Habenichts ist. Und Schumacher sagt dann der staunenden Öffentlichkeit, daß sein kleines Töchterlein ihm mehr bedeutet als alles Geld dieser Welt ...

Gleichgültig, wie es Ihnen jetzt, in diesem Augenblick, geht, ob Sie gerade Zahnschmerzen haben, gestern Ihr Auto zu Schrott gefahren haben, Ihre Nase läuft, Sie Ihren Job los sind oder Ihnen Ihr Lebenspartner davongelaufen ist:

> Millionen Menschen auf diesem Planeten würden alles dafür geben, wenn sie mit Ihnen oder mir heute tauschen könnten.

Wenn Sie das Schlaraffenland, in dem wir leben, für selbstverständlich halten, dann sind Neid, Mißgunst und alle anderen Negativ-Gefühle, die Sie sich bereiten, Ihre (verdiente) Strafe!

Listen Sie deshalb einmal all das auf, wofür Sie aufrichtig dankbar sind, alles, was Sie sind, tun, können und haben: Ihre Gesundheit, Ihr Augenlicht, Ihr sportliches Talent, Ihre Auffassungsgabe, Ihre harmonische Partnerschaft, Ihre Kinder, Ihre Wohnung, Ihr Auto, Ihre Urlaubsmöglichkeiten, Ihre finanziellen Spielräume, Weiterbildungschancen, die Ihnen offenstehen usw.

Als kleiner Ansporn: Wenn Ihnen im Schlaraffenland Deutschland, in dem eine Rezession in erster Linie daran zu erkennen ist, daß die Reisebranche boomt, weniger als 100 Dinge einfallen, für die Sie dankbar sind oder zumindest sein könnten, sollten Sie „nachsitzen", bis Sie diese „Hausaufgabe" erledigt haben.

10. Paradigma: Das Sowohl-Als-auch-Denken

Sind Sie ein klassischer „Entweder-Oder"-Denker? „Entweder ich kümmere mich um meine Familie, oder ich mache Karriere!" „Entweder habe ich Zeit für Sport oder für meine Kinder, aber beides schaffe ich nicht." „Entweder wir kaufen ein neues Auto, oder wir fahren in Urlaub – aber beides geht nicht." Wenn Ihnen solche und ähnliche Zwickmühlen bekannt vorkommen, dürfen Sie sich aus zwei Gründen gratulieren:

1. Sie sind vielen anderen voraus, die genauso denken, aber nicht erkennen, daß die Ausweglosigkeit der Situation oft nur in ihrem Kopf existiert.

2. Sie sind in der vornehmen Gesellschaft der Logiker, die wissen, daß eine Aussage nicht zugleich ihr Gegenteil sein kann (Erinnern Sie sich noch? A kann nicht zugleich non-A sein … ?)

Und nun die schlechte Nachricht: So logisch der Satz von der Widerspruchsfreiheit des Aristoteles auch ist, so wenig hilft er Ihnen und mir in der Praxis weiter. Wenn Sie an eine Straßenkreuzung kommen, und links geht's nach Rom, dann können Sie im Umkehrschluß nicht vermuten, daß es rechts auf keinen Fall nach Rom geht. Vielleicht führen beide Wege nach Rom – der linke über die Landstraße, der rechte beispielsweise über die Autobahn.

Was diese Metapher Ihnen sagen will? Das Entweder-Oder-Denken der Logiker, der Grundsatz der Widerspruchsfreiheit und das Prinzip vom ausgeschlossenen Dritten mögen in der Mathematik unverzichtbar sein, in der Alltagspraxis mit ihren dritten, vierten und fünften Möglichkeiten sind sie es nicht!

Werden Sie ein „Sowohl-Als-auch-Denker": Warum sollten Sie nicht Karriere machen *und* ein glückliches Familienleben haben? Alle wirklich schaffenskräftigen Menschen erreichen beides, weil – naheliegenderweise – familiärer Rückhalt ein ausgezeichnetes Sprungbrett für berufliche Höchstleistungen ist. Behaupte ich damit, daß es leicht ist, beides unter einen Hut zu bringen? Durchaus nicht: Aber sonst im Leben entscheiden Sie sich ja auch nicht für den leichtesten Weg, sondern für den besten, oder?

„Entweder ich habe Zeit für Sport oder für meine Kinder." Wieviel Sowohl-Als-auch-Wege kennen Sie, beides zu kombinieren: die gemeinsame Radtour, der Schwimmbadbesuch mit der Familie, das Tennisduell mit dem Junior, der Aerobik-Kurs mit der Tochter – in vielen Familien ist Sport einer der zentralen Bestandteile der gemeinsamen Aktivitäten!

„Entweder ein neues Auto oder Urlaub." Dummschwatz! Als ob es nur ein Auto gäbe, das zu uns paßt. Wie wäre es mit Sowohl-Als-auch: Einen Jahreswagen anstelle eines neuen *und* die Karibik-Reise, die von der Differenz bezahlt wird?

Sagen Sie bitte nicht: „Ja, in diesen Beispielen ist es einfach, aber in meinem Leben geht so etwas nicht." Denken Sie an das Ei des Kolumbus: Keiner wußte – so die Anekdote – das Ei auf die Spitze zu stellen. Als Kolumbus es mit einem „Anticken" der Spitze geschafft hatte, riefen alle: „Das hätten wir auch gekonnt!" Der springende Punkt ist: Die anderen haben es aber nicht getan. Können Sie sich wie Kolumbus aus den Denkgrenzen des Entweder-Oder lösen?

11. Paradigma: Die Priorität von Beziehungen

Vor Jahren hatte ich Gelegenheit, mich mit einem älteren Pfarrer zu unterhalten. Er berichtete von seiner Arbeit als Krankenhaus-Seelsorger und erzählte sehr bewegend von seinen Gesprächen mit Menschen in ihrer Todesstunde. „Diejenigen, die wußten, daß es mit ihrem Leben zu Ende geht, fragten sich, ob es ihnen geglückt ist. Alle hatten denselben Beurteilungsmaßstab – nämlich ihr Verhältnis zu denen, die ihnen zeitlebens am nächsten standen", sagte der Pfarrer und fügte hinzu: „Es wäre nicht schlecht, wenn viele früher begreifen würden, was am Ende eh alle wissen: Unsere Beziehungen zu Familienangehörigen und Freunden sind einer der Schlüssel zu unserem Glück."

Aktivieren Sie für sich deshalb den Blickwinkel: „Beziehungen haben Vorfahrt." Auch wenn unser Leben heute scheinbar nicht davon abhängt – die Tatsache, daß wir Lebensqualität letztes Endes so stark an Beziehungsqualität messen, sollte uns zu denken geben!

Sie haben in diesem Baustein zwei Zeitperspektiven kennengelernt, Ihr Selbstbild zu optimieren: Die Vergangenheitsbetrachtung zum Aufbau von realistischem Selbstvertrauen und die Gegenwartsperspektive. Durch welche Brille sollten wir schauen, um unsere Stärken und Chancen im Heute zu nutzen? Da wir alle uns im Heute auch dadurch definieren, wo wir morgen sein werden, heißt der nächste Baustein Vision.

Baustein 3:
Die Vision ist der Schlüssel

10. Die Vision als Fundament dauerhafter Selbstmotivation

Stellen Sie sich vor, Sie seien Abteilungsleiter eines großen internationalen Konzerns: Sie sind ehrgeizig, wollen weiterkommen, doch in Deutschland sind alle für Sie interessanten Karriereoptionen vergeben. Dann ergibt sich plötzlich eine Riesenchance: In England ist die Geschäftsführerposition des größten Tochterunternehmens neu zu besetzen. Der Vorstand sagt: „Sie sind unser Mann/unsere Frau in London – vorausgesetzt, Ihr Englisch ist in sechs Monaten so gut, daß Sie diesen Sprung schaffen."

Trauen Sie sich zu, mit dieser Ausgangsmotivation in einem halben Jahr mehr und besser Englisch sprechen zu lernen als in neun Jahren Schulunterricht?

Wenn ja, dann habe ich einige Fragen an Sie:

▶ Werden Sie von einem Tag auf den anderen ein Sprachgenie, wenn Sie wissen, daß Sie in sechs Monaten Geschäftsführer in England werden? Oder war diese Sprachbegabung schon immer latent vorhanden? Und wenn sie schon immer dagewesen ist: Wieso haben Sie dieses Potential in 13 Schuljahren nie geweckt?

▶ Haben Sie möglicherweise – trotz Ihrer Sprachbegabung – neun Jahre Schulenglisch mit „ausreichend" oder „mangelhaft" abgeschlossen?

▶ Hielten Sie Vokabelpauken zeitlebens für langweilig?

▶ Ist es möglich, daß Sie aufgrund schulischer Mißerfolge in diesem Bereich sogar irrig annehmen, kein Sprachtalent zu haben – vielleicht sogar vermuten, weniger intelligent zu sein als andere?

▶ Ist es denkbar, daß Sie als Manager schon einige Kurse „Business-Englisch" absolviert haben, deren Inhalt Sie nach spätestens drei Monaten wieder vergessen haben?

▶ Könnte es sein, daß Sie aufgrund Ihrer spärlichen Lernerfolge den Verdacht gehegt haben, ein schlechtes Gedächtnis zu besitzen?

▶ Und schließlich: Könnte es sein, daß Sie auch in anderen Lebensbereichen nur einen Schatten Ihrer tatsächlichen Talente und Fähigkeiten entdeckt haben, weil Sie bislang im Leben keinen Grund hatten, der groß genug war, ihr Genie zu entfalten?

Haben Sie diese Fragen mehrheitlich mit ja beantwortet, dann tun Sie sich einen Gefallen: Glauben Sie bitte nicht, daß Sie bereits verstanden haben, wieviel Motivation, Begeisterung, Talent und Langzeitgedächtnis eine Vision freisetzen kann: *Sie haben es noch nicht verstanden!* Denn in dem Augenblick, in dem Sie es verstehen, sieht Ihr Leben völlig anders aus. An dem Tag, an dem diese Erkenntnis „klick" macht,

▶ werden Sie nicht eher ruhen, als bis Sie wissen, was Sie mit Ihrem Leben anfangen wollen.

▶ werden Sie nicht zu Bett gehen, bevor Sie eine Idee haben, die Sie innerlich aufwühlt, begeistert und so groß ist, daß Sie am nächsten Morgen Stunden früher aufwachen: *Sie wollen und müssen aufstehen, weil Sie nicht mehr abwarten können, mit der Realisierung Ihres Traums zu beginnen.*

▶ Sie kennen keinen Unterschied mehr zwischen Arbeit und Freizeit, zwischen Wochentag und Wochenende, zwischen Dienst- und Urlaubsreise – weil Sie den Unterschied zwischen Beruf und Berufung kennengelernt haben.

▶ Sie werden keine Sprachkurse mehr besuchen, bevor Sie wissen, was Sie mit Ihrem neuen Know-how machen werden und machen wollen.

▶ Sie werden sich am Silvesterabend keine lauen Versprechen mehr geben, im nächsten Jahr mehr für Ihre Gesundheit tun, solange Sie keine glasklare Vision von Gesundheit haben, die Sie mit jeder Faser Ihres Seins bejahen.

▶ Sie werden dafür sorgen, daß Ihre Kinder als Erstkläßler wissen, daß sie heute das ABC lernen, um morgen Lokomotivführer oder Geheimagent werden zu können – oder was immer sonst der aktuelle Traum Ihrer Sprößlinge ist.

▶ Sie werden keinen Mitarbeiter mehr für sich arbeiten lassen, der nicht zu der Erkenntnis gekommen ist: *Wenn es um die Realisierung unserer Talente und unseres Potentials geht, arbeitet jeder Mensch ausschließlich für sich selbst.*

Nächstes Szenario: Sie haben mit den letzten Ersparnissen Ihrer Tante und der äußerst wohlwollenden Finanzierung der Hausbank Ihr Wunschhaus gekauft: Ihre Familie hat endlich das Heim, von dem Sie immer geträumt haben. Der Renovierungsaufwand ist enorm, die Finanzen sind knapp. Sie schmieden Pläne, wie Sie in Eigenleistung den Umbau bewältigen. Normalerweise haben Sie zwei linke Hände, doch jetzt sind Sie Feuer und Flamme und entdecken handwerkliche Talente, die Sie früher noch nicht einmal erahnt haben. Wochen und Monate arbeiten Sie von acht bis 18 Uhr in der Firma und anschließend noch einmal bis Mitternacht am Ausbau Ihres Dachbodens. Sie sehen täglich die Fortschritte Ihrer Arbeit, und vor Ihrem geistigen Auge sind Sie bereits bei der Einweihungsparty, umringt von Freunden und Nachbarn, die aus dem Staunen nicht herauskommen und Ihr Do-it-yourself-Talent bewundern. Sie arbeiten 16 Stunden am Tag, sieben Tage in der Woche. Sie verzichten auf Partys und Kneipenbesuche und fühlen sich so gut wie nie zuvor.

Ihre Arbeitskollegen husten und schnupfen in der naßkalten Jahreszeit und jammern über den Streß von acht Stunden Arbeit, der sie innerlich ausbrennen läßt. Sie arbeiten das Doppelte und sind putzmunter. Sie arbeiten hart, haben einen Riesenspaß und leben auf der Überholspur – beruflich und privat. Sie spüren: Nichts fühlt sich so gut an, wie zufrieden mit sich selbst zu sein und an einem Tag zu schaffen, wovon andere lange träumen. Und wenn abends um elf Ihre Frau oder Ihr Mann entdeckt, warum er oder sie sich schon vor Jahren – unter anderem – in Sie verliebt hat, entwickeln Sie auch privat noch ungeahnte Energien!

Und Sie fragen sich: Könnte es sein, daß meine ganze Energie daher kommt, daß ich glücklich, ausgefüllt und zufrieden bin? Daß ich Berge versetze und strahle, während andere über Maulwurfshügel stolpern und jammern? Wie wäre es, wenn diese Art zu leben Ihr Geburtsrecht wäre? Wenn Sie nicht nur für das halbe Jahr des Umbaus auf der Überholspur der Selbstmotivation sein könnten, sondern, wie alle erfolgreichen Unternehmer, Wissenschaftler, Forscher, Manager, Verkäufer und alle anderen, die von ihrem Tun erfüllt sind, ihr ganzes Leben dort zubringen würden? Wie wäre es, wenn Sie folgendes begriffen hätten?

Zusammengefaßt: Mal angenommen, Sie hätten eine Idee, was Sie mit Ihrem Leben anfangen wollen – beruflich und privat. Eine Idee, die Sie ausfüllt und der Sie entgegenfiebern wie einem Fußballspiel am Wochenende oder Ihrem nächsten Urlaub, die Ihr Herz höher schlagen läßt, wenn Sie nur daran denken. Eine Perspektive, die Sie früher aufstehen und länger wach bleiben läßt. Zu 16 Stunden Arbeit motiviert, wie der Umbau Ihres Hauses. Die Ihr Lernvermögen und Gedächtnis potenziert wie die Geschäftsführerposition in England:

Wie könnte Ihr Leben aussehen, wenn Sie nur den Fuß von der Bremse nähmen, eine Vision entwickeln und Vollgas geben würden?

Wenn Sie erkennen, daß Sie im Bus Ihres Lebens am Steuer sitzen, dann lassen Sie uns anschauen, was Motivationsforscher und -praktiker uns anzubieten haben, wenn es um die Entwicklung unserer Lebensvision geht:

Einer der weltweit führenden Motivationspsychologen ist der Amerikaner Charles Garfield, der das Thema Leistungsmotivation so umfassend erforscht hat wie kaum ein anderer. Garfield war in seiner Jugend einer der besten Gewichtheber der Welt und beherrscht das Thema Motivation deswegen nicht nur als Schreibtischtäter, sondern auch aus der von ihm selbst erlebten Praxis. Er war darüber hinaus in den 60er Jahren Chefpsychologe der NASA und dort für die Motivation aller am Apollo-Mondlandeprojekt Beteiligten verantwortlich. Als ich Charles Garfield 1989 im Rahmen der Entwicklung meines Motivationskonzepts interviewte, hat er mir folgendes berichtet:

„Seit Mitte der 60er Jahre war ich bei der NASA als Chefpsychologe für Mitarbeiter-Motivation zuständig. Was ich von 1966 und 1967 an beobachtet habe, hat meine kühnsten Erwartungen übertroffen. John F. Kennedy hatte uns Amerikanern 1961 die Vision gegeben, bis zum Ende der 60er Jahre den Mond zu erobern. Im Wettstreit mit den Russen war dies während des kalten Krieges ein Prestigeduell ersten Ranges. Wir wollten und würden der Welt unsere technologische und gesellschaftliche Überlegenheit beweisen. Je näher wir unserem Ziel kamen, desto größer wurde die Motivation aller Beteiligten: Ingenieur-Teams, die hinter ihrem Zeitplan zurücklagen, arbeiteten 14, 16 oder auch 18 Stunden am Tag. Manche übernachteten im Schlafsack im Labor, wenn es notwendig war, und ließen sich von ihren Frauen am nächsten Morgen das Frühstück bringen. Alle waren voller Stolz dabei, und niemand dachte an vorgeschriebene Arbeitszeiten oder auch nur daran, seine Überstunden aufzuschreiben. Wir hatten die geringste Krankenquote in der Geschichte der NASA, nahezu keine Alkoholprobleme, und sogar die Scheidungsraten (!) tendierten gegen Null. Es war so, als ob jemand mit einem Zauberstab die NASA in ein Märchenland der Motivation verwandelt hätte: eine fast unwirkliche Atmosphäre, in der wir in wenigen Jahren – auch was innovative Forschungsergebnisse betraf – mehr erreicht hatten als sonst in der doppelten oder dreifachen Zeit. Mir war damals schon klar: Wenn es anderen Unternehmen gelingen würde, auch nur ein Zehntel dieses Motivationsfeuers in den Köpfen ihrer Mitarbeiter zu entfachen, könnten sie sich viele Prämien- und Incentiveprogramme sparen."

Aus eigener Erfahrung kann ich nur nachdrücklich bestätigen, was Charles Garfield und viele andere Motivationspsychologen seit Jahren als Faustformel postulieren:

> 80 Prozent unserer Motivation entspringen dem „Warum", nur 20 Prozent dem „Was und Wie"!

Das heißt: Unser „Warum", der Sinnrahmen, die Gründe und Werte hinter unseren Zielen, entfaltet viermal mehr Energie und Durchhaltevermögen als die Ziele selbst. Dies erklärt im übrigen auch, warum manche Menschen sich zwar immer wieder – angeleitet durch Selbsthilfe-Bücher und Seminare, die an der Oberfläche bleiben – Ziele setzen, diese aber anschließend nicht in die Tat umsetzen: Es ist im wahrsten Sinne des Wortes eben nichts dahinter!

Der Philosoph Friederich Nietzsche hat diesen Zusammenhang sinngemäß in die Worte gefaßt:

> Nur wer ein klar definiertes Warum zu leben weiß, erträgt auch jedes Wie.

Wie wichtig eine Lebensvision für die Entwicklung von Nehmerqualitäten und Durchhaltevermögen ist, läßt sich eindrucksvoll an einem weiteren Beispiel aus der therapeutischen Beratungspraxis von Charles Garfield verfolgen: Erinnern Sie sich noch an die Geiselnahme in der amerikanischen Botschaft in Teheran, einem der längsten Geiseldramen in der neueren Geschichte, in dem die Opfer 444 Tage lang unter brutalen Bedingungen festgehalten wurden? Charles Garfield war Mitglied des Therapeutenteams, das den über 60 Botschaftsangehörigen die Wiedereingliederung in ein normales Leben erleichtern sollte. Die Psychologen beobachteten höchst unterschiedliche Verarbeitungsmuster unter den ehemaligen Geiseln: Während einige nach einem kurzen Urlaub ihr normales Leben wieder aufnahmen, hatten andere große Probleme. Manche wurden monatelang von Alpträumen verfolgt, und einige waren nachher nur noch ein Schatten ihrer selbst: Nervenbündel, die unter dem psychischen Dauerstreß innerlich zerbrochen waren.

Als die Psychologen intensiver in den Therapieprozeß einstiegen, entdeckten sie, daß ein großer Teil der psychisch „Fitteren" religiös war. Diese Menschen erklärten die Zeit der Inhaftierung zum inneren Reifeprozeß einer vom Schicksal gestellten Testaufgabe.

Weitere Untersuchungen zeigten dann, daß nicht nur besonders gläubige Menschen überdurchschnittliche Nehmerqualitäten entwickelten, sondern alle, die felsenfeste Gründe hatten, *warum* sie da wieder raus mußten. Die Aussicht, den ersten, seit Jahren sehnsüchtig erwarteten Enkel endlich zu sehen, konnte ein genauso überzeugendes „Warum" darstellen wie die Einsicht, daß zu Hause drei unversorgte Kinder warteten, die man nicht im Stich lassen konnte.

Entscheidend war weder, ob jemand einen religiösen oder weltanschaulichen Hintergrund hatte, noch die objektive Wertigkeit eines Grundes, sondern allein die „subjektive Sinnstiftung". Ob die Geisel in der Heimat als Top-Manager für Tausende von Menschen Verantwortung trug oder als alleinstehender Opa nur noch seinen Enkel wiedersehen wollte: Wer im tiefsten Inneren ein Warum hatte, die Situation durchzustehen, der ertrug auch 444 Tage lang jedes Wie.

Wenn das Warum hinter unseren Zielen, der Sinn, den wir unserem Leben selbst geben, sogar in lebensbedrohenden Zwangssituationen Durchhaltevermögen gibt; wenn die Vision, Geschäftsführer in England zu werden, unser Talent, Englisch zu lernen, vervielfachen kann, wenn Visionen des Hausbaus uns wochen- und monatelang 16- und 18-Stunden-Arbeitstage bescheren, denen wir motiviert entgegensehen –

> Welche Kraft und welche Talente könnten Sie freisetzen, wenn Sie eine „big idea" entwickeln würden – eine große Idee dessen, was Sie mit Ihrem Leben anfangen wollen?

Die Frage ist:

▶ Wie entwickeln wir Gründe für unsere Existenz, unser Tun und Lassen, mit denen wir uns *hundertprozentig* identifizieren?

▶ Wie kommen wir in Kontakt mit unseren höchsten Werten und Lebensprinzipien?

▶ Wie finden wir den Maßstab, mit dem wir am Ende unseres Lebens intuitiv entscheiden, ob uns unser Leben geglückt ist?

Aus einer Vielzahl von Übungen, die uns helfen können, eine Lebensvision zu entwickeln, stelle ich Ihnen im nächsten Kapitel diejenigen vor, von denen die meisten Seminarteilnehmer am stärksten profitiert haben.

11. Übungen zur Entwicklung unserer Lebensvision

Übung 1: Die Beerdigung

So sehr es uns hilft, für unser Leben klare Vorstellungen zu entwickeln, was wir materiell erreichen wollen, so wenig läßt sich eine Lebensvision allein auf Werte wie Karriere, Geld und äußeren Erfolg stützen. Um uns auf einer tieferen Ebene kennenzulernen und herauszufinden, welche Werte uns endgültig wichtig sind, also solche, die tatsächlich am Ende unseres Lebens noch gültig sind, empfehle ich Ihnen diese – meines Wissens von Stephen Covey entwickelte – Übung:

Stellen Sie sich vor, in drei Jahren von heute an gerechnet finden Sie morgens in Ihrem Terminkalender den Eintrag: zehn Uhr Beerdigung. Sie sind einer der letzten Gäste, betreten kurz vor zehn Uhr die Kirche und nehmen hinten in der letzten Reihe Platz. Vor sich sehen Sie Ihre Familie, Freunde, Nachbarn, Arbeitskollegen und viele Bekannte. Auf einmal wird Ihnen – wie in einem Traum – bewußt: Dies ist ja meine eigene Beerdigung! Und mit einer seltsamen Mischung von Interesse und Befremden nehmen Sie das vor Ihnen liegende Programm zur Hand und stellen fest, daß anläßlich Ihrer Beerdigung vier Menschen sprechen:

1. ein Familienangehöriger
2. ein Vertreter Ihres beruflichen Umfelds (Chef, Kollege, Mitarbeiter oder Kunde)

3. ein Freund
4. ein Vertreter Ihres weiteren Bekanntenkreises (Nachbarn, Sportvereine etc.)

Bitte fragen Sie sich:

Was möchte ich, daß diese vier Vertreter in drei Jahren von heute berechtigterweise über mich sagen können?

Wenn Sie bei dieser Übung gedankliche Fluchtüberlegungen anstellen, dann halten Sie bitte einen Augenblick inne und fragen sich: Bin ich stark genug, mich mit dem zu beschäftigen, was – positiv wie negativ – in meinem Leben wirklich zählt? Und bin ich bereit, dies zu einem Zeitpunkt zu tun, an dem ich von meinen Einsichten noch profitieren kann?

Wenn ja, dann werden Sie zu schätzen wissen, daß Sie dieser Übung nur schlecht ausweichen können. Denn selbst wenn Ihr bester Freund sagen sollte: „Er hatte immer Zeit für uns, wenn wir ihn brauchten" oder „sie hatte für meine Probleme und Sorgen immer ein offenes Ohr", wissen Sie, ob es stimmt oder nicht – und nur das ist wichtig.

Die Aha-Erlebnisse dieser Übung sind verblüffend. Ich kenne nur wenige Alternativen, die bei so vielen Teilnehmern in so kurzer Zeit dauerhafte Einstellungs- und Verhaltensänderungen bewirken. Viele Manager erkennen zum Beispiel, daß ihr Familienleben bei weitem nicht den Stellenwert genießt, den es haben sollte. Ein Top-Manager, Vater von drei fast erwachsenen Kindern und einem damals elfjährigem „Nesthäkchen", berichtete nach der Übung folgendes: „Mir war sofort klar, daß mein jüngster Sohn die Rede als Familienvertreter halten würde. Ich lag in meiner Vorstellung schon unten im Sarg, während der Kleine oben mit meiner Frau und mit den anderen Kindern stand. Und dann hat er diese ergreifende Rede gehalten, die ich ihm mit seinen elf Jahren nie zugetraut hätte:

Zunächst schilderte er, professionell wie ein Banker, wie ich die Firmengruppe aufgebaut habe. Dann stellte er minutiös meine wichtigsten Erfolge dar. Und dann kamen seine beiden letzten Sätze – Sätze, die ich nie vergessen werde:

‚Meine Damen und Herren, nachdem Sie nun gesehen haben, was für ein hervorragender Mann mein Vater war, werden Sie mich verstehen, wenn ich mich von ihm verabschiede mit den Worten: Papa, ich weiß, wie toll du bist, und ich bedaure, daß wir beide nie die Zeit hatten, einander richtig kennenzulernen. Wir alle können viele Freunde haben, haben aber nur einen Vater. Schade, daß du gehen mußtest, bevor wir Zeit füreinander hatten. Lebwohl!'"

Lieber Leser, Sie lesen diese Zeilen jetzt nur. Doch wenn Sie damals dabei gewesen wären, hätten Sie die innere Bewegung dieses Teilnehmers körperlich spüren können.

Was ich noch ergänzen möchte: Dieser Teilnehmer verfügte schon seit jeher über ein exzellentes Zeitmanagement. Er ließ seinen gelegentlichen Vorsätzen, der Familie mehr Zeit zu widmen, jedoch keine Taten folgen. Als wir uns ein knappes Jahr später wiedersahen, berichtete er mir stolz: „Unser erstes Seminar war vor 42 Wochen. Von drei Wochen Auslandsaufenthalt abgesehen, habe ich mit meinem Jüngsten in den anderen 39 Wochen ein Extra-Treffen von mindestens zwei Stunden Dauer gehabt. Ich habe mir gesagt: Wenn ich diese Zeit für meine Geschäftsführer einplane, dann kann ich das auch für meinen Kleinen tun. Und vor allem: Die haben genügend andere, die sie fragen können, aber er hat als Vater nur mich."

Der entscheidende Punkt für die Realisierung seines Ziels „mehr Zeit für die Familie" war bei diesem Teilnehmer weder das Ziel (das er schon seit Jahren verfolgte) noch die Technik der Zeitplanung (die er ebenfalls seit Jahren beherrschte): Den Ausschlag für die dauerhafte Umsetzung seines Wunsches in die Tat gab vielmehr, daß er sich seine obersten Werte mit „emotionalem Tiefgang" bewußt gemacht hatte. Exakt das kann und wird die „Beerdigungsübung" auch für Sie tun.

Übung 2: Der Zehn-Jahres-Rückblick

Angenommen, Sie führen diese Übung im Kalenderjahr 1998 durch, dann stellen Sie sich die Frage: Wo war ich 1988?

Gemeint ist weder: „Wo habe ich gewohnt?" noch: „Wo war ich in Urlaub?", sondern: „Wo war ich in meiner persönlichen Entwicklung? Welche Vision hatte ich damals? Welche Ziele, welche Erfahrungen? Wie bin ich mit anderen Menschen umgegangen? Was waren charakterlich meine Stärken und Schwächen? Welche Kontakte und Beziehungen hatte ich damals? Wie war es um meine Gesundheit und Fitneß bestellt? Welche Erfahrungen und welches Know-how besaß ich vor zehn Jahren, und wo war ich noch blauäugig? Was alles habe ich in den letzten zehn Jahren dazugelernt?"

Die meisten Teilnehmer stellen bei einer solchen unvermittelten Gegen-
überstellung „damals – heute" verblüfft fest, daß sie sich in den letzten
zehn Jahren in ihrer Persönlichkeit stärker weiterentwickelt haben, als
ihnen vorher bewußt war.

Eltern kleiner Kinder kennen dieses Phänomen von den Besuchen der
Oma: „Mein Gott, Tobias, was bist du groß geworden!", wiederholt die
Großmutter ein ums andere Mal, während wir uns fragen: „Wie kann
man um die paar Zentimeter so viel Aufhebens machen?"

Doch das ist exakt der Punkt: Wer Wachstum in den täglichen Zehntel-Millimeter-Schritten erlebt, in denen es stattfindet, der nimmt es nicht
mehr wahr.

Wer den Start und das Ende eines Wachstumsprozesses vergleicht, ist
verblüfft, wieviel sich verändert hat. Und genau diese Verblüffung über
Ihr persönliches und charakterliches Wachstum brauchen Sie: Sie gibt
Ihnen realistisches Zutrauen in das Änderungspotential, das in Ihnen
schlummert. Sie fegt negative sich selbsterfüllende Prophezeiungen vom
Typ „Ein alter Hund lernt keine neuen Tricks mehr" genauso beiseite
wie das Vorurteil: „In meinem Leben hat sich in den letzten Jahren nicht
mehr viel getan."

Wenn Sie sich mit dieser Übung noch einen Eindruck davon verschaffen
wollen, wieviel positive und nützliche Erfahrungen Sie in den letzten
zehn Jahren dazugewonnen haben, brauchen Sie sich nur zu fragen:
*Wenn ich meine Erfahrungen und mein Know-how von heute schon
damals gehabt hätte, wieviel mehr hätte ich in den letzten zehn Jahren
noch erreicht?* Die meisten Teilnehmer kommen hier mühelos auf Werte
von 150 bis 180 Prozent des aktuell Erreichten.

Sie schaffen sich damit eine ideale Basis realistischen Selbstvertrauens,
wenn sie im nächsten Schritt daran gehen, eine „big idea" dessen zu
entwerfen, was Sie mit Ihrem Leben in Zukunft anfangen wollen.

Übung 3: Sein, Tun und Haben

Viktor Frankl, der Begründer der Logotherapie, fragte problembeladene
Patienten, warum sie nicht Selbstmord begingen. Die Antworten: „Weil
meine Kinder mich brauchen!" Oder: „Das würde ich nie tun. Gott hat
mir dies Leben gegeben. Da kann ich es mir nicht nehmen. Das wäre
gegen die Schöpfung." Oder: „Weil mein Leben trotz meiner Probleme

viel zu schön ist. Mein Beruf füllt mich aus. Und außerdem ist das Projekt, an dem ich arbeite, sehr wichtig."

Diese Frage gibt in der Tat erstaunliche Einsichten in unsere „big idea" – den eigentlichen Grund unseres Seins, den wir in unserem Leben sehen. Es lohnt sich, diese „spontanen" Existenzbegründungen weiterzuentwickeln, denn Menschen wachsen mit ihren Aufgaben. Wenn es uns also gelingt, unser Leben an größere Aufgaben zu geben, die unsere Fähigkeiten und unser Potential stärker fordern, dann schaffen wir uns eine Zukunftsperspektive, mit der wir über unseren derzeitigen Lebensentwurf hinauswachsen. Weisheitslehrer aller Zeiten und Kulturen empfehlen uns deswegen, unser Leben an eine Aufgabe zu geben, die größer ist als wir selbst. Eine Aufgabe, die über uns hinausweist. Das ethisch und moralisch Wertvolle dieser Empfehlung liegt für viele Menschen auf der Hand, weil sie vermuten: Bei soviel Gemeinnutz kommt mein Eigennutz zu kurz. Doch genau das Gegenteil ist richtig. Lassen Sie uns deshalb den persönlichen Nutzen einer Vision herausarbeiten, die größer ist als wir.

Vorteil 1: *Wir gewinnen die Unterstützung der Umwelt.* Egozentrische Visionen vom Typ: „Ich möchte gern der Größte werden. Wer hilft mir?", laden in einer arbeitsteiligen, auf Kooperation angewiesenen Welt nicht gerade zum Mitmachen ein. Wenn Sie jetzt sagen: „Das versteht sich doch von selbst", dann vergegenwärtigen Sie sich nur einmal die alljährlichen Weihnachtsansprachen zum Thema Unternehmensvision. Viele von ihnen folgen dem Muster: „Liebe Mitarbeiter, wir wollen unseren Umsatz und Ertrag in den nächsten fünf Jahren verdoppeln. Diese ehrgeizige Vision motiviert uns alle." Bei soviel Unternehmeregozentrik ist es nicht weiter erstaunlich, wenn Mitarbeiter zu dem Schluß kommen: „Klar, sitzen wir alle in einem Boot. Wir rudern, und der Chef fährt Wasserski."

Vorteil 2: *„Systeme, deren Fokus außerhalb von Ihnen selbst liegt, organisieren sich erheblich wirkungsvoller als solche, die Nabelschau betreiben",* lautet – etwas salopp formuliert – eine Erkenntnis der modernen Systemtheorie.

Stellen Sie sich beispielsweise eine moderne Gesellschaft vor, in der jeder etwas anderes will. Nehmen wir an, die Gesellschaft, von der wir gerade sprechen, sei Großbritannien, drei Tage vor Ausbruch des Falkland-Konflikts. Es rumort im Inneren des Landes, die Arbeitslosigkeit ist hoch, die Gewerkschaften machen mobil, die Regierung Thatcher wackelt. Der Nabelschau-Fokus lautet: Warum liegt bei uns soviel im argen? Und je mehr sich die Briten auf das Gegeneinander der Kräfte fokussieren, um so stärker wird es. Dann wird von einem Tag zum nächsten am anderen Ende der Welt britisches Territorium beschlagnahmt. Der Fokus richtet sich schlagartig auf einen Punkt außerhalb des Systems: Wie zwingen wir Argentinien in die Knie?

> Visionen, die über uns hinausweisen, potenzieren unsere Kräfte durch deren Parallelschaltung im System und minimieren dadurch Reibungsverluste.

Das gilt für die innerpsychischen Konflikte des einzelnen genauso wie für psychosoziale Konflikte von Völkern und Staaten.

So ist es etwa für depressive Menschen typisch, sich in destruktiver Nabelschau nur noch mit sich selbst und den eigenen Negativgefühlen zu beschäftigen („Warum geht es mir so schlecht?"). Stehen solche Menschen dann plötzlich vor einer Aufgabe, die sie voll und ganz fordert (die drei Kinder der depressiven Mama liegen mit Masern zu Bett), lösen sich Selbstmitleid-Anwandlungen schnell auf: Für sie ist keine Zeit und – wegen des neuen Fokus – gedanklich auch kein Platz mehr („Wie werden die Kinder gesund?").

Dasselbe gilt für Gesellschaften: „Eine Gruppe ist durch nichts leichter zusammenzuschweißen als durch einen gemeinsamen Gegner", lautet das kleine System-Einmaleins von Diktatoren wie demokratischen Volksführern: Maggie Thatcher hatte nach dem Falkland-Krieg in Großbritannien die größte Zustimmungsquote in der Geschichte ihrer Amtszeit. Gleiches gilt für George Bush nach dem Golfkrieg. Adenauer einte das geschundene Nachkriegsdeutschland mit dem Fokus auf die SBZ, die sowjetische Besatzungszone, Hitler schweißte „Arier" gegen „Nicht-Arier" zusammen, und wer sonst keinen Grund hat, stolz auf sich zu sein, kann – wie die Republikaner – immer noch Menschen finden, mit denen er gemeinsam auf Minderheiten und Ausländer herabblicken kann.

Zusammengefaßt: Stellen Sie Ihr Leben in den Dienst einer Aufgabe, die größer ist als Sie selbst.

Fokussieren Sie Ihre Talente, Begabungen, Wünsche und Hoffnungen auf ein außerhalb von Ihnen liegendes Ziel.

Mit einem Satz:

Formieren Sie den ungeordneten Landknechtshaufen Ihrer inneren Kräfte zu einer schlagkräftigen Armee, die in ein- und dieselbe Richtung marschiert.

Angenommen, als ersten Hinweis auf Ihre Lebensaufgabe hätten Sie auf die Frankl-Frage: „Warum begehen Sie eigentlich nicht Selbstmord?", spontan geantwortet: „Weil meine Familie – mein Partner und meine Kinder – mich brauchen." Und je länger Sie über diese Frage nachgedacht haben, je richtiger sei Ihnen Ihre Antwort erschienen: „Jawohl", hätten Sie beispielsweise gesagt, „ich bin ein Familienmensch. Ich habe mich immer schon als ruhender Pool und Mittelpunkt unserer Familie gesehen. Ich möchte meinen Kindern ein positives Rollenmodell für ihre Familien mit auf den Weg geben. Mein Ziel ist es, in einer teilweise negativen und kinderfeindlichen Welt positive Kinder groß werden zu lassen. Ich möchte jedes meiner Kinder in seinen Begabungen und Fähigkeiten individuell fördern. Und wenn meine Kinder dann in die Welt hinausgehen, dann sollen sie zu einigen wichtigen Schlüsselwerten wie Lernen, Familien-Teamgeist, Kooperation, Konfliktbewältigung und dem miteinander Teilen verinnerlichte Gewohnheiten mitnehmen, die sie ihr Leben lang begleiten." So formuliert, hätten Sie Ihren spontanen Lebenssinn „Familie" zu einer Lebensaufgabe erweitert, die Sie mit Stolz erfüllt und an der Sie wachsen können. Diesem Lebensentwurf gilt es jetzt mit ersten Umsetzungsideen zu konkretisieren, und zwar am besten in den Dimensionen von Sein, Tun und Haben.

Die meisten Menschen haben irrige Vorstellungen über die zwischen diesen Bereichen bestehende Kausalkette. Sie glauben nämlich: Bevor ich nicht gewisse Voraussetzungen *habe*, kann ich nicht sinnvoll anfangen, etwas zu *tun*. Und ohne *Tun* werde ich nicht zu der Persönlichkeit, die ich *sein* will.

Ein typisches Beispiel für derartige Ursache-Wirkungs-Vermutungen gibt es im finanziellen Bereich: „Wenn ich nur Geld hätte, dann könnte ich mich selbständig machen, und dann würde ich so unabhängig, wie ich schon immer sein wollte." Am Beispiel des Geldes läßt sich gut demonstrieren, daß die oben zugrundegelegte Ursache-Wirkungs-Hypothese eben nicht stimmt: Rund 80 Prozent derer, die im Lotto eine Million gewinnen (Haben), beginnen eben nicht, klug mit diesem Vermögen zu wirtschaften (Tun) und erreichen deshalb nicht die von ihnen erstrebte innere Unabhängigkeit von materiellen Dingen (Sein),

sondern sind nach zwei Jahren pleite. Die meisten Banker und Finanz-
profis sind sich einig: Würde das Geldvermögen der Welt „gerecht" auf
alle Menschen verteilt, hätten einige nach 24 Stunden schon nichts mehr
und andere das Doppelte oder Fünffache – gelegentliche Währungs-
reformen zeigen dann auch, daß das „finanzielle Haben" sich letztlich
wieder bei denen konzentriert, die aufgrund ihrer Persönlichkeit (Sein)
in der Lage sind, klug zu wirtschaften (Tun).

Die Ursache-Wirkungs-Kette zwischen Sein, Tun und Haben verläuft
deshalb genau umgekehrt:

> **Sein führt zum Tun. Und Tun zum Haben.**

Schließen Sie die 3. Übung deshalb mit einem kleinen Brainstorming
ab:

1. Welche Charaktereigenschaften, Talente und Fähigkeiten muß ich
   entfalten, um der Mensch zu *sein* und zu *werden*, der seine Vision
   lebt?

2. Was muß ich im Bewußtsein dieser Persönlichkeitsmerkmale dann
   tun, um meine Lebensaufgabe Schritt für Schritt zu realisieren,
   insbesondere: Welche guten Gewohnheiten muß ich entwickeln?
   Welche Fertigkeiten und Skills brauche ich und sollte ich praktizieren?

3. Welches Know-how, welches Wissen und welche Werkzeuge brauche
   ich zur Realisierung meiner „big idea"?

Mit dieser „Ideen-Munition" ausgerüstet, konkretisieren Sie Ihren
Traum weiter in der folgenden Übung.

Übung 4: „Think Big"

Denken Sie groß, und fragen Sie sich – auf der Basis Ihrer Ideen aus
den ersten drei Übungen:

> **Was würde ich mit meinem Leben in den nächsten Jahren anfangen,
> wenn ich sicher wüßte, daß ein Mißerfolg ausgeschlossen ist?**

Der Schlüssel zum Erfolg der 4. Übung liegt darin, daß Sie Ihr Wunsch-
szenario mit einem Brainstorming weiter verdichten, ohne sich durch
voreilige Mißerfolgsbefürchtungen in der Ideenproduktivität einschrän-

ken zu lassen. Wenn Sie sich je mit Kreativitätstechniken beschäftigt haben, dann wissen Sie, daß bei nahezu allen Ideensuchverfahren die Such- und Bewertungsphasen getrennt werden. Nur so werden neue, innovative Impulse nicht von vornherein im Keim erstickt.

Dies ist speziell für die Entwicklung der Lebensvision wichtig, weil die meisten von uns nach grandiosen Kindheitsträumen (Lokomotivführer, Lehrerin, Starfighterpilot, Mannequin usw.) von unserer Umwelt böse „gebremst" worden sind, wenn wir auch nur gewagt haben, über das Normalmaß bürgerlicher Klischees hinauszudenken.

Wenn Ihnen zur Frage: „Was würde ich mit meinem Leben anfangen, wenn der Erfolg sicher wäre?", spontan einfällt: „Starfighterpilot werden", dann schreiben Sie das auf! Vielleicht sind Sie schon 48 Jahre alt, und vielleicht ist dieser Traum tatsächlich völlig unrealistisch. Doch wie schon Altmeister Goethe erkannte:

> **Wünsche sind die Vorboten unserer Fähigkeiten!**

Vielleicht führt die erste unrealistische Idee (Starfighterpilot) zu einer zweiten höchst realistischen Idee (Segelflugschein), die die Tür zu einem neuen Hobby, neuen Freunden und neuer Lebensqualität öffnet.

Also: *Was würden Sie – sagen wir in den nächsten zehn bis 20 Jahren – aus Ihrem Leben machen, wenn Sie sicher wüßten, daß ein Mißerfolg ausgeschlossen ist?*

Übung 5: Die Lebensvision in der Rückwärtsbetrachtung

Unser bewußtes Denken spielt im Horizont von Sprache. Die Begriffe, die wir verwenden, um einen Sachverhalt gedanklich — im wahrsten Sinne des Wortes — zu „begreifen", haben teilweise sehr unterschiedliche emotionale Nebenbedeutungen. So wissen wir alle seit Jahren, daß das von Politikern so viel beschworene „Nullwachstum" nichts anders bedeutet als Stagnation.

Obwohl wir um die Inhaltsgleichheit wissen, entwickeln die meisten von uns zu „Nullwachstum" spontan positivere emotionale Assoziationen: Der Begriff „Wachstum" ist in unserer Erfahrung Hunderte Male in positiven Kontexten aufgetaucht, während Stagnation oft den Anfang vom Ende markiert hat. Neu aus der Wortschmiede der Polit-Schlitzohren kommt jetzt übrigens das „progressive Minuswachstum", das heißt die sich beschleunigende Fahrt in die Pleite, zu der unser Bauch dann emotional doppelt „ja" sagt.

Für unser Visionskonzept wichtig sind nun die emotionalen Konnotationen, die unser Kopf mit unterschiedlichen Zeitformen verbindet: Wenn ich zum Beispiel in Ihrem Beisein einen Kugelschreiber fallen lasse und anschließend bemerke: „Entschuldigen Sie bitte, mir ist eben mein Kuli runtergefallen", dann entwickeln Sie hinsichtlich dieser Beschreibung eines *vergangenen Ereignisses* keine Zweifel, weil Sie seine Richtigkeit ohne jedes Wenn und Aber überprüfen können.

Stehen wir beide auf der Aussichtsplattform des Eiffelturms, mein Kugelschreiber fällt runter, und ich kommentiere dies mit den Worten: „Schauen Sie mal, wie der da runterfällt", haben Sie mit dieser *Beschreibung der Gegenwart* ebenfalls keine Probleme, weil Sie die Richtigkeit des Gesagten aktuell überprüfen können.

Halte ich Ihnen auf dem Eiffelturm jedoch einen goldenen Dunhill-Kugelschreiber unter die Nase und sage: „Ich gebe Ihnen mein großes Ehrenwort und garantiere Ihnen: Diesen Schreiber werde ich gleich fallenlassen", dann denken Sie vermutlich: „Vielleicht läßt er ihn fallen, vielleicht aber auch nicht." Die *Zeitform Futur* ist in unserem Kopf nämlich mit Hunderten von Erfahrungen belastet, in denen noch so sichere Prognosen eben nicht eingetreten sind.

Während unser Bauch bei Vergangenheits- und Gegenwartsbeschreibungen („War das gestern ein Unwetter" und „Es regnet wie aus Eimern") Fakten hat, um unsere Behauptungen auf Realitätsnähe zu prüfen, kommt er bei Aussagen über zukünftige Entwicklungen („Morgen soll es wieder schön werden") eben nicht an einem Prognose-Risiko vorbei.

Top-Verkäufer nutzen diese sprachpsychologischen Erkenntnisse etwa bei der Darstellung von Renditeprognosen und anderen Gewinnerwartungen. Sie reden dem noch zögerlichen Kunden nicht mit platten Sprüchen zu („Ich garantiere Ihnen, diese Anlage wird in den nächsten Monaten todsicher 20 Prozent Gewinn machen … "), sondern lassen den Kunden die Zukunft in einer Vergangenheitsperspektive erleben: „Herr Kunde, lassen Sie uns in Gedanken doch einmal sechs Monate in die Zukunft schauen: Nehmen wir mal an, heute sei schon der 1. Oktober, o. k.? Und wir beide schauen jetzt zurück, wie der Dollar sich seit April entwickelt hat. Und wir stellen fest: Alle Achtung. Der ist ja genauso gestiegen, wie wir das damals prognostiziert haben. Dann schlagen wir uns auf die Schultern, gratulieren uns gegenseitig und sagen: Mensch, wenn wir damals nicht den Zug der Zeit erkannt hätten, dann hätten wir nicht die 20 000 Mark verdient, die sich zwischenzeitlich auf unserem Konto angesammelt haben. Und wenn Sie sich das Ganze so vor Augen halten, Herr Kunde, wie fühlen Sie sich dann?"

Denselben Zugewinn an Sicherheit, Realisierungsglauben und konkretem Vorstellungsvermögen haben Sie, wenn Sie Ihre Zukunft in der 5. Übung rückwärts planen: Begeben Sie sich in Gedanken also zehn Jahre in die Zukunft, notieren Sie sich das Datum des dann „heutigen" Tages, Ihr Alter, das Ihres Ehepartners und Ihrer Kinder, und fragen Sie sich: *Zurückblickend auf die letzten zehn Jahre meines Lebens, meiner ausgefülltesten, erfülltesten und bislang schönsten Jahre, was waren beruflich und privat die Highlights auf dem Weg zur Erfüllung meiner Lebensaufgabe?*

Übrigens: Daß diese Rückwärtsbetrachtung Ihr Zeitempfinden massiv verändert und Ihnen dadurch erlaubt, einiges in Ihrem Leben in einer neuen Perspektive zu sehen, ist völlig normal.

Frauen in ihren Dreißigern stellen beispielsweise oft fest, wie viele Tretminen unsere Kultur für sie an der Schwelle des 40. Geburtstags bereithält. Schon die erste Zeile der 5. Übung („Ich bin jetzt 44 Jahre alt") trifft manche emotional so stark, daß sie erst einmal tief Luft holen müssen. Für viele Männer liegt eine „zeitliche Angstschwelle", über die sie nicht hinausdenken, beim 60. Geburtstag beziehungsweise dem Tag ihrer Pensionierung. Rückwärtsbetrachtungen wie: „Vor vier Jahren bin ich pensioniert worden", sind bei vielen so negativ besetzt, daß sie eine solche Betrachtung zeitlebens vermeiden und manche deswegen sogar diese Übung ablehnen. Sie leben lieber nach dem Motto: „In zehn Jahren, neun Jahren, acht Jahren usw. werde ich pensioniert, und dann sehen wir weiter." Und dann werden sie eines Morgens wach, und die zehn Jahre lang verdrängte Erkenntnis trifft sie mit voller Wucht: „Jetzt bin ich pensioniert." – Nach 14tägiger Betäubung mit all den Aufräumarbeiten in der Wohnung, für die nie Zeit war, stehen diese Menschen dann mental unvorbereitet vor dem Anfang Ihres Rentnerdaseins: Sie hätten sich ein ganzes Arbeitsleben lang darauf mit neuen Kontakten, neuen Aufgaben und neuen Hobbys vorbereiten können, haben es aber nicht getan. Und viele, die dann mental abschalten, werden äußerlich (und manche auch innerlich) in zwei Jahren zehn Jahre älter!

Wir alle kommen in zehn Jahren irgendwo an. Die entscheidende Frage ist nur: Wo? Geben Sie sich deswegen die Chance, die Umsetzung Ihrer Lebensaufgabe in den nächsten zehn Jahren mental vorweg zu erleben!

Übung 6: Der Gewohnheiten-Prüfstand

Wenn Sie Ihrem Lebensentwurf noch einen abschließenden Feinschliff geben wollen, dann nehmen Sie noch Ihr gewohnheitmäßiges Tun und Lassen unter die Lupe. Entscheidend für unser langfristiges Lebensglück und unseren langfristigen Lebenserfolg sind nämlich – von wenigen weichenstellenden Grundsatzentscheidungen einmal abgesehen – die Dinge, die wir immer wieder tun, beziehungsweise die, die wir regelmäßig versäumen. Anders ausgedrückt:

> Der größte Teil dessen, was wir für Schicksalsschläge halten, ist nichts anderes als „summierte Lebensführungsschuld".

Die meisten Dicken etwa – von wenigen krankheitsbedingten Ausnahmen abgesehen – sind nicht deswegen zu dick, weil sie „ab und zu mal" ein Stückchen Schokolade essen. Sie sind auch nicht mit 140 Kilo auf die Welt gekommen. Die meisten Übergewichtigen sind einfach deswegen zu dick, weil sie die Kausalkette zwischen den täglichen Mini-Mini-Sünden und dem langfristigen Ergebnis, ein Fettwanst zu sein, nicht so durchschauen, daß es sie emotional betrifft und zu Konsequenzen motiviert.

Wer im Alter von 20 Jahren bei 70 Kilo Körpergewicht und gewohnheitsmäßiger Fehlernährung die Phantasie hätte, sich vorzustellen, daß sich seine drei Pfund Gewichtszunahme im Jahr zu 90 Pfund in 30 Jahren addieren, der brauchte sich nur noch auszumalen, wie er allmorgendlich vor dem Badezimmerspiegel sein Vierfachkinn rasiert, um schnell und mühelos eine heilsame Mini-Phobie zu entwickeln (vergleichen Sie dazu Übung 4 im 7. Baustein).

Selbstverschuldete „Schicksalsschläge" als Ergebnis jahrzehntewährender „Mini-Sünden" sind nun keineswegs auf Dicke beschränkt: So ist es beispielsweise auch ziemlich unwahrscheinlich, daß Ihr Partner, mit dem Sie 16 Jahre lang ein Herz und eine Seele waren, Sie heute am Frühstückstisch mit den Worten überrascht: „Du, ich glaube, wir sollten uns scheiden lassen." Die Welt ist voll von Menschen, die ihre Freunde in solchen Fällen Glauben machen wollen, sie „seien wie vom Blitz getroffen" und „ohne jede Vorwarnung völlig überrascht". Die Wahrheit sieht regelmäßig etwas anders aus: Tag für Tag und Woche für Woche keine Zeit mehr (die dümmste aller Ausreden) für ein liebes Wort, einen liebevollen Blick. Abends keine Energie mehr für die zehn Minuten Zuhören, die der andere braucht, damit er seine Sorgen mit uns teilen kann. Keine Blumen mehr wie früher, keine kleinen Aufmerksamkeiten, keine Zeit mehr für private Verabredungen, weil der Beruf Vorrang hat. Und nach Jahren unmerklichen Auseinanderlebens in Zehntel-Millimeter-Schritten die „bittere" *Überraschung*, daß der Partner sich von uns trennen will?

Sie sind der beste Vater, die beste Mutter Ihrer Kinder? Sie sind mit Ihren Kindern seit Jahren ein Herz und eine Seele? Ein Familienteam? Und dann kommt Ihr Sohn am 18. Geburtstag die Treppe runter und sagt: „Hört mal, ich ziehe heute aus. Ich halt's hier nicht mehr aus!" – Ziemlich unwahrscheinlich, nicht wahr? Wahrscheinlicher ist, daß Bekannte und Freunde Ihrer Familie schon vor Jahren hätten wetten können, daß Ihre Kids ausziehen, sobald sie alt genug sind. Wenn Sie Kinder haben, lieber Leser: Haben Ihre Kinder daheim ein Zuhause? Oder wohnen sie nur bei Ihnen?

Noch ein Stichwort zum Thema Gesundheit: Ist Ihnen schon einmal aufgefallen, daß kerngesunde Langstreckenläufer eher selten von heute auf morgen einen Herzinfarkt bekommen? Und haben Sie weiterhin bemerkt, daß die meisten, die vom Schicksal wie der Blitz getroffen werden, schon Jahre vorher hart daran gearbeitet haben, möglichst viele Risikofaktoren auf sich zu ziehen: zuviel Streß, zuwenig Schlaf, zuviel und zu spät Essen, Rauchen, zuviel Alkohol, Bluthochdruck, Cholesterinwerte zu hoch, keine Bewegung – und nachdem wir unseren Körper 15 Jahre lang täglich mißbraucht haben, zeigt uns das Schicksal „plötzlich" die rote Karte?

Amerikanische Persönlichkeitstrainer bezeichnen das hier beschriebene Denken als „Niagara-Fall-Syndrom": Viele Menschen lassen sich mit einem Ruderboot über den Fluß des Lebens treiben und wachen dann eines Morgens auf, weil das Rauschen der Strömung lauter geworden ist. Wer dann feststellt, daß er sich zehn Meter oberhalb der Niagara-Fälle befindet, für den ist es zu spät. Der Absturz ist jetzt nicht mehr zu vermeiden – gesundheitlich, finanziell, familiär.

Rechtfertigungen nach dem Motto: „Auch ein Ruderweltmeister hätte in dieser reißenden Strömung nichts mehr ausrichten können", helfen genausowenig wie die zu späte Einsicht: „Hätte ich mich nur zehn Kilometer flußaufwärts für einen anderen Flußarm entschieden."

Den meisten „Schicksalsschlägen" läßt sich zehn Kilometer flußaufwärts mühelos vorbeugen:

> Listen Sie Ihre guten und schlechten täglichen Gewohnheiten (Handlungen wie Unterlassungen) auf. Fragen Sie sich dann: Wenn ich diese Gewohnheiten langfristig weiter praktiziere, was ist das wahrscheinliche Endschicksal, dem sie mich näherbringen?

Gute Gewohnheiten wie „zweimal täglich Zähneputzen" oder „jeden Tag 30 Seiten Fachliteratur lesen" führen zu „Schicksals"-Endpunkten wie „zehn Jahre länger eigene Zähne haben" oder „zeitlebens in meinem Fachgebiet als Experte gefragt zu werden". Unterlassungen wie „kein Ausgleichssport" oder „zuwenig Zeit für Familie, der Beruf geht immer vor" begünstigen „Schicksale" wie „sieht aus wie ein Michelin-Männchen, ist wenig belastbar und hat wenig Energie" oder „langfristiges Auseinanderleben mit Trennung, alternder Single ohne Familien- und Freundesanschluß".

Nachdem Ihr Lebenskonzept durch die Übung dieses Kapitels schon eine Menge Feinschliff bekommen hat, geht es im nächsten Schritt darum, Ihren wichtigsten Vorsätzen auch Taten folgen zu lassen. Wie Sie dabei am besten vorgehen, zeigt Ihnen der 4. Baustein zur richtigen Zielplanung.

Baustein 4:
Die richtigen Ziele setzen

12. Dem Schiff ohne Hafen weht kein Wind

Haben Sie Ihre persönlichen Ziele schriftlich geplant und ausformuliert? Und vor allem: Arbeiten Sie täglich mit Ihrer Zielplanung? Ist Zielsetzung für Sie eine Gewohnheit, die den gleichen Stellenwert hat wie Essen, Trinken und Schlafen? Kontrollieren Sie die Ergebnisse Ihrer Aktivitäten, und passen Sie Ihre Pläne bei Bedarf den veränderten Verhältnissen an?

Wenn Sie alle diese Fragen mit einem überzeugten „Ja" beantworten können, dann herzlichen Glückwunsch: Sie gehören bereits zur Elite derer, die die Vorzüge methodischen Planens nicht nur beruflich, sondern auch im persönlichen Bereich nutzen. Der Club dieser „Erfolgsplaner" ist nach wie vor sehr klein. Nur drei bis vier Prozent aller Menschen in den westlichen Industrienationen gehören dazu. Wenn Sie zu den 96 Prozent gehören, die glauben, im persönlichen Bereich auch ohne schriftliche Planung mühelos durchs Leben zu kommen, dann ist dieses Kapitel für Sie!

Wie kommt es, daß Sie einerseits als Lehrer Ihre Unterrichtseinheiten planen, als Architekt für jede Garage Pläne im Zehnerpack erstellen, als Elektriker sogar für Einzimmerwohnungen Schaltpläne entwerfen und sich als Hausfrau für den wöchentlichen Einkauf einen Spickzettel als Gedächtnisstütze schreiben? Und auf der anderen Seite vermuten Sie, etwas so Kostbares wie Ihr eigenes Leben und Ihre Zukunft lasse sich im Kopf planen.

> Wo wären Sie beruflich, wenn Sie sich mit dem Planungsstandard zufriedengeben würden, den Sie für sich privat akzeptieren?

Wollten Sie mit Fluggesellschaften fliegen, die mit der Perfektionsquote unterwegs sind, mit der Sie Ihr Leben organisieren? Wollten Sie in dem Operationssaal unters Messer, in dem Chefarzt und Krankenschwester schon „aus dem Kopf wissen", daß alles o. k. ist?

Ich will es Ihnen sagen: Sie geben sich aus maximal drei Gründen privat mit einem Planungsstandard zufrieden, der bei McDonald's noch nicht einmal bei der letzten Aushilfskraft akzeptiert würde:

1. Sie setzen sich keine Ziele, weil Sie glauben, Sie hätten schon welche.

2. Sie setzen sich keine Ziele, weil Sie noch niemand davon überzeugt hat, daß Zielsetzung so wichtig ist wie Essen und Trinken. (Ich verspreche Ihnen, daß Sie am Ende des nächsten Kapitels acht massive Gründe dafür haben, sich Ziele zu setzen, von denen Sie die Hälfte noch nie zuvor bedacht haben.)

3. Seltenster Grund: Sie setzen sich keine Ziele, weil Sie die richtige Technik nicht beherrschen.

Fragen Sie Arbeiter, Angestellte, Hausfrauen, Schüler, Rentner oder Obdachlose: Jeder wird Ihnen versichern, er habe Ziele:

Der Arbeiter: „Noch drei Wochen, und dann bin ich für 14 Tage auf Mallorca."

Der Angestellte: „Mein Ziel für diese Woche: Die Architektenpläne für das neue Einkaufszentrum in Reinschrift zeichnen."

Die Hausfrau: „Meine Ziele für heute: Kinder in den Kindergarten, Einkaufen, zur Reinigung, Essen machen und die Party am Freitag vorbereiten."

Der Schüler: „Erst Schule, dann Hausaufgaben, dann Disco."

Der Rentner: „Rosenbeet pflegen und Auto waschen."

Der Obdachlose: „Betteln bis Mittag, dann Lambrusco kaufen."

Sie sehen: Auf dem Level ihrer Routine-Aufgaben haben alle Menschen Ziele. „Und wer schon Ziele hat, der braucht sich auch nicht weiter mit ihnen zu beschäftigen, schon gar nicht schriftlich", ist die Logik derer, die sich wundern, daß in ihrem Leben so wenig passiert. Wer das Abarbeiten von Routine-Aufgaben für persönliche Lebensplanung und -gestaltung hält, bekommt genau das, was er sich erarbeitet: grauen Alltag. Tagein, tagaus. Ein ganzes Leben lang.

Wer 40 Jahre lang „im Kopf plant" und sich mit „Qualitätsfragen" beschäftigt, wie „Wie soll ich nur bis heute abend durchhalten?", braucht sich nicht zu wundern, daß sein Kopf auf die Minimalistenfrage: „Wie komme ich mit möglichst wenig Aufwand durchs Leben?" auch nur Minimalisten-Anworten bereithält. Wer sich bis zur Pensionierung fragt, wie er seine täglichen „Fortschritte" möglichst kleinhalten kann, braucht sich anschließend nicht über ein Minimalisten-Leben zu wundern und sich zu fragen, warum andere in Sieben-Meilen-Stiefeln soviel mehr erreichen.

Zusammengefaßt: Ein Leben voller Glanzlichter und Höhepunkte – ein Leben, das sich wirklich zu leben lohnt – ergibt sich nicht zufällig. Es erfordert eine völlig andere Zielsetzungsqualität als das Abarbeiten von Routinetätigkeiten, die wir in der Tat im Kopf beherrschen.

Darüber hinaus gibt es eine weitere Überlegung, die das Gebot systematischer Zielplanung nachdrücklich untermauert. Bitte fragen Sie sich einmal, wie groß oder klein der Teil Ihres Lebens ist, über den Sie wirklich frei verfügen und disponieren können. Sie brauchen vermutlich etwa sieben Stunden Schlaf, mindestens zwei Stunden Rüstzeit für Körperpflege, ankleiden, auskleiden und die Mahlzeiten. Viele von uns arbeiten dann noch täglich acht bis neun Stunden und haben ein bis zwei Stunden An- und Abreisezeiten. Kann sein, daß Sie noch einmal für Haus- und Gartenarbeit, Einkäufe, Besorgungen, Garderoben- und Autopflege, Aufräumen und andere Routineaufgaben weitere ein bis zwei Stunden kalkulieren müssen. Bleiben uns also zwei bis maximal vier Stunden für Erholung, Entspannung, Weiterbildung, Familie, Freunde, Hobbys, Sport, Fitneß-Training usw. – ziemlich exakt also das Zeitbudget, das viele Menschen vor dem Fernseher verbringen.

Wie sieht es mit Ihrer Freizeitgestaltung aus? Ganz sicher gehören sie nicht zu den 80 bis 100 Prozent der Menschen, die ihre frei gestaltbare Zeit vor der Flimmerkiste verbringen.

13. Acht Gründe für Zielsetzung

Es gibt acht gute Argumente, warum Sie sich Ziele setzen *müssen*, wenn Ihnen Ihr Leben etwas wert ist.

1. Ziele sind eine Umsetzungsnotwendigkeit für unser Nervensystem

Mal Hand aufs Herz: Wie wichtig ist Ihnen Harmonie in Familie und Partnerschaft? Wenn Sie zur Mehrheit derer gehören, die sagen: „Das ist einer meiner wichtigsten Werte überhaupt!", dann frage ich Sie ein zweites Mal: Meinen Sie es ernst mit dieser Aussage, oder stimmen Sie vor allem aus Gefälligkeit zu? Wenn Sie jetzt sagen: „Ich meine es ernst", dann meine ich es jetzt auch ernst und frage Sie: *Was haben Sie in den letzten 24 Stunden für mehr Harmonie in Ihrer Partnerschaft und Familie getan?*

Gar nichts, weil Sie einfach keine Zeit hatten? O. k.! Und wieviel haben Sie am letzten Wochenende und in den letzten sieben Tagen für mehr Harmonie getan? Ebenfalls nichts? Weil einfach zuviel anderes zu tun war? Sie machen mich nachdenklich! Also gut. Letzte Chance: Wieviel haben Sie in den letzten vier Wochen für das hehre Ziel „mehr Harmonie in der Partnerschaft" getan? Immer noch nichts?

Ganz schön beschämend für jemanden, der andere Menschen noch vor 30 Sekunden glauben machen wollte, Harmonie im häuslichen Bereich sei eines seiner wichtigsten Ziele überhaupt.

Wenn Sie sich jetzt für einen inkonsequenten Willensschwächling halten, der unfähig ist, in vier Wochen auch nur einen einzigen Schritt auf eines seiner wichtigsten Ziele hin zu tun, dann haben Sie recht! Allerdings nicht in dem Sinne, daß Ihnen Potential, Selbstmotivation oder Fähigkeiten fehlen würden.

All diese Voraussetzungen besitzen Sie im Übermaß! Ihnen fehlt nur der klitzekleine Schlüssel, diese Schatztruhe zu öffnen. Und bevor ich Ihnen zeige, was die entscheidende Umsetzungsvoraussetzung in unserem Nervensystem ist, die uns erlaubt, unseren Wünschen Taten folgen zu lassen, lassen Sie mich Ihnen noch einige Dinge auf den Kopf zusagen:

Wenn Sie so sind wie die meisten Menschen, dann tun Sie nicht nur zuwenig für Ihren hehren Wert „Harmonie in der Partnerschaft", Sie tun ebenfalls nicht genug für Ihre Gesundheit, Sie tun zuwenig für Ihren Lebenstraum von finanzieller Unabhängigkeit, Sie ernähren sich nicht optimal, und Sie haben zuwenig Zeit für Ihre Freunde!

Woher ich das alles weiß? Weil ich Ihre Sylvester- und Neujahrsvorsätze kenne! Die sind genauso formuliert wie die Traumblasen, die ich gerade skizziert habe – und seit dem 11. Januar haben Sie nichts mehr zu ihrer Realisierung getan. Warum ich das so sicher vermuten kann? Die Formulierung abstrakter Vorgaben wie „mehr Harmonie", „nicht mehr so jähzornig sein", „reich werden", „härter arbeiten", „finanziell unabhängig werden" entspricht nicht den Umsetzungsbedingungen, die unser Gehirn braucht, um unseren Vorsätzen Taten folgen zu lassen.

Fragen Sie einen ambitionierten Sportler, wann und wo er trainiert, dann läuft vor seinem inneren Auge ein detailliertes Programm ab, über das er minutiös Auskunft geben kann. Etwa an welchen Wochentagen er trainiert, um wieviel Uhr, mit wem, wo seine Sportsachen sind, wann er losfährt, wo er parkt und welche Routen er läuft.

Fragen Sie dagegen jemanden, der sich vorgenommen hat, mehr für seine Gesundheit zu tun, welcher konkrete Plan ihm vorschwebt, werden Sie in aller Regel Antworten bekommen wie: „Ich muß mal sehen. Vielleicht fange ich mit Joggen an oder auch mit Radfahren. Und dann will ich zwischendurch auch mal schwimmen gehen, um etwas Abwechslung zu haben."

Wenn das die innere Landkarte eines Menschen ist, der für sich die Welt des Ausgleichssports entdecken will, dann können Sie getrost Ihr letztes Geld wetten, daß dieser Träumer mit seinem Wunschdenken nichts bewegt.

Solange unser innerer Film bei neuen komplexen Tätigkeiten nicht ähnlich detailliert ist wie der Film desjenigen, der diese Tätigkeit bereits regelmäßig praktiziert, scheitert unser Plan in aller Regel schon in der Startphase.

Der Volksmund sagt: „Der Weg zur Hölle ist mit guten Vorsätzen gepflastert." Dies stimmt zumindest für den Fall, daß wir unseren guten Vorsätzen („Harmonie in der Familie") kein operationales, Schritt für Schritt realisierbares Umsetzungskonzept an die Seite stellen. Und wenn Sie nur aus diesem Grund mit schriftlicher Zielplanung beginnen würden, würde Ihre Anstrengung bereits überreich belohnt. Denn es gibt noch sieben weitere schwerwiegende Gründe, die die Notwendigkeit von Zielplanung belegen.

2. Ziele sind Chancenfinder

Können Sie sich noch an eine Situation erinnern, in der Sie drauf und dran waren, sich einen großen Traum zu erfüllen? Vielleicht an dem Tag, an den sie beschlossen hatten, stolzer Eigentümer eines schwarzen Golf GTI zu werden, und Ihnen von Stunde an jeder Ecke schwarze GTIs begegnet sind. Oder an den Tag, an dem Sie dieses traumhafte Kostüm entdeckt hatten und Ihnen von diesem Augenblick an in der Fußgängerzone auf 100 Meter Abstand jede ins Auge sprang, die „Ihr Kostüm" schon trug? Oder Sie beschlossen, den nächsten Urlaub auf den griechischen Inseln zu verbringen: Als Sie dann das nächste Mal in der Stadt einige Besorgungen machten und gerade eine Buchhandlung passieren wollten, da sprang Ihnen die neue Dekoration mit den Reiseführern geradezu ins Gesicht.

Kommen Ihnen solche Situationen bekannt vor? Wenn ja, dann lassen Sie uns kurz über ein faszinierendes Leistungsmerkmal unseres Gehirns sprechen, das die meisten Menschen mangels Zielklarheit nur selten für sich nutzen.

Es geht um den Mechanismus der selektiven Wahrnehmung: Müßten wir alle Reize, die uns in einem Augenblick umgeben, gleichzeitig wahrnehmen, würden in unserem Kopf „die Sicherungen durchbrennen". Unser Gehirn wählt deswegen für uns wichtige Reize aus, um uns Nervenzusammenbrüche, das Gefühl des Überwältigtseins und andere Überlastungreaktionen zu ersparen.

Während Sie diese Zeilen lesen, ist Ihnen vermutlich nicht bewußt, wo und wie Ihre Füße den Boden berühren oder wie sich Ihre Kleidung auf der Haut anfühlt. Würden Sie sich in diesem Augenblick etwas bewegen, das Piksen einer Nadel spüren, die Sie in Ihrem neuen Oberhemd übersehen haben, würde Ihr Kopf sehr überlebensorientiert seine Aufmerksamkeit diesen intensiven Reizen zuwenden. Wir arbeiten bei der Selektion von Informationen mit drei Grundmechanismen, die sich stammesgeschichtlich sehr bewährt haben: der Reiz-Quantität, der Reiz-Qualität und der Reiz-Dauer. Wann immer bestimmte Reize massiv auftreten (beispielsweise wenn wir angeschrien werden, in Scherben treten oder Sirenen schrillen), hat unser Kopf die Tendenz, sich diesem Stimulus zuzuwenden. Alarmanlagenbauer und Eltern kleinerer Kinder nutzen diesen Mechanismus genauso wie Nachtclubbesitzer, die ihre Gäste mit auffälligen Leuchtreklamen für das eigene Etablissement gewinnen wollen. Wann immer wir Reizen einer neuen Qualitätsdimension ausgesetzt sind (zum Beispiel plötzlich ein Geräusch wahrnehmen, das sehr eigenartig ist), wendet sich unser Gehirn dieser neuen Information zu.

Für die Reizdauer gilt ähnliches: Hupt jemand vor unserer Haustür, filtert ein Großstadt trainiertes Gehirn die ersten Hupsignale als „normalen Verkehrslärm" aus. Nach dem 15. Hupen machen wir uns dann auf, um zu sehen, was denn da draußen los ist. Tropfende Wasserhähne dringen oft auch erst nach einiger Zeit ins Bewußtsein, können uns dann aber so massiv irritieren, daß Folterspezialisten sie nach wie vor im Repertoire haben, um mißliebige Häftlinge weichzuklopfen.

Neben diesen überlebensorientierten Selektionsprogrammen, die uns zwingen, bestimmte Reize wahrzunehmen, haben wir alle individuelle Filter. Wenn „Er" und „Sie" einen Schaufensterbummel machen und anschließend gefragt werden, was sie so alles gesehen haben, kann es sein, daß der Zuhörer den Eindruck gewinnt, die beiden seien in verschiedenen Städten unterwegs gewesen: „Sie" erinnert sich an Modeboutiquen, Einrichtungshäuser, das Handarbeitsfachgeschäft und die Eröffnungsangebote des neuen Supermarkts, während „Er" über Computer, HiFi-Anlagen und Autohäuser zu berichten weiß.

> **Unser erkenntnisleitendes Interesse ist der wichtigste individuelle aufmerksamkeitslenkende Selektionsfaktor.**

Wenn das unbestritten so ist, dann stellt sich eine entscheidende Frage: Wieso stoßen manche Menschen in ihrem Leben ständig auf Gelegenheiten und Chancen, während andere scheinbar nie vom Schicksal begünstigt werden? Die Antwort ist simpel: Chancen sieht und findet nur der, der in ihnen Bausteine erkennt, die den Weg zu seinem Ziel pflastern helfen.

So trivial diese Einsicht klingt, so sehr lohnt es sich, sie in ihrer Tiefe zu verstehen und im eigenen Leben zu nutzen: Angehörige einer bestimmten sozialen Schicht (seien es Arbeiter, Angestellte oder Selbständige) bekommen in unserer Gesellschaft — statistisch über lange Zeiträume gesehen — von ihrer Umwelt ähnlich viele Chancen zur Weiterentwicklung angeboten. Über 30, 40 oder 50 Lebensjahre betrachtet, treffen wir alle auf Tausende potentieller Kunden, viele Hundert mögliche Kooperationspartner und Fürsprecher und Dutzende Menschen, die als Freunde und Ehepartner in Betracht kommen (manche treffen, nachdem sie sich bereits entschieden haben, sogar auf mehr Alternativpartner, als für ihre Ehe gut ist!).

Die Möglichkeit, auf dem zweiten Bildungsweg das Abitur zu machen, sieht natürlich nur, wer in diesem Bereich Ziele und Ambitionen hat. Über die Ochsentour vom Azubi zum Vorstand schaffen es komischerweise auch nur diejenigen, die im Rahmen ihrer Karriereziele nach Entwicklungsperspektiven suchen. Gleichgesinnte Freunde für Lern- und Weiterbildungsangebote findet ebenfalls nur, wer sich entschieden hat, selbst in diese Richtung zu marschieren.

Merke: *Solange Sie nicht auswählen, wo Sie hin wollen, kann Ihr Gehirn Ihnen auch aus der paradiesischen Vielfalt der heutigen Welt nichts anbieten.* Sie können vor dem größten und tollsten Buffet dieser Welt stehen und ratlos überlegen, was Sie denn essen wollen. Solange Sie keine Richtung vorgeben („gesundheitsorientiert", „nur noch eine Kleinigkeit", „irgend etwas, was nicht müde macht"), wird Ihnen nichts ins Auge springen. Vielleicht nehmen Sie dann das, was Ihr Nachbar auch nimmt oder was Ihnen von anderen empfohlen wird. *Wenn wir keinen Plan haben für unser Leben, dann haben halt andere einen Plan für uns* – und sie werden alles daran setzen, daß wir ihn umsetzen!

3. Ziele als Chanceninitiator: Das Tunnelprinzip

Wer kein Ziel hat, muß – wie wir gerade schon gesehen haben – warten, bis das Leben mit einer Chance bei ihm anklopft (leider ist das Leben so gemein, diejenigen, die warten, warten zu lassen!). Wer dagegen ein Ziel klar vor Augen hat, hat im Kopf bereits den Anfang gemacht und tut sich viel leichter, jetzt die ersten Schritte zu tun. Dabei kann es gut möglich sein, daß sich ihm Hindernisse entgegenstellen – ab und zu vermutlich sogar solch große Klippen, daß er sie nicht überwinden kann und sein Ziel eben nicht erreicht.

Zielsetzungsamateure haben dann schnell die Rechtfertigung fürs eigenen Nichtstun: „Siehste, hab' ich gleich gesagt! Guck, was er sich vorgenommen hat: Geschuftet hat er! Malocht ohne Ende! Und was hat er erreicht? Da lob' ich mir doch meinen abendlichen Stammtisch und mein Bier. Ich erreiche zwar auch nichts, hab' aber wenigstens kein Streß mit meinen Niederlagen."

Wer so denkt, der übersieht das „Tunnelprinzip": Auch wenn wir ab und zu ein Ziel nicht erreichen, so legen wir doch auf dem Weg dorthin eine – oft erhebliche – Strecke zurück. Wir sammeln neue Erfahrungen und bauen neue Beziehungen auf. Und weil wir an einem anderen Punkt der Strecke sind als derjenige, der noch am Start „wartet", sehen wir in aller Regel neue Möglichkeiten und Chancen, die für den Zaungast am Startplatz eben nicht zu erkennen sind.

Eine amerikanische Untersuchung belegt dieses Prinzip sehr eindrucksvoll: Forscher befragten dort die Absolventen der Yale-Universität zum Ende ihres Studiums im Jahr 1953 nach ihrem Karriereziel. Sie stellten fest, daß nur drei Prozent der Befragten schriftlich formulierte, konkrete Ziele besaßen. Die Teilnehmer der Untersuchung wurden dann 20 Jahre lang während ihres Berufslebens beobachtet. Die drei Prozent, die klare Ziele hatten, hatten sich 20 Jahre später ein größeres Vermögen erarbeitet, als die 97 Prozent Wunschdenker und Traumtänzer.

Damit wir uns recht verstehen: Diese Untersuchung ist keine Beleg dafür, daß alle Mitglieder der reicheren Zielsetzer-Gruppe notwendigerweise glücklicher waren als die der „ärmeren" 97-Prozent-Mehrheit. Die in unserer Gesellschaft weitverbreitete Vermutung, daß viel Geld und Zufriedenheit im Leben stark korrelieren, trifft – womit wir uns im Kapitel „Stimmungs-Management" näher beschäftigen – so nicht zu.

Die Untersuchung der Yale-Universität erlaubt jedoch zwei andere wichtige Schlußfolgerungen:

1. Wer Ziele hat, ist deutlich produktiver – und zwar regelmäßig nicht nur für sich selbst, sondern auch für die Gemeinschaft, in der und für die er arbeitet.
   Mag sein, daß der eine oder andere der Drei-Prozent-Gruppe mal kurzfristig zu gut bezahlt worden ist: Wenn die Arbeit der Drei-Prozent-Zielsetzer für ihr Unternehmen jedoch 20 Jahre lang soviel besser vergütet wird, daß diese Gruppe anschließend mehr verdient hat als die 97 Prozent Nicht-Zielsetzer, dann spricht dies eine deutliche Sprache über den Nutzen, den die jeweiligen Vergleichsgruppen ihren Unternehmen geboten haben.

2. Der zweite hochinteressante Aspekt der Untersuchung ist, daß kein einziger Manager der Zielsetzer-Gruppe das Ziel erreichte, das er am Ende seines Studiums angegeben hatte: Wer also behauptet, schriftliche Zielsetzung sei das Instrument, seine Ziele sicher zu erreichen, verfehlt den entscheidenden Punkt.

Der Unterschied zwischen den Erfolgsmanagern und ihren durchschnittlichen Kollegen bestand eben nicht darin, daß die einen ihre Ziele erreichten und die anderen nicht. Der entscheidende Unterschied war vielmehr, daß die Erfolgreichen ihre Energie auf dem jeweils nächsten Streckenabschnitt stärker bündelten, aktiv wurden und deswegen – wie im Tunnelprinzip veranschaulicht – zu neuen Chancen und Gelegenheiten kamen, während die anderen noch darauf warteten, was das Leben wohl bringen werde.

Die entscheidende Frage ist: Zu welcher Gruppe gehören Sie? Geben Sie sich eine ehrliche Antwort, und ziehen Sie – wenn notwendig – die entsprechenden Konsequenzen, denn – um den Volksmund zu Wort kommen zu lassen: „Wer ständig in Luftschlössern wohnt, zahlt auf Dauer zuviel Miete."

4. Ziele geben Anfangsmotivation

Haben Sie schon einmal in den Bergen Urlaub gemacht? Wenn ja, dann sind Ihnen vermutlich einige merkwürdige Dinge aufgefallen: Bayrische Voralpengipfel mit Gipfelkreuz werden erheblich häufiger bestiegen als Berge ohne ein solches sichtbares Ziel. Dies ist sicher kein streng wissenschaftlicher Nachweis dafür, daß allein die Existenz von Zielen uns motiviert, sie auch erreichen zu wollen, denn immerhin ließe sich ja argumentieren, daß der Fremdenverkehrsverein Gipfelkreuze nur auf den ohnehin schon beliebtesten Ausflugsgipfeln installieren läßt.

Daß die bloße Existenz von Zielen auf uns jedoch in aller Regel motivierend wirkt, ist vermutlich unbestritten: Psychologen und Philosophen sprechen in diesem Zusammenhang von der teleologischen Arbeitsweise unseres Gehirns und meinen damit, daß wir „bauartbedingt" zielorientiert sind.

Beispiele dafür, daß sich Ziele sehr inspirierend auf unsere Motivation auswirken, finden sich in allen Lebensbereichen: Wenn Sie nicht glauben, zu welchem Unfug sich manche Menschen nur deswegen motivieren, weil andere ihnen durch ihr Beispiel Ziele vorgeben, die es zu übertreffen gilt, dann schauen Sie mal ins Guiness-Buch der Rekorde: Weltmeister im Dauerduschen, Dauerskatspielen und Kirschkern-Weitspucken sind eher gemäßigte Beispiele für das, wozu unser Kopf fähig ist, wenn er sich nur auf ein bestimmtes Ziel einschießt.

5. Ziele geben Motivation zum Durchhalten

Nehmen Sie an, Sie haben sich bei einer Wüstensafari verirrt und den Anschluß an Ihre Reisegruppe verloren. Sie marschieren bei 56 Grad in Richtung Süden, wo Sie die nächste Oase vermuten. Um Sie herum kein Baum, kein Strauch, nur gleichförmige Sanddünen, nichts, was Ihre „Fortschritte" sichtbar machen könnte: Wann immer Sie sich umdrehen, sehen Sie hinter sich circa 80 Meter Fußspuren im Sand, dahinter hat der Wind bereits begonnen, die vorletzten Spuren Ihrer Existenz zu verwischen. Glühende Hitze, Wüstensand, seit zwei Tagen nichts mehr zu trinken. Sie schleppen sich Kilometer um Kilometer weiter, um sich schließlich resigniert zum Sterben in den Sand sinken zu lassen.

Doch plötzlich verspüren Sie einen stechenden Schmerz: Um Sie herum 10 000 Quadratkilometer feiner, weicher Wüstensand und unter Ihrem Gesäß der einzige Stein weit und breit. Auf einmal werden Sie munter: Wie kommt in diese Sandwüste ein Stein? Sie fegen den Sand zur Seite und legen einen Kilometerstein frei, mit einem Pfeil und der Aufschrift: „Oase 0,5 Kilometer".

Erste Frage: Könnte es sein, daß Sie sich trotz Ihrer völligen Erschöpfung doch noch einmal aufrappeln und bis zur Oase marschieren?

Zur Einstimmung auf die zweite Frage stellen Sie sich bitte vor, Sie besäßen einen eineiigen Zwillingsbruder beziehungsweise eine eineiige Zwillingsschwester. Ihr Alter ego ist genauso talentiert wie Sie und verfügt über ähnliche Charaktereigenschaften und die gleichen Willensstärke und Motivation. Ihr Bruder- oder Schwesterherz wandert jedoch 300 Meter parallel zu Ihnen über eine Wüstenstraße, auf der alle 100 Meter Markierungszeichen den Abstand zur Oase signalisieren. 11,7 Kilometer, 11,6 Kilometer, 11,5 Kilometer …

Und jetzt die zweite Frage: Könnte es sein, daß Ihr „anderes Ich" bei annähernd identischer Ausgangsmotivation deutlich größere Chancen hat, sein/ihr Ziel zu erreichen?

Der Volksmund sagt: „Nichts macht erfolgreicher als Erfolg", weil jeder Teilerfolg anspornt und Selbstvertrauen gibt, auf dem eingeschlagenen Weg weiterzumachen. Ziehen Sie in Ihrem Leben die Konsequenzen daraus? Motivieren Sie sich von Etappenziel zu Etappenziel?

6. Ziele machen Erfolg erst meßbar und geben damit Selbstvertrauen

Lassen Sie uns noch einmal einen Augenblick über Selbstvertrauen nachdenken – das Vertrauen, daß wir in uns selbst haben. Die Frage ist: Wie kann ein Mensch realistisches Selbstvertrauen haben, wenn er zu diesem Vertrauen in sich selbst keinen berechtigten Anlaß hat?

Woher nehmen Sie Selbstvertrauen, vor tausend Menschen zu sprechen und diese für Ihre Ideen zu begeistern, wenn Sie noch nie vor Publikum gesprochen haben? Wollen Sie sich auf Emil Coués Autosuggestion verlassen: „Mir geht es von Tag zu Tag besser und besser!" Oder fänden Sie es hilfreich, sich an einige Hundert Vorträge vor begeistertem Publikum erinnern zu können?

Wer sich keine Ziele setzt und keine Punkte definiert, deren Erreichen überprüfbar ist, sondern seinen Wünschen nach „mehr Geld", „einer besseren Gesundheit" und „besser verkaufen" hinterherläuft, betrügt sich um die Selbstbestätigung, den Zuwachs an Selbstvertrauen und das Glücksgefühl, das im Erreichen eines Zieles liegt.

Wann immer ich in Motivationslehrbüchern die Empfehlung finde, sich für das Erreichen eines Ziels selbst zu belohnen – sich beispielsweise für ein Kapitel der eigenen Diplom-Arbeit mit einem Kinobesuch oder einer Tüte Gummibärchen auszuzeichnen –, muß ich mich ernsthaft wundern.

Ich habe bislang noch keinen Wissenschaftler, Forscher, Manager oder Verkäufer getroffen, der sich für das Erledigen von Projektaufgaben, mit denen er sich identifiziert, mit Schokolade oder Saunabesuchen hätte motivieren müssen:

> Wenn wir an dem arbeiten, wofür unser Herz schlägt, dann liegt die beste und schönste Belohnung im Erreichen dessen, was wir uns vorgenommen haben!

Um eben diese Belohnung betrügt sich, wer nur Wischi-Waschi-Wünsche verfolgt, wie „reich werden" oder „Oase im Süden". Anders dagegen derjenige, der sich vornimmt, bis zum Jahresende 20 000 Mark zu sparen und in Investment-Fonds anzulegen: Wer dieses Ziel erreicht, dessen Selbstvertrauen wächst, mit Geld umgehen zu können. Und so wird jeder Erfolg zum Sprungbrett für weitere Erfolge!

7. Ziele motivieren, denn Vorfreude ist die schönste Freude

Können Sie sich noch an die Zeit erinnern, als Sie Schüler oder Student waren oder mitten in der Berufsausbildung steckten und noch nicht viel Geld in Ihren Urlaub investieren konnten? Vielleicht an die Zeit, als Sie nach dem Abitur mit einem Interrail-Ticket durch ganz Europa getourt sind oder bis Griechenland per Anhalter unterwegs waren?

Ich weiß von vielen Seminarteilnehmern, daß Sie sich noch gern an die Zeit erinnern, als sie große Reisen mit kleinem Geld nur deswegen unternehmen konnten, weil sie in wochenlanger Planung die preiswertesten Reisemöglichkeiten gerneralstabsmäßig ausgetüftelt hatten. Und eine ganze Reihe dieser Teilnehmer hat an sich selbst beobachtet, daß im Vergleich zu diesen mit Herzblut geplanten Reisen spätere luxuriöse Pauschalreise-Arrangements bei weitem nicht dieselbe innere Befriedigung vermitteln: „Erwirb es, um es zu besitzen", lautet das bekannte Goethe-Zitat: Wer sein Haus oder seinen Garten selbst plant und einrichtet, entwickelt eine andere Beziehung dazu als derjenige, der einen Innen- oder Gartenarchitekten engagiert. Selbst zu planen bringt also nicht nur Vorfreude als schönste Freude, sondern auch mehr Erfüllung während und nach der Aktivität, weil wir zu dem, was wir selbst schaffen, ein viel intensiveres emotionales Verhältnis aufbauen.

8. Ziele sind Voraussetzung für Prioritäten

Time-System, Time-Manager, Sucess-Planer und wie sie alle heißen: keines der bekannten wie unbekannten Zeitplanbücher verzichtet auf den Rat, daß wir alle Prioritäten setzen müssen, wenn wir unser Leben im Griff haben wollen. Da gibt des Sortierprinzipien mit der ABC-Analyse, das Zeitfenster mit den vier Quadranten von wichtig und dringend bis zu unwichtig und nicht dringend – und alle diese Ordnungsprinzipien haben ihre Berechtigung.

Die entscheidende Kernfrage können sie jedoch nicht beantworten: *Was ist wichtig für mich?* Und hier sind wir in derselben Situation wie Alice im Wunderland, als sie an einer Wegkreuzung die Katze trifft: „Welchen Weg soll ich nehmen?" fragt Alice und bekommt zur Antwort: „Das hängt davon ab, wo du hin willst." „Ach, das ist mir eigentlich gleichgültig", sagt Alice, worauf die Katze feststellt: „Wenn es dir gleich ist, wo du hinkommst, dann ist es auch gleich, welchen Weg du nimmst." Eine simple Einsicht! Die Frage ist nur, ob wir uns die gute Gewohnheit erarbeitet haben, sie in unserer Praxis zu nutzen.

Daß wir mit klaren Zielen und dem daraus folgenden Sinn für Prioritäten mühelos 30 bis 50 Prozent mehr leisten können, ist den meisten Menschen übrigens aus eigenem Erleben bekannt. Denken Sie einmal an den letzten Tag vor Ihrem Urlaub: Sind Sie nicht auch schon einmal in dieser Zwickmühle gewesen, das Pensum von zwei Tagen an einem Tag schaffen zu müssen? Wenn ja, dann wissen Sie bereits, daß Ihr Kopf mit Prioritäten am besten funktioniert.

Wenn jede Minute zählt, sind die meisten von uns clever genug, sich schon am Vorabend des letzten Arbeitstags erste Gedanken darüber zu machen, was alles getan werden muß und wie wir dabei am besten vorgehen. Sogar diejenigen, die sich sonst damit brüsten, daß sie ihren Arbeitstag mühelos im Kopf planen können (ein klares Indiz dafür, daß ein Mensch nicht viel zu tun hat), greifen in dieser Situation regelmäßig zu Bleistift und Papier, um die Übersicht zu behalten. Wir überlegen: Was ist das Wichtigste? Was muß ich unbedingt schaffen? Was kann ich gegebenenfalls auf später vertagen? Was kann ich delegieren? Wieviel Zeit darf ich auf die einzelne Tätigkeit maximal verwenden?

Mit diesen klaren Prioritäten vor Augen begeben wir uns im Büro an unseren Arbeitsplatz. Und schon beginnt der Tag ganz anders. Anstelle der üblichen Rituale wie Kaffee kochen oder kurz die Zeitung lesen, fangen wir sofort an und stellen fest:

> **Es ist unglaublich, wieviel wir schaffen, wenn wir nichts anderes tun!**

Wenn Sie nach diesen Überlegungen immer noch glauben, persönliche Zielplanung sei ein affiges Statussymbol für Japaner, Topmanager und Olympia-Athleten, aber doch nichts für Sie – dann haben Sie höchstwahrscheinlich recht! Geben Sie dieses Buch in diesem Fall an jemanden, der aus seinen Talenten noch etwas machen möchte ...

Alain Keyes sagt dazu:

> **Die Zukunft kann am besten vorhersagen, wer sie selbst gestaltet.**

Und wir können ergänzen: „Die Zukunft am besten gestalten kann der, der sie heute schon plant." Wenn Sie das ähnlich sehen, gibt Ihnen jetzt die SMART-Formel eine Checkliste zur optimalen Zielplanung.

14. Zielsetzung mit der SMART-Formel

Das S der SMART-Formel steht für selbstbestimmt und spezifisch und erinnert uns zunächst daran, daß Ziele im Unterschied zu Wünschen exakt meßbare Vorgaben beinhalten: „Reich werden" ist Wunschdenken, „bis zum 31.12. diesen Jahres für 6 000 Mark Wertpapiere kaufen" dagegen Zielplanung. „Mehr für die Gesundheit tun" ist ein frommer Wunsch, „montags, mittwochs und freitags vor dem Frühstück 30 Minuten joggen" ein klares Ziel.

Die Konkretisierung von Wünschen zu Zielen ist immer dann leicht, wenn es um quantitative Ziele geht: „Regelmäßiges Joggen" läßt sich beispielsweise durch den Zusatz „dreimal pro Woche 30 Minuten" einfach und schnell weiter präzisieren. Die einzige Herausforderung, solche „leichten Ziele" so auf den Punkt zu bringen, daß unser Gehirn sie Schritt für Schritt umsetzen kann, besteht in der Beantwortung der Frage:

„Was würde ich tun, und wie würde ich Schritt für Schritt vorgehen, wenn ich mein Ziel bereits seit Jahren erfolgreich realisieren würde?"

Wenn Sie beispielsweise seit Jahren regelmäßig joggen, dann wissen Sie, an welchen Wochentagen Sie laufen, zu welcher Tageszeit und – entscheidend, aber oft übersehen – *worauf Sie bereit sind zu verzichten, um die Zeit fürs Joggen freizumachen.* Sie wissen, ob Sie allein laufen oder in der Gruppe, welche Strecken Sie laufen, welche Laufschuhe für welche Strecken am besten sind, wie Sie sich vor Regen schützen, wie lange Sie sich warmlaufen, bei welcher Herzfrequenz Sie die beste Trainingswirkung haben, mit welcher Dehngymnastik Sie sich aufwärmen usw. Sie wissen, bei welchen Witterungsbedingungen (zum Beispiel Nebel oder Kälte) Sie zu Hause bleiben, um kein Erkältungsrisiko einzugehen. Mit anderen Worten: Die Landkarte des Laufprofis enthält Tausende von Einzelheiten, die für eine erfolgreiche Läuferkarriere entscheidend sind und die der Laufanfänger mangels Erfahrung noch gar nicht besitzen kann.

Je klarer wir uns jedoch zu Beginn unserer Zielplanung mit den entscheidenden Einzelheiten beschäftigen (wir brauchen nicht das Rad neu zu erfinden, sondern können von den Erfahrungen anderer profitieren), um so größer ist die Wahrscheinlichkeit, nicht in den ersten Wochen an „Greenhorn"-Fehlern zu scheitern, die unseren Projekterfolg gefährden, bevor er überhaupt begonnen hat.

Vor eine wirkliche Herausforderung stellt uns die Phase der Konkretisierung von Wünschen zu meßbaren Zielen jedoch immer dann, wenn es um qualitative Vorgaben geht: Wenn Sie Ihren Charakter verbessern wollen, sich mehr Harmonie für Ihre Partnerschaft wünschen, Ihre Ungeduld und Ihren Jähzorn zügeln wollen, dann stehen Sie vor der entscheidenden Frage: Wie kann ich mein Ziel meßbar machen? An welchen Kriterien kann ich festmachen, daß sich mein Charakter verbessert hat und ich meinen Jähzorn überwunden habe?

Was wir nicht messen können, können wir nicht überprüfen. Und in dem Augenblick, in dem unser innerer Schweinehund um die Nicht-Überprüfbarkeit unserer Vorgaben weiß, sinkt unsere Umsetzungsbereitschaft deutlich. Stellen Sie sich nur einmal vor, wir hätten im Straßenverkehr keine konkreten Geschwindigkeitsbegrenzungen, sondern nur die allgemeine Regel: „Rasen verboten!" Könnte es sein, daß viele von uns deutlich schneller unterwegs wären, beruhigt durch die Überlegung: „Die müssen mir erst mal beweisen, daß ich gerast bin. Solange nichts passiert, haben die ganz schlechte Karten."

Der beste Weg, qualitative Vorgaben zu konkretisieren, besteht in der Beantwortung der Frage: Woran kann ich erkennen, daß ich mein Ziel erreicht habe?

Beispiel: Woran kann ein außenstehender, objektiver Beobachter erkennen, daß unsere Partnerschaft harmonisch ist? Und dann sammeln Sie Indizien: Wenn ich ihr ab und zu mal Blumen mitbringe, wir uns jede Woche einen Abend Zeit für uns nehmen, ausgehen, spazieren gehen und über alles offen sprechen, was uns bewegt. Harmonie ist, wenn diese überflüssigen Alltagsstreitigkeiten verschwinden; wenn wir beginnen, vor Dritten keine spitzen Bemerkungen mehr über den anderen zu machen usw.

Ein weiteres wichtiges Hilfsmittel zur Zieldefinition besteht in der Ermittlung des Ist-Zustands. Solange wir nämlich nicht wissen, wo wir starten, fehlt uns die Ausgangsbasis, an der wir unsere Fortschritte abgleichen können – ein gravierender Fehler übrigens, der in der Unternehmensplanung bisweilen sogar Großunternehmen unterläuft.

Unternehmensziele wie „wir wollen die Motivation unserer Mitarbeiter verbessern" oder „wir wollen unseren Bekanntheitsgrad am Markt erhöhen" werden jedes Jahr zu Hunderten formuliert – in aller Regel jedoch ohne sich die Mühe zu machen, den aktuellen Motivations- oder Bekanntheitsgrad nachvollziehbar zu quantifizieren.

Wenn Sie Ihren Jähzorn zügeln wollen, ist es sehr heilsam, wenn Sie eine Woche lang jeden Tobsuchtsanfall mit einem Strich im Terminkalender protokollieren: Wenn dann am Donnerstagnachmittag – Sie haben sich schon bei 17 Wutanfällen erwischt – Ihr Jüngster mit Lehmstiefeln durchs Wohnzimmer marschiert, haben Sie spontan zwei Gedanken: 1. Den mache ich jetzt einen Kopf kürzer. Und 2. Anschließend muß ich den 18. Strich machen.

An dem Tag, an dem wir eine offene und schonungslose Ist-Analyse dessen machen, was wir wirklich tun oder eben nicht tun, erwachen wir aus dem Wunschtraum: „Eigentlich ist alles gar nicht so schlimm." Und dadurch setzen wir sehr viel Änderungsbereitschaft frei.

Das S der SMART-Formel steht darüber hinaus für die Empfehlung, möglichst viele Ziele so zu formulieren, daß ihr Erreichen von niemand anderem abhängig ist, als von uns *selbst*. Ein gelungenes Beispiel für diese damals im Spitzensport neue Art von Zielsetzung gab Carl Lewis bei den Olympischen Spielen 1988 in Seoul. Zunächst „verlor" Carl der Große das Sprintduell des Jahrhunderts gegen Ben Johnson. Als Lewis nach dem Rennen gefragt wurde, wie er mit dieser „Niederlage" umgehen würde, antwortete er: „Ich bin hier angetreten, um eine neue persönliche Bestzeit zu laufen. Dies ist mir mit 9,92 Sekunden auch gelungen. Darüber hinaus habe ich einen neuen amerikanischen Rekord aufgestellt. Daß Ben Johnson noch schneller war, konnte ich halt nicht ändern. Morgen ist der Weitsprungwettbewerb, und dann werden wir weitersehen … "

„Ich hole Gold" ist ein Ziel, dessen Erreichen nicht allein vom Athleten selbst abhängt. Bereiten sich 20 Athleten mit dieser Strategie auf den Wettbewerb vor, werden 19 ihren eigenen Erwartungen nicht gerecht und dem entsprechend frustriert und enttäuscht sein. Wer sich dagegen zum Ziel setzt: „Ich werde mich selbst übertreffen", hat motivationspsychologisch gesehen die besseren Karten.

Die Regel, sich Ziele zu setzen, deren Erreichen allein von unseren Anstrengungen abhängt, versteht sich als Empfehlung, die Ausnahmen durchaus zuläßt. Grundsätzlich sind wir jedoch gut beraten, uns bei unseren Zielen zu fragen:

Was liegt in meinem Einflußbereich? Und: Wo kann *ich* anfangen? Dies gilt insbesondere für Ziele, die nur im Zusammenwirken mehrerer realisiert werden können. Der pragmatische Grundsatz von John F. Kennedy: „Frage dich nicht, was dein Land für dich tun kann, sondern was du für dein Land tun kannst", gilt in abgewandelter Form auch für unsere Partnerschaften, Freundschaften, Familien und Arbeitsteams.

Setzen Sie sich Ziele, die *Ihren* Beitrag zu einer besseren Partnerschaft definieren („Ich nehme mir jede Woche Zeit für einen Abend, der nur uns beiden gehört), und meiden Sie Vorgaben, bei denen Ihr Aktivwerden von externen Einflußfaktoren kontrolliert wird. (Wir sollten zur Ehetherapie gehen, aber mein Partner will nicht. – Ich würde beruflich ja mehr Initiative zeigen, wenn mein Chef mir entsprechende Möglichkeiten gäbe …)

Das M der SMART-Formel steht zunächst für die Empfehlung, Ziele *mit Etappenschritten* zu planen. Auch die längste Reise beginnt mit dem ersten Schritt: Wer vor einem Berg von Arbeit und Aufgaben sitzt, ist oft überwältigt und verzagt. Wer die Bücherstapel vor Augen hat, die er bis zum Examen durcharbeiten muß, der kann so sehr den Mut verlieren, daß er erst mal gar nichts tut.

„Wie ißt man ein Elefanten? Biß für Biß", sagt eine indische Volksweisheit. Große, weit entfernte Ziele lassen sich durch Etappenschritte in überschaubare Abschnitte zerlegen. Und jedes Etappenziel, das wir realisieren, gibt nach dem Grundsatz: „Nichts macht erfolgreicher als Erfolg" Selbstvertrauen, Mut und Zuversicht, auf dem eingeschlagenen Weg weiterzumachen.

Die wichtigsten Etappenschritte sind dabei Wochen- und Tagesziele: Wer weiß, daß er abends noch in seinem Lehrbuch das 4. Kapitel von Seite 47 bis 61 auswerten will, und wer dieses konkrete Ziel tagsüber im Auge behält, hat gute Umsetzungschancen. Wer dieses Ziel bereits tagsüber aus den Augen verliert, wird am Abend vermutlich bei RTLs „Notruf" oder ähnlichen Alternativen hängenbleiben.

Das M der SMART-Formel steht weiterhin für die Empfehlung, Ziele *mit Bandbreiten* zu planen: Ein besonders weitverbreiteter Fehler bei der Zielplanung besteht nämlich darin, nur ein hervorragendes Optimum zu definieren. Treten dann nicht vorgesehene Hindernisse auf, bleibt kein vernünftiger Anpassungsspielraum nach unten, wenn das Ziel durch Krankheit, negative Markteinflüsse oder ähnliche Faktoren nicht mehr erreichbar geworden ist.

Ein typisches Beispiel für solche Amateur-Planungen findet sich in vielen Verkaufsorganisationen: Dort werden den Vertriebsmitarbeitern zu Jahresbeginn utopische Umsatzziele aufs Auge gedrückt nach dem Motto:

„Wir verlangen mal 120 Prozent des Möglichen. Wenn der Vertrieb dann 97 Prozent bringt, liegen wir ja richtig." Besonders „clevere" Vertriebschefs sorgen dann noch dafür, daß die 100-Prozent-Zielerfüllungsquote genau so hoch liegt, daß sie nur von ganz wenigen Mitarbeitern erreicht werden kann, damit nicht zu viele am Tantiemetopf partizipieren. Anschließend wundert man sich in der Chefetage über die permanente Unzufriedenheit der Top-Vertriebskräfte, die niemand so richtig nachvollziehen kann.

Auch wenn dies ein besonders krasses Beispiel dafür ist, wie aus dem Motivationsinstrument Zielsetzung ein Frustrations- und Demotivationsinstrument werden kann, so ist diese Art von Planungsmißbrauch weder ein Einzelfall, noch ist sie auf unternehmerische Zielplanung beschränkt.

So bestätigen mir viele Seminarteilnehmer auf Nachfrage immer wieder, daß sie sich im Rahmen ihrer Tagesplanung regelmäßig mehr vornehmen, als auch bei besten Arbeitsbedingungen zu schaffen ist. Abends gehen sie dann mit dem entsprechenden Zeit- und Zielplanungsfrust nach Hause: Vielen ist das frustrierende Erlebnis nicht realisierter Ziele so zur Gewohnheit geworden, daß sie vorsichtshalber gar nichts mehr planen, solange sie dazu nicht betrieblich gezwungen werden. Das Lebensmotto dieser Antiplaner lautet: *Je sorgfältiger du planst, um so härter trifft dich der Zufall. Deshalb plane nicht mehr, dann merkst du auch nicht, wo du getroffen wirst.*"

Für diese Planungsfrustrierten (und die, die's von vornherein besser machen wollen) empfiehlt die SMART-Formel, *mit Bandbreiten* zu planen: Angenommen, ein Übergewichtiger stellt fest, daß er bei 1,70 Meter Körpergröße für sein Gewicht von 105 Kilo deutlich zu klein ist. Der Mann kommt nach 25 Jo-Jo-Diäten (Gewicht schnell runter und nachher schnell wieder drauf) zu dem Ergebnis, daß ihm nur eine langfristige und konsequente Umstellung seiner Ernährungsgewohnheiten den gewünschten Erfolg bringen wird:

Variante 1: Er gibt sich eineinhalb Jahre Zeit, sein Gewicht auf traumhafte 70 Kilo zu reduzieren.

Variante 2: Er gibt sich eineinhalb Jahre Zeit, ein Optimalgewicht von 70 Kilo zu erreichen, definiert darüber hinaus aber auch noch ein Minimumabnahmeziel (Reduktion des Körpergewichts auf 90 Kilo) und ein weiteres Ziel, von dem ab er beschließt, stolz auf sich zu sein (80 Kilo Körpergewicht gleich 25 Kilo Gewichtsreduktion).

Unterstellen wir, unser Diätwilliger würde – nachdem er vorher schon x-mal gescheitert ist – in beiden Varianten einen großen Durchbruch erzielen und sein Gewicht in 18 Monaten auf 79,5 Kilo reduzieren können. Wie fühlt er sich in Variante 1? Viele Teilnehmer meiner Motivationsmethodik-Seminare antworten auf diese Frage: „Natürlich fühlt der sich super. Wer schon 25mal gescheitert ist und jetzt dauerhaft über einen halben Zentner abgenommen hat, der hat ja auch allen Grund, stolz auf sich zu sein." Meine Antwort lautet dann: „Stimmt. Er hat allen Grund, stolz zu sein. Aber wenn er so ist wie Sie und ich, wird er sich ziemlich schlecht fühlen: Wer 18 Monate lang auf sein Traumziel von 70 Kilo hingearbeitet hat, dessen innere Stimme sagt ihm beim Anblick tatsächlicher 79,5 Kilo: „Du Fettwanst, immer noch 20 Pfund am Ziel vorbei."

Entscheidend ist nämlich nicht, ob wir Grund haben, stolz zu sein, sondern einzig und allein, ob wir unseren Erwartungen entsprechen.

Stellen Sie sich beispielsweise vor, Sie hätten in Atlanta bei den Olympischen Spielen im Zehnkampf die Silbermedaille gewonnen. Wären Sie stolz auf sich? „Na klar", werden Sie sagen „in der Königs-disziplin der Leichtathletik von knapp sechs Milliarden Menschen Zweiter zu werden, da wäre doch jeder stolz auf sich."

Falsch, wenn Sie Jürgen Hingsen heißen und im Duell gegen Daily Tompson vier Jahre lang auf Gold hin trainiert haben, dann ist Silber für Sie eine Niederlage, und Sie sitzen mit Ihrer Medaille um den Hals im olympischen Dorf und weinen bitterlich.

Wenn Sie sich morgens acht Hauptaufgaben vornehmen, dann tagsüber noch fünf unvorhergesehene eilige Dinge hinzukommen, und Sie mit fast übermenschlicher Anstrengung elf von den dreizehn Aufgaben schaffen: Über welche beiden denken Sie nach, wenn Sie Feierabend machen?

Und jetzt zur zweiten Variante: Sie knacken nach fünf Monaten die Schallmauer von 90 Kilo, erreichen damit Ihr Minimalziel, klopfen sich auf die Schulter und sagen zu sich selbst: „Den ersten Schritt haben wir schon erreicht." Kurz vor Ihrem Geburtstag – sagen wir nach 16 Monaten – durchbrechen Sie erstmals die 80-Kilo-Schallmauer: ein weiterer Schritt auf Ihrem Weg zum Erfolg. Nach 18 Monaten sagen Sie zu sich: „O. k. zwei der drei Etappenschritte haben wir. Die letzten Extra-Kilos sind die schwierigsten. Ich genehmige mir noch sechs Monate Verlän-gerung, und dann habe ich meine 70 Kilo auch geschafft."

Übrigens: So hilfreich Bandbreiten sind, um überflüssigen Planungsfrust zu vermeiden, sie funktionieren nicht bei Menschen, die nur geringe Leistungsbereitschaft zeigen. Wenn Sie der sprichwörtlichen „Luftpumpe" im Verkauf als Optimum 5 000 Wertungssumme abverlangen, ab 4 500 zufrieden sind und ein Minimum von 3 500 WS verlangen, denkt der Schmalspur-Verkäufer: Ab 3 500 WS kann er mich nicht mehr rausschmeißen. Ab dann hab' ich wieder meine Ruhe.

Das A der SMART-Formel empfiehlt uns zum einen, bei unserer Zielplanung *alle* wichtigen Lebensbereiche einzubeziehen, und rät zum anderen, die *Auswirkungen* eines Ziels auf andere Lebensbereiche vorher zu bedenken. Die Erfahrung lehrt nämlich, daß die Lebensbereiche, für die wir planen, nach und nach eine Eigendynamik entwickeln und einen immer größeren Teil unserer Aufmerksamkeit, Zeit und Energie beanspruchen. Wer also ausschließlich im beruflichen Bereich plant, wird schnell feststellen, daß sein Privatleben, seine Freunde und Hobbys immer weiter in den Hintergrund gedrängt werden.

Steven Covey empfiehlt deswegen, daß wir im Rahmen unserer Zielplanung unser Leben in mehrere gleichberechtigte Bereiche untergliedern, die in ihrem Zusammenspiel dann zur Planungs- und Lebensbalance führen: Angenommen, Sie würden Ihr Leben in fünf bis sieben Bereiche untergliedern – sagen wir „Beruf/Karriere", „Familie/Freunde", „Finanzen", „Weiterbildung", „Gesundheit/Sport" und „Hobbys und Reisen". Die Aufteilung liegt bei Ihnen selbst, entscheidend ist nur, daß jeder gleichberechtigte Lebensbereich tatsächlich nur einmal auftaucht. Machen Sie es also anders als der Seminarteilnehmer, der „Beruf/Karriere", „Unternehmer", „Marketing", „berufliche Weiterbildung" und „Familie" als seine fünf Hauptbereiche festlegte und sich anschließend wunderte, warum seine Familie nach wie vor zu kurz kam.

Wenn Sie nun zu jedem dieser Lebensbereiche Hauptziele für das laufende Jahr definieren und jeden Hauptbereich in Etappenschritte für den Monat und die Woche runterbrechen, dann können Sie sicherstellen, daß Sie Woche für Woche und Monat für Monat die Balance realisieren, von der Sie schon lange träumen.

Als kleinste „Balance-Planungseinheit" empfiehlt Covey übrigens nicht den Tag, sondern die Woche. Es wird nämlich immer wieder Tage geben, an denen wir keine Zeit für Erholung, gesunde Ernährung oder Weiterbildung finden und auch die Familie hinter dringenden beruflichen Projekten zurückstehen muß. Solange es uns gelingt, dies im Rhythmus der alten biblischen Planungseinheit einer Woche wieder auszugleichen, können wir in unserem Leben die Balance wahren. Jagt dagegen eine Ausnahmewoche die nächste, fällt unser Ausgleichssport als Gegengewicht zum 16-Stunden-Tag wochenlang aus, und kommen unsere Kinder monatelang zu kurz, dann wissen wir, daß wir ungedeckte Schecks auf die Zukunft ziehen, für die wir irgendwann teuer bezahlen werden.

Das R der SMART-Formel bedeutet, *realistische Ziele* zu definieren. Unsere *Vision* – der Bereich also, in dem es um das große, herausfordernde Gesamtbild und das „Warum" hinter unseren Zielen geht – kann und sollte sogar über uns hinausweisen. Unsere Vision darf durchaus ein Ideal beschreiben, das weiter reicht als das, was wir in unserem Leben erreichen können.

Unsere *Ziele* als nächste Aktionsschritte sollten uns ebenfalls fordern und uns zunehmend vor neue Herausforderungen stellen. Doch sie müssen zugleich auf dem Boden der Tatsachen bleiben, damit wir sie tatsächlich erreichen können. So weisen beispielsweise Peters und Waterman in ihrem Buch *Auf der Suche nach Spitzenleistungen* nach, daß Unternehmen, die sich realistische Ziele setzen, signifikant mehr erreichen als diejenigen, die mit Vorgaben operieren, an deren Verwirklichung sowieso niemand glaubt.

Unrealistische Ziele sind nämlich ein beliebter psychologischer Schutzmechanismus: Viele Verkäufer nennen zum Beispiel – auf die Frage nach ihren Umsatzzielen für den Monat – Zahlen, die ihre aktuellen Umsätze um das Drei- bis Fünffache übertreffen. Sie handeln nach dem Motto: *Beweise ich mir und anderen mit einem hohen Ziel meinen Ehrgeiz, kann ich es anschließend wieder ruhig angehen lassen.* Wer einen regelmäßigen Monatsumsatz von 100 Einheiten schreibt, nimmt sich mit Vorgaben von 300 bis 500 Einheiten erst gar nicht in die Pflicht. Bei 120 Einheiten müßte er dagegen tatsächlich zeigen, ob er sich um 20 Prozent steigern kann.

Das R der SMART-Formel erinnert uns weiterhin daran, daß wir unsere Ziele *richtig* im Sinne von gehirnkonform formulieren. Gehirnkonform ist unsere Zielsetzung immer dann, wenn das innere Bild dessen, was wir erreichen wollen, unsere Zielformulierung hervorruft. „Ich trete beim Sprechen vor Gruppen sicher und überzeugend auf", ruft in unserem Kopf ein Bild von Sicherheit und Souveränität ab. Die Formulierung „Ich möchte beim Sprechen vor Gruppen meine Unsicherheit und

Schüchternheit überwinden", wäre dagegen nicht gehirnkonform. Das innere Bild, das wir abrufen, würde nämlich das alte, negative Selbstbild weiter bestätigen.

Gehirnkonforme Zielformulierung bedeutet – anders ausgedrückt –, das Wort „nicht" strategisch richtig einzusetzen. „Nicht" ist eine sprachliche (sekundärprozeßliche) Abstraktion, die es in der (primärprozeßlichen) Welt der fünf Sinne nicht gibt: Wenn Sie nichts sehen, ist das, was Sie wahrnehmen, Dunkelheit. Wenn Sie nichts hören, ist das, was Sie erleben, Stille. Und wenn Sie nichts fühlen, ist das, was Sie erleben, ein Gefühl von Taubheit.

Wenn ich also zu Ihnen sage: „Denken Sie in den nächsten 30 Sekunden an alles, nur bitte nicht an violett-gelbgestreifte Ratten", dann wird Ihr Gehirn sich zunächst die violett-gelbgestreiften Ratten vorstellen, um sie anschließend weisungsgemäß wieder zu vergessen. Was in aller Regel sehr viel schwieriger ist, als wenn ich die violett-gelben Ratten erst gar nicht erwähnt hätte.

Der elterliche Rat an den dreijährigen Sprößling: „Paß auf, daß du nicht hinfällst", produziert oft das Gegenteil dessen, was beabsichtigt war. Harmlose, jedem von uns geläufige Sätze wie: „Der Hund rannte dem Auto nicht hinterher", beschreiben eine sprachliche Abstraktion, die es in der realen Welt nicht gibt. Gleichgültig wie Sie sich die Szene mit dem Hund vorstellen: Ob der Hund am Straßenrand sitzt, dem Auto hinterher schaut oder erst rennt und dann stoppt – Sie können alles mögliche sehen, nur nicht *einen Hund, der dem Auto nicht hinterherrennt!*

Zielformulierungen wie: „Ich höre auf zu rauchen", verstärken mit jeder Wiederholung die Erinnerung an die gute alte „Pafferzeit"; gehirnkonforme Formulierungen wie: „Rauchen ist mir völlig gleichgültig geworden", beschreiben dagegen das gewünschte Zielbild.

Das T der SMART-Formel erinnert uns zunächst daran, daß Ziele Wünsche mit Termin sind: „Ich werde bald anfangen zu joggen", „Wenn die Saison ruhiger wird, nehme ich mir auch mehr Zeit für die Familie", sind Vorsätze, die Sie getrost in der Pfeife rauchen können. Wer für seine Ziele keine Durchführungszeiträume oder Fertigstellungsdaten formuliert, braucht sich nicht zu wundern, wenn er immer wieder etwas anderes zu tun hat.

Warum lernen Menschen soviel besser, wenn ein Prüfungstermin existiert und der Tag der Wahrheit näherrückt?

Warum finden Menschen keine Zeit, zweimal in der Woche ihre Sprachkenntnisse aufzufrischen bis zu dem Tag, an dem sie sich bei der Volkshochschule anmelden und von nun an montags und donnerstags von 18 bis 20 Uhr feste Lerntermine haben?

Das T der SMART-Formel steht darüber hinaus auch für *„treu uns selbst gegenüber“*. Stellen Sie sich bei Ihren Zielen einmal die Frage: Will ich dies wirklich? Ist das überhaupt mein Ziel? Oder tue ich dies vor allem, weil andere es von mir erwarten oder ich andere damit beeindrucken will? Das Gegenteil von „treu uns selbst gegenüber“ wird markiert durch die Lebensmaxime der Neureichen: Das sind Menschen, die sich Dinge kaufen, die sie nicht brauchen, vom Geld, das sie nicht haben, um Leuten zu imponieren, die sie nicht leiden können!

Ein guter Gradmesser, ob Ihre Ziele wirklich Ihre eigenen sind, ist die Frage, *inwieweit Ihre Ziele unmittelbar zur Verwirklichung Ihrer Lebensvision beitragen.*

15. Die Umsetzung SMARTER Ziele mit VW WUA

Abschließend zur Zielplanung möchte ich Ihnen noch ein Planungskonzept für umfangreichere und komplexe Projekte vorstellen, das auf der SMART-Formel aufbaut: Das Merkwort für diese Planungscheckliste heißt VW WUA und steht für

V = Vorteile auflisten
W = Widerstände und Hindernisse bedenken

W = Wissen anderer und Erfahrungsquellen anzapfen
U = Unterstützung mobilisieren
A = Aktionsplan zur Umsetzung erstellen

1. Beim ersten Punkt – *Vorteile auflisten* – sollten Sie etwa sechs bis acht Vorteile auflisten, die sich *aus der Realisierung dieses Ziels für Sie und andere* ergeben. Oft finden wir nämlich bei sorgfältigem Erörtern der positiven Folgewirkungen unseres Ziels Aspekte, die wir anfangs überhaupt nicht bedacht haben. So fällt Ihnen möglicherweise ein, daß Sie mit einer gesunden Ernährung nicht nur sich selbst nutzen, sondern auch ein Vorbild für Ihre Kinder sind. Und viele Menschen tun interessanterweise Dinge für andere, die sie für sich selbst nie tun würden. Wenn Sie dieser Gedanke in einer schwachen Stunde trifft, in der Sie aufgeben wollten, haben sich die wenigen Minuten schon gelohnt, die Sie ins Bewußtmachen der Vorteile investiert haben.

> Menschen tun für andere Dinge, die sie für sich selbst nie tun würden.

Gleiches gilt, wenn Sie andere zur Mitarbeit in einem Projekt motivieren wollen. Die wenigsten Teamleiter können in einem halben Dutzend Sätzen sagen, was alle davon haben, wenn das Projekt ein Erfolg wird.

2. Das vorherige *Bedenken möglicher Widerstände und Hindernisse* erlaubt uns, nach der ersten Euphorie die „Knackpunkte" zu finden, an denen unser Projekt scheitern könnte. Wer sie vorher sieht und sich mit Alternativplänen auf sie vorbereitet, umschifft Klippen, an denen andere scheitern.

3. *Wissens- und Durchführungs-Know-how.* Wann immer wir uns an neue, große Projekte heranwagen, werden uns in einigen Bereichen wichtige Umsetzungserfahrungen fehlen. Auf der einen Seite liegt darin die große Chance des „learning by doing", das heißt, wir erwerben auf dem Weg zum Ziel durch Versuch und Irrtum genau die Kenntnisse, die wir brauchen, um in dem neuen Aufgabengebiet erfolgreich zu werden. Auf der anderen Seite kann dieses Vorgehen den Lern- und Zeitaufwand sehr in die Höhe treiben. Um möglichst ökonomisch vorzugehen, empfiehlt es sich, wieder an Konfuzius und seine Lernwege zu denken (Nachdenken = edel; Erfahrung = bitter; Nachahmung = leicht).

Die Frage ist also: Müssen wir bei dem Ziel, das uns vorschwebt, das Rad neu erfinden, oder gibt es Menschen, von deren Erfahrungen wir profitieren können?

Ein erster Tip:

> Hören Sie ausschließlich auf die, die schon erreicht haben, was Sie noch erreichen wollen.

Wenn derjenige, der Ihnen an der Haustür ein Haarwuchsmittel verkaufen will, selbst eine Glatze hat, werden Sie zu Recht skeptisch sein. Mit derselben Zurückhaltung sollten Sie Ärzten begegnen, die selbst fett sind, aber Ihnen etwas über gesunde Ernährung erzählen wollen. Vorsicht vor Buchautoren, die Tips haben, wie man reich wird, aber selbst kein Geld in der Tasche haben. Ehetherapeuten, die selbst dreimal geschieden sind, verdienen unser Ohr genausowenig wie Familienangehörige, die uns kluge Ratschläge geben wollen, wie wir mit unserer Zeit besser umgehen, selbst aber nie welche haben.

Damit wir uns recht verstehen: Diejenigen, die es selbst nicht können, können durchaus zutreffende theoretische Tips auf Lager haben. *Aber sie können Ihnen und mir nicht zeigen, wie es in der Praxis funktioniert!*

> **Die Welt ist voll von Menschen, die in der Theorie alles kapiert haben, aber in der Praxis nichts auf die Reihe bekommen. Unser Leben ist zu kurz und unsere Zeit zu kostbar, um bei ihnen Maß zu nehmen.**

Die Amerikaner, die im Wirtschaftsleben viele Dinge sehr viel pragmatischer angehen als wir, arbeiten seit Jahren mit einem Konzept, das sie „Modelling of Excellence" nennen. Der Grundgedanke der Modelling-Philosophie besteht darin, sich für den Bereich, den man meistern will, Experten zu suchen, die in einer vergleichbaren Situation exakt das erreicht haben, was wir noch erreichen wollen.

Wenn Sie also Top-Verkäufer werden wollen, dann lesen Sie nicht die Bücher von Diplompsychologen, die selbst nicht verkaufen können, sondern begleiten Sie in der Praxis die Kollegen bei Kundenbesuchen, die heute schon das verdienen, was Sie morgen erreichen wollen.

Wenn Sie finanziell unabhängig werden wollen, dann hören Sie nicht auf Sparkassenangestellte und Beamte mit 70 000 Mark Jahresgehalt, sondern auf Unternehmer- oder Managerkollegen, die mit ähnlichen Möglichkeiten, wie Sie sie haben, dieses Ziel tatsächlich realisiert haben. Vielleicht sind die Ratschläge Ihres Bankers tatsächlich so gut, wie die Ihres Berufskollegen, *aber er kann Ihnen nichts über die eigentlich entscheidenden Erfolgskomponenten sagen*: Wie er beispielsweise ein Bewußtsein für die Notwendigkeit entwickelt hat, finanziell auf eigenen Beinen zu stehen. Wie er dafür einen Investitionsplan entwickelt hat. Wie er gelernt hat, zu bestimmten Konsumverlockungen nein zu sagen. Inwieweit er Banker mit seinem Vermögensaufbau betreut. Wie er sie kontrolliert.

4. U – *Unterstützung*: Sie kann sich auf moralische Unterstützung genauso beziehen wie auf tatkräftige Mithilfe. Die Überlegung: „Wer kann mir helfen, wenn Schwierigkeiten auftauchen?", führt zu viel ergiebigeren Resultaten, wenn wir sie bereits in der Konzeptphase überzeugend beantwortet haben. *Halten Sie nicht erst dann nach einem "Support-Team" Ausschau, wenn Ihnen das Wasser in einer Projektkrise bis zum Hals steht.*

5. Der Schlüssel zum Erfolg heißt *Action!* Gleichgültig, wie sorgfältig und wie gut wir geplant haben, gleichgültig, wie groß unsere Visionen und wie hervorragend unsere Ideen sind – solange wir nicht anfangen, sie zu realisieren, passiert nichts. Vielleicht sagen Sie an dieser Stelle: „Ist doch sonnenklar. Warum betont der das überhaupt?"

Der Grund ist einfach: Es ist leicht, ausgezeichnete Ideen zu haben (viele Menschen haben säckeweise hervorragende Ideen), ein Buch zu lesen oder ein Seminar zu besuchen und Feuer und Flamme zu sein für das, was man anschließend tun möchte – *doch es ist schwer, diesen Ideen anschließend Taten folgen zu lassen.* Unabhängig davon, wieviel akademische Grade Sie bereits besitzen, wenn Sie im Leben Erfolg haben wollen, kommen Sie an einem weiteren Titel nicht vorbei: Er hat einen „PhD in results" – einen Doktortitel im Produzieren von Ergebnissen, sagen Amerikaner bewundernd über den, der die Fähigkeit hat, seinen Vorsätzen auch Taten folgen zu lassen.

> Gelernt haben wir nur das, was wir auch tun.

Entscheiden Sie sich für diese anspruchsvolle Lerndefinition: Denn wenn der Plan der Vater des Erfolgs ist, dann ist Aktion seine Mutter. Und hier gibt es einige bewährte Rezepte, die Ihnen helfen, sehr schnell die Kurve zu kriegen und richtig Gas zu geben.

Tip Nummer 1: *Verlassen Sie niemals den Ort der Entscheidung, ohne eine erste Umsetzungsmaßnahme realisiert zu haben.* Nichts signalisiert Ihrem Unterbewußtsein stärker, daß Sie es ernst meinen, als die Tatsache, daß Sie einem Vorsatz sofort Taten folgen lassen. Wenn Sie sich heute entscheiden, mehr Sport zu treiben, dann gehen Sie heute bereits joggen – und wenn es nur zehn Minuten sind. Wenn Sie mehr Harmonie in Ihrer Partnerschaft haben wollen – laden Sie Ihren Partner noch heute abend zum Essen ein. Und wenn Sie es von heute an mit Ihrer Weiterbildung ernst meinen, legen Sie heute das wichtigste Lehrbuch auf Ihren Nachttisch, und werten Sie vor dem Schlafengehen das erste Kapitel aus.

Tip Nummer 2: Eine neue Gewohnheit felsenfest ins eigene Verhalten zu integrieren ist ein Prozeß, der oft Wochen und Monate dauert. Wieviel wären Sie bereit, für ein System zu bezahlen, das Ihnen erlaubt, eine neue gute Gewohnheit von einem Tag auf den anderen zu installieren? Sie können Ihr Geld getrost behalten, denn Sie brauchen kein aufwendiges System. Das einzige, was Sie zu tun haben, ist: Legen Sie die neue Gewohnheit zwischen zwei alte Gewohnheiten, die Sie schon seit Jahren verinnerlicht haben, denn damit können Sie in Ihrem Nervensystem fixe Anfangs- und Endpunkte definieren.

Beispiel: Sie joggen morgens seit Jahren und gehen anschließend duschen. Sie wollen als neue Gewohnheit regelmäßig Ihren Tag planen und legen diese Aktivität in die Abkühlungsphase zwischen joggen und duschen – und das neue Programm „sitzt" in einem Bruchteil der sonstigen Zeit.

Tip Nummer 3: Aktivieren und bestätigen Sie sich Ihren Vorsatz regelmäßig. Viele Seminarteilnehmer berichten, daß es für sie leichter ist, von Montag bis Freitag jeden Morgen 20 Minuten zu joggen, als zweimal in der Woche an verschiedenen Tagen ein Pensum von einer Stunde durchzuziehen. Dahinter steht eine wichtige Beobachtung: *Vorsätze, die wir regelmäßig durch unser Tun bestätigen, prägen sich gerade zu Beginn sehr viel besser ein, als gelegentliche Verstärkungen.*

Wenn Sie anfangs noch nicht jeden Tag joggen können, hilft für die ersten Wochen ein täglicher Aktionsplan: Montag, 15 Minuten joggen; Dienstag, neue Laufschuhe kaufen; Mittwoch, im Sportverein klären, wo und wann der Lauftreff im Stadtpark stattfindet; Donnerstag, 15 Minuten laufen; Freitag, Fahrrad in Ordnung bringen; Samstag, 90 Minuten Radtour usw.

Tip Nummer 4: „The exception kills", heißt ein amerikanisches Sprichwort: „Die Ausnahme bringt dich um." Denken Sie für einen Augenblick einmal an all die guten Gewohnheiten, die Sie in Ihrem Leben schon gestartet haben, denen Sie aber nicht bis zum Ende treu geblieben sind: *Wo wären Sie heute, wenn Sie nur bei den fünf wichtigsten Gewohnheiten bei der Stange geblieben wären?* Übrigens: Der Grund, warum Sie aufgegeben haben, war immer der gleiche. Sie haben sich eine Ausnahme genehmigt und gedacht: „Diese eine Ausnahme macht meine Gewohnheit nicht kaputt." Doch sie hat die Wahrscheinlichkeit der zweiten Ausnahme erhöht, bis die Ausnahmen dann die Regel verdrängt hatten und Sie wieder dort waren, wo Sie angefangen hatten.

In vielen Selbsthilfebüchern finden Sie die Aussage, daß unser Nerven-system 21 Tage brauche, bis wir eine neue Gewohnheit verinnerlicht haben. Ich weiß nicht, auf welche Zahlen diese Autoren sich beziehen, doch eines kann ich Ihnen aus meiner eigenen Praxis sagen: Einige Gewohnheiten hatte ich bereits nach wenigen Tagen installiert, andere saßen auch nach einigen Monaten noch nicht so, wie ich es gerne gesehen hätte. Der einzig zuverlässige Indikator, den ich zur Gewohn-heitsbildung gefunden habe, ist folgender:

Wenn Sie an einem Tag auf Ihr neues Verhalten (morgens joggen) verzichten müssen (weil Sie um 6.30 Uhr am Flughafen sein müssen) und Sie innerlich erleichtert sind, daß die „Anstrengung" des Joggens entfällt, ist Ihnen Laufen noch nicht zur positiven Gewohnheit gewor-den. Fehlt Ihnen dagegen plötzlich etwas, dann haben Sie ein erstes Indiz dafür, daß Sie auf dem Weg zu einer neuen Gewohnheit sind. Und da wir gerade vom Joggen reden: Untersuchungen zeigen, daß diejeni-gen, die länger als ein Jahr regelmäßig bei der Stange bleiben, in aller Regel auch dann bei ihrer neuen Aktivität bleiben, wenn sie sie urlaubs- oder krankheitsbedingt für längere Zeit unterbrechen mußten.

Nachdem Sie jetzt Ihre Ziele glasklar vor Augen haben, können Sie richtig Gas geben. Möglicherweise haben Sie sich für einige Lebens-bereiche so viel vorgenommen, daß eine zusätzliche Motivation auf Knopfdruck nicht schaden könnte. In diesem Fall ist der nächste Baustein zur Motivatoren-Analyse für Sie besonders nützlich.

Baustein 5:
Die Analyse der individuellen Motivatoren

16. Wie Sie Ihre persönlichen Motivationsknöpfe finden

Wußten Sie, daß Sie „Knöpfe" im Kopf haben, auf die Sie nur zu drücken brauchen, um auf Kommando motiviert Gas zu geben? Wir alle haben – aufgrund unseres Charakters, unserer Erziehung und unserer Erfahrungen – Denk- und Gefühlsgewohnheiten, die wir nur ein wenig zu aktivieren brauchen, um uns in den Zustand der Begeisterung zu versetzen.

Denken Sie zum Beispiel an Menschen, die sehr stark auf Herausforderungen reagieren. Wenn Sie zu so jemandem sagen: „Das schaffst du nie", wird der andere innerlich 20 Zentimeter größer, einen halben Meter breiter und zeigt Ihnen jetzt, was eine Harke ist. So kenne ich einige Top-Manager, bei denen der Vater oder eine andere wichtige Bezugsperson in ihrer Jugend hat durchblicken lassen, daß er seinem Sohn im Leben nicht viel zutraut. Dieser Knopfdruck vom Papa auf den Auslöser „Herausforderung" hat bei einigen Söhnen ein Motivationsprogramm installiert nach dem Motto: *Ich beweise meinem alten Herrn und allen anderen, daß in mir mehr steckt, als alle vermuten.* Manche Karrieremenschen, die ich getroffen habe, hetzen mit diesem Programm von Erfolg zu Erfolg. Einige opfern dabei sogar ihre Gesundheit – manche sogar dann, wenn der Vater schon Jahre tot ist und ihre Erfolge gar nicht mehr mitfeiern kann.

Damit wir uns recht verstehen: Ich bin keinesfalls der Meinung, daß diese maßlose und jede Balance mißachtende „Über-Motivation" hilfreich oder gut ist. Ich möchte mit diesem Beispiel nur zeigen, daß kleine

Auslöser in unserer Psyche Motivationskräfte freisetzen können, die weit jenseits dessen liegen, was die meisten Menschen vermuten.

Sportpsychologen haben in den letzten Jahren eine ganze Reihe dieser „Motivationsknöpfe" enttarnt und einen Test entwickelt, mit dem wir unsere Hauptmotivatoren ganz präzise bestimmen können. Zur Einstimmung in diese Analyse stelle ich Ihnen jetzt einige Beispiele für Motivatoren vor, die in der Praxis eine besonders große Rolle spielen:

Ein für viele Menschen wichtiger Motivator ist zum Beispiel die Möglichkeit, es anderen gleichzutun. Die Überlegung: „Wenn der das kann, kann ich das auch", hat zum Beispiel im Sport – wie Sie wissen – dazu geführt, daß inzwischen über tausend Menschen Roger Bannister nachgeeifert haben und die Meile in weniger als vier Minuten gelaufen sind. Seitdem Reinhold Meßner und Peter Rabeler 1978 das scheinbar Unmögliche möglich gemacht und den Mount Everest ohne Zusatzsauerstoff bestiegen haben, haben es ihnen über 200 Achttausender-Expeditionen gleichgetan.

Wenn unser Nachbar seinen Kindern ein Baumhaus bauen kann, dann können wir das trotz unserer zwei linken Hände auch. Wenn die Konkurrenz dieses Produkt verkaufen kann, dann schaffen wir das auch. Und wenn andere im Stau auf der Standspur bis zur nächsten Ausfahrt fahren, motiviert das viele Angsthasen, es ihnen gleichzutun.

Der Motivationsknopf „Es anderen gleichzutun" hat noch eine zweite Komponente: Neben dem Aufbau positiver sich selbsterfüllender Prophezeiungen wirkt der persönliche „dreidimensionale" Kontakt mit einem bewunderten Vorbild auf viele Menschen sehr inspirierend. Als ich vor Jahren bei einem Fahrsicherheitstraining die Gelegenheit hatte, dem dreifachen Deutschen Meister Klaus Ludwig vom Beifahrersitz aus zuzuschauen, was man mit einem Auto alles machen kann, wenn man es wirklich beherrscht, haben mich diese fünf Minuten sehr viel stärker motiviert, „richtiges" Autofahren zu lernen, als alle vorherigen ADAC-Sicherheitstrainings zusammengenommen.

Ein anderes Beispiel für einen Motivator, der in vielen Menschen starke Antriebskräfte freisetzt, ist die *Möglichkeit, etwas mit anderen gemeinsam tun zu können.* So erinnere ich mich an einen Seminarteilnehmer, der von seiner Freizeitgestaltung und seinen Hobbys her (Schützenverein, Kegelclub, Karnevalsverein) ein ausgemachter „Teamspieler" war. Die wiederholte Aufforderung seines Arztes, etwas gegen seinen Bewegungsmangel zu tun, hatte er mit gelegentlichen Jogging-Ausflügen in den Stadtpark zu befolgen versucht. Er konnte sich jedoch nicht motivieren, daraus eine Gewohnheit zu machen: „Allein im Wald rumzulaufen", sagte er mir, „ist eine Strafe für Leute, die Vater und Mutter erschlagen haben und zeitlebens im Steinbruch arbeiten sollten. Eh' ich da stupide rumrenne, sterbe ich lieber früher."

Als ich diesen Teilnehmer auf seinen Motivator „Gemeinsames Tun im Team" ansprach und ihm vorschlug, es doch einmal mit einem Lauftreff zu versuchen, winkte er ab: „Ich kenn' da doch keinen", antwortete er zu meinem Erstaunen. Interessanterweise berichtete dieser Teilnehmer dann etwa acht Monate später folgendes: „Irgendwann hatte ich die Idee zu einem Lauftreff mit Leuten, die ich kenne. Ich habe mich einfach mit zwei Kollegen verabredet, die alleine auch zu faul waren, etwas zu tun. Aber als Jogging-Dreigestirn konnte jetzt keiner mehr kneifen. Neulich sind wir samstags sogar im Hagelschauer gelaufen. Das Wetter war saumäßig, da hätte man sogar die GSG 9 nicht vor die Tür geschickt. Aber wir Deppen sind getrabt. Als wir zurückkamen, sagte ich zu meinen Freunden: ‚Ich habe vorhin eine Viertelstunde am Telefon gewartet und gehofft, daß einer von euch ein Einsehen haben möge und absagt.' Worauf einer meiner Kollegen meinte: ‚Warum hast du Depp denn nicht selbst angerufen? Ich habe auch darauf gewartet.'"

Die Moral von der Geschichte: Wer sich durch den Motivator „Teamwork/companionship" ansprechen läßt, fühlt sich oft verpflichtet, im Team Dinge zu tun, zu denen er sich alleine nie aufraffen würde. Gut zu wissen für alle, die auf diesen Knopf sensibel reagieren, wenn's um Sprachen lernen, Examensvorbereitung, Sport oder irgendein anderes Tätigkeitsfeld geht, für das sich Teamwork anbietet.

Wenn Sie jetzt darauf brennen, endlich Ihre eigenen Hauptmotivatoren kennenzulernen, dann lassen Sie uns starten: Sollten Sie Vorbehalte gegen seltsam anmutende Psycho-Tests haben (Deuten von Tintenklecksen etc.), so kann ich Sie beruhigen. Unser Motivatoren-Test läßt sich vom gesunden Menschenverstand nachvollziehen und verlangt von Ihnen kein blindes Vertrauen in tiefenpsychologische Interpretationskunst. Darüber hinaus hat er einen entscheidenden Vorteil: Anders als viele klinische Tests, die dazu dienen, die „Ganz-Verrückten" von dem „Normal-Verrückten" (Ihnen und mir) zu unterscheiden, wurde dieser Test (in der sowjetischen Sportpsychologie) entwickelt, um die Besten von den normal Guten zu unterscheiden.

Nehmen Sie an, wir wollten einen Fahrtauglichkeitstest für Senioren entwickeln: Wer älter als 70 Jahre ist, müßte sich jährlich diesem Test unterziehen und seinen Wagen in drei Minuten in eine Parklücke rangieren, die drei Meter länger ist als sein Auto. Dieser Test mag durchaus trennscharf die noch akzeptablen Autofahrer von den völlig überforderten unterscheiden, er ist jedoch unbrauchbar, um herauszufinden, ob Heinz Harald Frentzen ein besserer Rennfahrer ist als Michael Schumacher.

Die Motivatoren-Analyse der russischen Spezialisten basiert auf einem einfachen Grundgedanken: Wenn ein Athlet an zehn Profi-Wettkämpfen teilnimmt und bei drei weit über sich hinauswächst und neue persönliche Bestleistungen aufstellt, dann – so die Hypothese der sowjetischen Wissenschaftler – könnten diese Ergebnisse auch damit zusammenhängen, daß der Athlet mental stark war. Die Sowjets spekulierten weiter, daß es bei jedem Menschen (selbst-aktivierbare) Denk- und Gefühlsgewohnheiten geben könnte, die uns helfen, über uns hinauszuwachsen. Um diese Hypothese zu verifizieren, wurde folgender Test entwickelt:

1. Schritt: Listen Sie mindestens fünf Situationen auf, in denen Sie weit über Ihre normalen Leistungen hinausgewachsen sind. Dazu einige Anmerkungen:

a) Sagen Sie bitte nicht, daß es in Ihrem Leben keine Beispiele für Situationen gibt, in denen Sie über sich selbst hinausgewachsen sind! Es geht hier nämlich nicht darum, ob Sie jemals Weltmeister waren, an Olympischen Spielen teilgenommen haben, Vorstandsvorsitzender geworden sind oder wenigstens die Tennismeisterschaften Ihres Clubs gewonnen haben: Gefragt ist allein nach *Situationen, in denen Sie weit besser waren als sonst.* Genauso wie es Tage gibt, an denen wir deutlich hinter unseren gewohnten Leistungen zurückbleiben, gibt es Tage, an denen wir uns positiv überraschen. Und genau um diese „positiven Ausreißer nach oben" geht es!

b) Es ist unerheblich, ob es sich bei Ihren Superleistungen um berufliche oder private Erfolgserlebnisse handelt: Der Gewinn eines Tischtennisturniers oder Ihre erste Paßfahrt mit einem Mountainbike bietet sich also genauso für die Analyse an wie Ihr mündliches Abitur, Ihr Doktorexamen, eine exzellente Messepräsentation oder der mitreißendste Vortrag, den Sie je gehalten haben.

c) Unerheblich ist weiterhin, wie lange der Erfolg zurückliegt: Erfolge, die nur kurze Zeit zurückliegen, empfehlen sich für die Analyse oft, weil wir uns bei ihnen besser an Einzelheiten erinnern können. Auf der anderen Seite ist es reizvoll, festzustellen, welche Details uns noch zu Ereignissen einfallen, die 20 oder mehr Jahre zurückliegen. Wenn Ihnen zu Ihrem mündlichen Abitur noch 60 Stichwörter in den Sinn kommen und sich 30 davon um die Komplimente ranken, die Sie für Ihre Superleistung bekommen haben, dann wissen Sie Bescheid: Die Vermutung, daß Anerkennung für Ihr Ego wohl ein ganz besonderer Motivator ist, ließe sich nur noch schwer von der Hand weisen.

d) Für Ihre Analyse kommen auch Leistungen in Betracht, bei denen sich der Arbeitsprozeß über einen längeren Zeitraum erstreckt hat (etwa Diplom- oder Doktorarbeit, Projekte etc.). Um ein möglichst klares Erinnerungsbild als Grundlage für die weitere Analyse zu bekommen, empfiehlt es sich hier, an Arbeitsphasen zurückzudenken, in denen sich viele Projektelemente in der Erinnerung verdichten (zum Beispiel mündliche Diplomprüfung, Richtfest beim Hausbau, Messepräsentationen von Projekten etc.).

e) Entscheidend ist – wie gesagt – die Auswahl von Leistungen, bei denen sie stark *über sich* hinausgewachsen sind. Es ist also völlig *unerheblich*, wie Sie bei diesen Ereignissen im *Verhältnis zu anderen* abgeschnitten haben. Nehmen wir an, Sie hätten als Jogging-Anhänger am Berlin-Marathon teilgenommen und seien von 14 000 Teilnehmern 13 998. geworden (und die beiden Senioren hinter Ihnen seien 87 und 91 Jahre alt gewesen). Wenn das Ihr erster Marathon war und Sie Ihre bisherigen Jogging-Leistungen weit überboten haben, dann ist dies für Sie ein Erfolg, der die Analyse verdient.

Wenn Sie dagegen als Spitzenläufer normalerweise 2.14 Stunden laufen und diesmal 2.16 brauchten, weil Sie am Anfang das Rennen zu schnell angegangen sind, hilft es Ihnen nicht, wenn Sie im Ziel zehn Minuten Vorsprung vor dem Zweiten haben: *Für Sie* ist 2.16 keine gute Leistung. Punkt.

2. Schritt: Wählen Sie von Ihrer Liste „Erfolgserlebnisse" eines aus, für dessen Analyse Sie sich spontan interessieren. Gehen Sie anschließend in Gedanken zurück zu diesem Ereignis, und lassen Sie es mit geschlossenen Augen in etwa zehn Minuten noch einmal vor Ihrem geistigen Auge ablaufen. Starten Sie zum Beispiel am Vorabend des großen Erfolgstages: Erinnern Sie sich daran, wann Sie zu Bett gegangen sind, welche Gedanken Sie hinsichtlich des nächsten Tages hatten und wie Sie eingeschlafen sind. Erleben Sie dann Ihren Erfolgstag „dreidimensional": Was haben Sie *gesehen, gehört, gefühlt, getan* und – wenn dies zusätzliches Kolorit gibt – geschmeckt und gerochen? Verfolgen Sie das Erlebnis durch Ihre eigenen Augen, sehen Sie sich also als Darsteller und nicht als Beobachter von außen. Konzentrieren Sie sich in Ihrem Erinnerungsprozeß auf drei Komponenten:

a) *Was höre und sehe ich?* Das heißt, welche Eindrücke von diesem Ereignis hätte eine Fernsehkamera eingefangen?

b) *Was sage ich zu mir selbst in dieser Situation?* Protokoll des inneren Dialogs, wie er von einem „inneren Tonband" festgehalten worden wäre.

c) *Welche entscheidende Phasen gab es in der Vorbereitung?* Wie Rückblenden in einem Dokumentarfilm, die zeigen, wie es zu dieser hervorragenden Leistung kam.

3. Schritt: Nachdem Sie Ihre Erinnerung aufgefrischt haben, protokollieren Sie Ihr Erfolgserlebnis in Stichworten. Je mehr Ideen Ihnen einfallen, und je konkreter diese Gedanken sind, um so besser. Setzen Sie sich zum Ziel, in 20 Minuten mindestens 50 Erinnerungsstichwörter zu protokollieren.

Anmerkung: Bitte notieren Sie wirklich alle Ideen und Gedankenblitze, die Ihnen noch einfallen. Scheinbar nebensächliche Erinnerungen geben oft wichtige Hinweise auf die eigene Motivationsstruktur. Bei meiner ersten Analyse habe ich mich zum Beispiel mit meiner mündlichen Abiturprüfung beschäftigt und festgestellt, daß ich auf dem Weg zum Prüfungsraum ein uraltes Kinderlied summte. Da ich diese Nebensächlichkeit nicht für erwähnenswert hielt, habe ich sie mir auch nicht notiert. Um so erstaunter war ich dann einige Tage später bei der Analyse einer anderen Situation, als ich dort feststellte, daß ich mein Lampenfieber mit dem gleichen Wiegenlied kontrollierte wie beim Abitur.

Einige von uns betreute Top-Athleten haben bei der Analyse ihrer persönlichen Bestleistungen zu ihrer eigenen Überraschung festgestellt, daß sie über weite Strecken des Wettkampfs einen „negativen" inneren Dialog geführt haben, mit dem sie sich selbst unter Druck setzten: „Heute ist nicht dein Tag. Laß dich nicht hängen. Du bist verletzt. Eigentlich hast du keine Chance. Beiß' die Zähne zusammen" usw.

Solche negativen Selbstansporne widersprechen zwar dem, was sich viele Erfolgsautoren zum Thema Selbstbejahung, Affirmation und konstruktiver Selbstansporn ausgedacht haben, doch darin liegt gerade der Vorteil dieses Konzepts: Wer mit negativen Selbstanspornen drei Goldmedaillen gewinnt, weil er selbstinduzierten Streß braucht, um sich zu Höchstleistungen aufzuraffen, der ist gut beraten, bei seinem Ansatz zu bleiben und das vierte Gold in Angriff zu nehmen.

4. Schritt: Werten Sie das Erinnerungsprotokoll anhand der folgenden Checkliste aus:

		schwach 1	2	mittel 3	4	stark 5
1.	Selbst in Aktion sein					
2.	Anderen zuschauen können					
3.	Vergangene Erlebnisse					
4.	Zukunftsperspektive					
5.	Identifikation mit dem „Sinn" der Aufgabe					
6.	Wohlgefühl während des Ereignisses					
7.	Wettkampf- oder Rekordorientierung					
8.	Allein arbeiten können					
9.	Companionship					
10.	Äußere Faktoren					
11.	Anerkennung					
12.	Sach-Feedback					
13.	Herausforderung					
14.	Gute Vorbereitung					
15.						
16.						

Hier eine kurze Beschreibung der einzelnen Motivatoren:

1. *Selbst in Aktion sein* meint zum einen die Frage: Wie stimulierend war es für Sie, sich während des Ereignisses „lustvoll im Vollzug der eigenen Möglichkeiten und Talente" zu erleben? Unter diesen Punkt fällt darüber hinaus die Stimulation durch eine aktivierende, pulsierende Umgebung, die Sie in entsprechende „Action-Stimmung" versetzt hat.

2. *Anderen zuschauen können*: Inwieweit haben Sie sich durch das Vorbild anderer zu Ihrem Erfolg anspornen lassen? Gibt Ihnen die Überlegung: „Was der kann, schaffe ich schon lange" Mut und Zuversicht? In einigen wenigen Fällen kann die Möglichkeit, es anderen gleichzutun, auch als Demotivator wirken. So habe ich beispielsweise bei der Vorbereitung der Österreichischen Broad-Peak-Expedition 1994 einige Top-Bergsteiger getroffen, die es eher langweilig fanden, einen Berg über eine Route zu besteigen, die anderen schon gelungen war.

3. *Erinnerungen an vergangene Erfolge oder Mißerfolge* können ebenfalls einen erheblichen Motivationsschub freisetzen: Wer beim Marathon zwischen dem 32. und 34. Kilometer gegen „die Wand" läuft, dem kann die Erinnerung an sein bisheriges erfolgreiches Überwinden dieses toten Punktes genauso helfen wie einem Läuferkollegen das mahnende Beispiel, an dieser Stelle beim letzten Mal aufgegeben zu haben.

4. *Zukunftsperspektive:* Für eine bessere Zukunft sind manche Menschen bereit, in der Gegenwart hart zu arbeiten und auf vieles zu verzichten. Solche Menschen interessieren sich zum Beispiel bei einer neuen Arbeitsstelle viel stärker für den Karriereplan als für das aktuelle Gehalt und lassen sich mit dem Versprechen einer besseren Zukunft immer wieder neu motivieren. Anderen ist eine goldene Zukunft völlig gleichgültig, solange nur die Bezahlung heute stimmt.

5. *Identifikation mit der Aufgabe:* Manche Menschen werden in ihrer Motivation sehr stark davon geprägt, etwas Sinnvolles oder Wertvolles zu tun. Ein typisches Beispiel hierfür sind neben Menschen in Pflegeberufen diejenigen, die sich ehrenamtlich karitativen Aufgaben widmen. Der stärkste Demotivator für sinnorientierte Menschen ist das Gefühl, etwas Unnützes zu tun oder für den Papierkorb zu arbeiten.

6. *Wohlgefühl während des Ereignisses:* Sich nach dem großen Erfolg wohlzufühlen ist eher selbstverständlich. Interessant für unsere Analyse ist jedoch die Frage: Wieviel Streß hatten Sie *während* des Ereignisses? Gehören Sie zu denen, deren Nerven zum Zerreißen gespannt waren und die gerade wegen dieses Wettkampfstresses zur Höchstleistung aufgelaufen sind? Boris Becker und der frühere englische Zehnkämpfer Dailey Thompson sind Beispiele für Athleten, die um so besser werden, je stärker sie unter Druck geraten. Oder laufen Sie eher zur Höchstform auf, wenn Sie sich ruhig und sicher fühlen und nicht von zu viel Lampenfieber geplagt werden? Jürgen Hingsen, langjähriger Widersacher von Dailey Thompson im Kampf um die Krone im Zehnkampf, ist ein Vertreter dieses Typs: Er konnte im Training Weltrekorde aufstellen, tat sich jedoch schwer, seinen Wettkampfstreß zu beherrschen. Je mehr Sie – wie Jürgen Hingsen – ein Wohlgefühl während des Ereignisses brauchen, um so wichtiger ist dieser Motivator für Sie und um so höher die Punktzahl, die Sie sich hier geben.

7. *Wettkampf- und Rekordorientierung:* Der Wunsch, Erster zu sein, ist für einige Menschen ein starker Motivator, der sich wie ein roter Faden durch Ihr Leben zieht. Wer allerdings noch bei Nebel, Regen und Glatteis auf der Autobahn sein „Erster-sein"-Spiel spielt, liefert nicht nur ein Beispiel für die Stärke dieses Motivators, sondern zeigt auch, daß sich jeder Motivator – wenn er nicht verantwortungsbewußt und dosiert genutzt wird – gegen uns wenden kann. „Wettkampf- und Rekordorientierung" meint im übrigen nicht nur das Bedürfnis, andere übertreffen zu wollen, sondern umfaßt auch das – wesentlich sinnvollere – Streben, sich selbst zu übertreffen.

8. *Allein arbeiten können.* Für manche Menschen ist es ausgesprochen anspornend, selbst in der Verantwortung und damit Herr des Geschehens zu sein. Andere würden von der Vorstellung: „Alle schauen auf mich, und wenn's schiefgeht, hab' ich den Schwarzen Peter" eher gebremst. Die Frage ist: Wie stark motiviert es Sie, für Ihr Ergebnis allein und selbst geradezustehen?

9. *Companionship* beschreibt den oben schon näher umrissenen Motivator, etwas gemeinsam mit anderen tun zu können. Ich habe diesen Motivator bewußt nicht Teamfähigkeit, Teamgeist oder Teamwork genannt, weil Companionship tatsächlich etwas anderes meint: Es ist durchaus möglich – und auch gar nicht selten –, daß ein Mensch teamfähig ist und über Teamgeist verfügt, er es unter Motivations-

aspekten aber trotzdem vorzieht, als Alleinarbeiter verantwortlich zu sein. Companionship bezeichnet also nicht die Teamfähigkeit, sondern die Aktivierbarkeit und Motivierbarkeit durch die Möglichkeit gemeinsamen Arbeitens.

Außerdem ist „Team" ein so positiv besetzter Begriff, daß viele Manager sich bei einem Motivator „Teamwork" schon vom Wunschdenken her Höchstpunktzahlen zusprechen würden ...

Wichtig ist, daß die Motivatoren „allein arbeiten können" und „Companionship" sich nicht gegenseitig ausschließen: So gibt es zum Beispiel eine ganze Reihe von Führungskräften, die bei Projektarbeiten ein gut funktionierendes Team zur Eigenmotivation brauchen und schätzen, nach dem Projektabschluß aber gern als Alleinverantwortliche die praktische Umsetzung verkaufen (und auch die dafür fällige Anerkennung gern allein einstreichen).

10. *Äußere Faktoren,* die sich auf unsere Fähigkeit zur Spitzenleistung auswirken, sind zum Beispiel große Zuschauerzahlen oder die Anwesenheit von Menschen, deren Urteil uns wichtig ist (Freund, Freundin, Ehepartner, Eltern, Coach, Chef usw.). Darüber hinaus können neue Arbeits- oder Sportgeräte, unsere Lieblingsgarderobe und andere konditionierte „Positiv-Anker" (Maskottchen) eine wichtige Rolle spielen.

11. *Anerkennung* meint: Wie wichtig war es für Sie *während der Leistungserbringung,* daß Sie anschließend für eine gute Leistung von anderen gelobt und anerkannt werden wollten? Ein indirekter Hinweis auf unseren Bedarf an Streicheleinheiten ist die Anzahl der Komplimente, die uns nach der Spitzenleistung noch in Erinnerung sind. An je mehr Komplimente Sie sich erinnern und je länger das Ereignis zurückliegt, um so größer ist vermutlich Ihr Ego-Bedarf nach Anerkennung. Zur „Anerkennung" zählt neben der Fremdanerkennung auch die Selbstanerkennung, also etwa die Frage: *Wie wichtig war es mir, mich vor mir selbst zu beweisen?*

12. Neben Eigen- und Fremdanerkennung gibt es eine dritte Kategorie positiver Rückmeldung bei guter Leistung: Das *Sachfeedback* oder die „Anerkennung durch die Sache": Wer als Anstreicher morgens in ein schmutziges Zimmer kommt und dem Raum bis zum Feierabend mit einer neuen Tapete zu neuem Glanz verhilft, der kann das Ergebnis seiner Arbeit anschauen und sich daran erfreuen. Für manche Menschen ist der Motivator „Sachfeedback" ein so wichtiger Baustein dauerhafter Motivation, daß sie in Berufen, die ein solches

Feedback nicht bieten, regelrecht versauern. Wenn Sie bei dem Motivator „Sachfeedback" eine hohe Punktzahl haben, prüfen Sie bitte, inwieweit Ihr Beruf zu Ihnen paßt. Revisionsanwalt beim Bundesgerichtshof – ein Beruf, in dem das Feedback auf Ihre Schriftsätze in Form des Urteils manchmal Jahre auf sich warten läßt – ist motivationspsychologisch eben nicht jedermanns Sache.

13. *Herausforderung:* Sind Sie einer dieser „Jetzt-erst-recht"-Typen? Je weniger andere Ihnen zutrauen, um so mehr Ehrgeiz entwickeln Sie? Sind Sie einer dieser „Wenn's-schwierig-wird,-fängt-der-Spaß-an"-Menschen? Bevor Sie voreilig Ihr Wunschdenken aktivieren und sich hier eine James-Bond-Beurteilung geben, analysieren Sie Ihr Erfolgs-protokoll: Wie stark sind Sie durch Schwierigkeiten, Nachteile, Geringschätzung, einen Amateur- oder Underdog-Status motiviert worden, sich und anderen zu beweisen, was in Ihnen steckt?

14. *Gute Vorbereitung:* Daß gute Vorbereitung in aller Regel Vorausset-zung eines Supererfolgs ist, versteht sich mit Ausnahme von Situa-tionen, die spontanes Improvisieren erfordern, von selbst. Es geht deshalb hier allein um die Frage, inwieweit die gute Vorbereitung Ihnen ein zusätzliches (subjektives) Sicherheitsgefühl vermittelt hat, das mit dazu beitrug, daß Sie hier über sich hinausgewachsen sind.

Nachdem Sie nun die einzelnen Motivatoren besser einschätzen können, analysieren Sie Ihr Erfolgsprotokoll bitte in mehreren Schritten. Fragen Sie sich:

1. Welche drei bis maximal fünf Motivatoren haben mich bei diesem Erfolg am stärksten angespornt? Geben Sie sich bei diesen Motiva-toren fünf Punkte.

2. Welche Motivatoren haben bei diesem Erfolg praktisch keine Rolle gespielt? Geben Sie sich hier jeweils einen Punkt.

3. Nachdem Sie die stärksten und schwächsten Motivatoren als Eckpfei-ler bestimmt haben, ordnen Sie die übrig gebliebenen Motivatoren mit zwei, drei oder vier Punkten dem Mittelfeld zu.

4. Fragen Sie sich anschließend, ob diese erste Analyse Ihre Hauptmo-tivatoren bereits vollständig beschreibt. Etwa 90 Prozent meiner Seminarteilnehmer erkennen spontan, daß sich die von ihnen bei der ersten Analyse gefundenen Motivatoren wie ein roter Faden durch ihr ganzes Leben ziehen.

5. Sollten Sie noch Zweifel haben, ob Sie alle wichtigen Motivationsknöpfe schon im ersten Durchgang entdeckt haben, so wiederholen
   Sie die Übung mit einem anderen Spitzenleistungserlebnis.

17. Zielplanung mit Hilfe der eigenen Motivatoren

Dem Amerikaner William James – einem der Väter der wissenschaftlichen Psychologie – verdanken wir die oben näher beschriebene Erkenntnis: „Beachtung schafft Verstärkung!" Dinge, mit denen wir uns immer
wieder beschäftigen, nehmen in unserem Bewußtsein einen immer
größeren Raum ein. Obwohl dies unter Psychologen unstrittig ist, gibt
es nach wie vor Heerscharen von Therapeuten, die bei ihren Patienten
in erster Linie Schwächen, Charakterfehler, Erziehungsfehler und son-
stige Defizite analysieren – mit der bitteren Konsequenz, daß sich viele
Klienten am Ende der Therapie schlechter fühlen als vorher.

Fragen Sie sich also bitte nicht: Warum habe ich nicht mehr Motivatoren,
sondern beschäftigen sich ausführlich mit der Frage:

> Wie kann ich mein ganzes Leben (beruflich und privat) so gestalten,
> daß meine Hauptmotivatoren möglichst oft aktiviert werden?

Es gibt keinen schnelleren und kürzeren Weg zu einem ausgefüllten
Leben! Es gibt keinen besseren Weg zu dauerhafter, sich immer wieder
erneuernder Eigenmotivation!

Bei meinen Modelling-of-Excellence-Studien motivierter Spitzenleister
bin ich in 15 Jahren beruflicher Arbeit weder in natura noch bei der
Analyse von Biographien auf jemanden gestoßen, der es im Motivato-
ren-Management mit Arnold Schwarzenegger aufnehmen könnte. Er ist
deswegen ein würdiger Kronzeuge für die hier beschriebene Methodik,
wobei sein Motivationsgenie darin liegt, all diese Motivationsrezepte für
sich selbst schon in den 60er Jahren genutzt zu haben – gut zehn Jahre,
bevor etablierte Sportpsychologen dieses Feld erstmals entdeckten.

Hier die Motivatoren und Motivationsrezepte von Arnold Schwarzenegger, wie sie sich aus seinen Biographien ergeben:

1. **Selbst in Aktion sein:** Daß Arnold sich durch „Action" stark motivieren kann, erschließt sich auch dem unbedachten Beobachter schnell: Arnold nutzt zum einen inspirierende Umfelder aus. So sagt er in seiner Autobiographie (Arnold Schwarzenegger und Douglas Kent Hall: Die Karriere des Bodybuilders) über sich: „Ich mußte weg aus Österreich. Meine Heimat war mir zu klein. München motivierte mich mit seinem pulsierenden Großstadtleben ... Um Weltmeister im Bodybuilding zu werden, mußte ich dort trainieren, wo die gesamte Weltelite trainiert – in Kalifornien."

Arnold beeindruckt zudem Journalisten und die Öffentlichkeit regelmäßig mit Terminkalendern, bei denen die Programmpunkte eines Tages aussehen wie bei anderen Menschen das Wochen- oder Monatspensum. Arnolds Gewohnheit, aktiv zu werden, ist so stark ausgeprägt, daß er andere mit seinem aktiven Lebensstil regelmäßig mitreißt: So ist es bei seinen Filmaufnahmen eher die Regel als die Ausnahme, daß ihn auch solche Schauspieler zum Fitneß-Training begleiten, die sich sonst kaum sportlich betätigen.

2. **Anderen zuschauen können:** Wenn Sie sich Arnolds Biographie näher anschauen, werden Sie feststellen, daß es kaum jemand gibt, der sich für seine Hauptlebensziele so konsequent Mentoren gesucht hat wie er: Als junger Bodybuilder war sein großes Vorbild der mehrfache Mister Universum Reg Park, dessen Darstellung in Herkules-Filmen sich Arnold über hundert Male angeschaut hat: „Ich studierte seine Ernährung, seine Trainingspläne, und in meinem Geist war ich bereits wie er." Erster Mentor in Arnolds Schauspielerkarriere war Sylvester Stallone, der 1976 als bester Action-Held ausgezeichnet wurde bei einer Veranstaltung, bei der Arnold den Preis für den besten Nachwuchsschauspieler bekam. Das nächste Vorbild in Arnolds Karriere, dem es nachzueifern galt, war dann Clint Eastwood ...

3. **Vergangene Erlebnisse:** Arnold nutzte auch die Vergangenheit als Ansporn zu weiteren Erfolgen: Wann immer er zum Beispiel für sein hartes Meisterschaftstraining nicht den richtigen Biß hatte, „brauchte ich mir nur vorzustellen, wieviel ich bereits investiert hatte, um meinen Traum zu realisieren. Anschließend konnte ich wieder richtig Gas geben."

Arnolds Prinzip, vergangene Erfolge als Sprungbrett für weitere Taten zu nutzen, zeigt sich auch deutlich in der Startphase als Filmschauspieler und Geschäftsmann. Arnold sagt: „Als Bodybuilder hatte ich mir strikteste Disziplin beigebracht. Ich brauchte später nur das, was ich im Bodybuilding gelernt hatte, auf andere Bereiche zu übertragen.

4. **Zukunftsperspektive:** Daß jemand, der im Alter von 19 Jahren der staunenden Weltöffentlichkeit verkündet, der erfolgreichste Bodybuilder aller Zeiten werden zu wollen, sich durch Visionen inspiriert, bedarf wohl keiner näheren Erläuterung.

5. **Identifikation mit der Aufgabe:** Ob Sie, liebe Leser, Sinn darin sehen, die größten Oberarme der Welt zu entwickeln, mag hier dahinstehen. Daß Arnold sich mit dem Sport Bodybuilding sehr viel stärker identifiziert hat als mit allen anderen Sportarten, die er in seinem Elternhaus kennenlernte (sein Vater war mehrfacher Meister im Eisstockschießen), steht jedoch außer Zweifel. Arnold schreibt: „Endlich hatte ich gefunden, wonach ich seit Jahren gesucht hatte. Jetzt gab es für mich kein Halten mehr."

6. **Wohlgefühl während des Ereignisses:** Inwieweit Arnold unter Streß zu noch größeren Leistungen fähig ist oder aber ein gewisses – aus guter Vorbereitung resultierendes – Wohlgefühl während des Wettkampfs braucht, vermag ich anhand der vorliegenden Quellen nicht zu entscheiden.

7. **Wettkampf und Rekordorientierung:** Arnolds Rekordorientierung steht außer Zweifel. Jemand, der über sich sagt: „Ich werde solange weiter machen, bis die ganze Welt sagt: Jawohl, Arnold ist der Beste!" Und wer dann diesem Vorsatz fünf Mister Universum-, sieben Mister Olympia-Titel und eine Bilderbuch-Schauspielkarriere folgen läßt, zeigt schon von den äußeren Lebensdaten her Rekord-Jäger-Mentalität.

Interessant ist jedoch, daß Arnold diesen Motivator fast täglich einzusetzen wußte. So schreibt er über seine Zeit in München: „Ich hatte damals so wenig Geld, daß ich mir kein Abendessen leisten konnte. Deshalb habe ich mit Trainingskollegen um ein Essen gewettet, daß ich sie in einer bestimmten Übung schlagen würde. Ich merkte nämlich, daß ich mich dann deutlich stärker anstrengte und sah das Essen als willkommene Zusatzbelohnung ... "

8. **und 9. Alleinarbeitsorientierung und Companionship:** Daß Bodybuilder vom Typ her eher Alleinarbeiter als Teamworker sind (schließlich arbeiten sie ja am eigenen Bizeps), bedarf keiner besonderen Beto-

nung. Auch Arnold, der sich zuvor in einigen Teamsportarten versucht hatte, fühlte sich vom Grundprinzip dieses Sports stark angezogen: „Du bekommst exakt das, was du dir erarbeitest!"

Um so interessanter ist es, daß Arnold sich trotz aller „Einzelkämpfer"-Merkmale auf Meisterschaften jeweils mit einem Trainingspartner vorbereitete, weil er den Motivationseffekt des gegenseitigen Ansporns im Team nicht missen wollte. So sorgte er gleich zu Beginn seiner US-Karriere dafür, daß sein langjähriger Trainingspartner aus Deutschland, Francesco Colombo, ebenfalls in die USA kommen konnte, um mit ihm das gemeinsame Meisterschaftstraining fortsetzen zu können.

10. **Äußere Faktoren:** Auch diesen Motivator nutzte Arnold schon in jungen Jahren meisterhaft. Als man ihn nach seinem ersten Mister-Universum-Sieg darauf aufmerksam machte, daß seine Waden nicht auf dem Niveau seines gigantischen Oberkörpers waren, schnitt er sich an seinen Trainings- und Freizeithosen die Hosenbeine in Kniehöhe ab, um durch dieses „Spießrutenlaufen" in der Öffentlichkeit den Biß aufzubauen, sich stärker um seine Waden zu kümmern.

Ein anderer „äußerer Motivator" waren für Arnold Zuschauer im Training, insbesondere solche weiblichen Geschlechts: „Wann immer Freundinnen meiner Trainingskollegen zuschauten, legte ich mehr Gewicht auf, um ihnen zu imponieren. Nachdem ich die motivierende Wirkung einer solchen Zuschauerkulisse erkannt hatte, sorgte ich dafür, daß ich möglichst oft vor Publikum trainieren konnte."

11. **und 12. Anerkennung und Sachfeedback:** Die Vermutung, Bodybuilder seien eher anerkennungsorientierte Menschen, ist wahrscheinlich nicht völlig von der Hand zu weisen. Neben bewundernden (oder irritierten) Blicken der Öffentlichkeit gibt es jedoch auch das „Sachfeedback" des Maßbandes und des optischen Eindrucks. So verwundert es kaum, daß Arnold schon als Anfänger einmal monatlich Fotos von sich anfertigen ließ, diese genauestens studierte und alle Fortschritte schriftlich festhielt.

13. **Herausforderung:** Müßig, darauf zu verweisen, daß ein österreichischer Polizistensohn, der in weniger als zehn Jahren in Hollywood zu einem der größten Box-Office-Stars aller Zeiten wird, sich durch Herausforderungen motiviert.

14. Gute Vorbereitung: Ebenfalls müßig, Arnolds perfekte Vorbereitung näher zu beschreiben: Wer Balettunterricht nimmt, um seine 110 Kilogramm auf der Bühne graziler zu bewegen, wer sein Leben in Fünf-Jahres-Masterpläne untergliedert und über wen die eigenen Freunde sagen: „Er ist der zielorientierteste Mensch, den ich je kennengelernt habe" (Barbara Oatland), der darf für sich in Anspruch nehmen, sich zu motivieren mit dem beruhigenden Gefühl, alles Erfolgsförderliche getan zu haben.

Soweit einmal eine beispielhafte Beschreibung dafür, wie unsere Hauptmotivatoren in der täglichen Praxis konsequent genutzt werden können.

Listen Sie deshalb alle Möglichkeiten auf, mit denen Sie Ihre Hauptmotivatoren aktivieren können. Geben Sie sich nicht zufrieden, bis Sie für jeden Hauptmotivator mindestens fünf Aktivierungswege gefunden haben, die Sie in Ihrem Alltag auch umsetzen können. Entwickeln Sie Ihr persönliches Motivationsrezept nach bewährter Dr.-Oetker-Art: „Man nehme …", und listen Sie dann all die Inhaltsstoffe auf, die Ihr Kopf braucht, um auf Vollgas umzuschalten.

Und dazu noch ein Tip: Wie bei jedem Rezept bringen die ersten 80 Prozent der Rezeptbefolgung wenig. Ob es um Rheinischen Sauerbraten oder Schwarzwälder Kirschtorte geht: Wenn Sie die Zutatenliste nur zu 80 Prozent beachten, schmeckt's wahrscheinlich scheußlich. Der Schlüssel bei der Motivation wie in der Küche liegt darin, daß Erfolgsrezept *genau* zu kennen und es *exakt* zu befolgen.

Mal angenommen, einer Ihrer Motivatoren sei Herausforderung, weshalb Sie auf Sätze wie: „Das schaffst du nie", sensibel reagieren. Interessanterweise gibt es nun aber eine ganze Reihe von Menschen, bei denen es Sie nicht im geringsten stört, wenn die Ihnen nichts zutrauen. Hätte jemand anders diesen Satz gesagt, würden Sie vielleicht Tag und Nacht Gas geben, um ihn eines Besseren zu belehren. Bezogen auf dieses Beispiel müßten Sie also herausfinden, wer Sie durch seinen Glauben oder Nicht-Glauben an Sie überhaupt herausfordern kann.

Abschließend mein eigener „Motivationscocktail", der mir seit Jahren eine große Motivationshilfe ist. Meine Motivatoren sind:

▶ selbst in Aktion sein
▶ es anderen gleichtun
▶ Zukunftsperspektive
▶ Identifikation mit der Aufgabe

- Streß während des Ereignisses
- allein arbeiten können
- Companionship
- äußere Motivatoren
- Herausforderungen

Und so sehen meine spezifischen Zutaten zu den ersten beiden Motivatoren aus:

Selbst in Aktion sein: Ich habe bei mir beobachtet, daß ich, je mehr Aktivitäten ich zu bewältigen habe, Zusatzaufgaben um so leichter schaffe. Beispiel: Die für mich beste Zeit, einen Aufsatz zu schreiben, ist eine Woche, in der ich mindestens fünf Seminartage habe. Habe ich nämlich im Urlaub die ganze Woche frei, fällt es mir sehr viel schwerer, mich aufzuraffen und etwas zu tun. Konsequenz für mich: Ich plane meine Arbeits- und Urlaubszeit mit so vielen Aktivitäten, daß das Schwungrad immer rund läuft.

Das hat mich vor Jahren einmal in die Gefahr des Ausbrennens gebracht, bis ich eine weitere Differenzierung für mein Aktionsrezept gefunden hatte: „Entspannungsaktivitäten" wie Meditation, Morgengymnastik, mentales Training oder Ausdauersport nehmen heute einen großen Platz in meinem Alltag ein. So wenig ich Leerlauf brauchen kann, so sehr hilft mir „aktive Muße", die Balance zu wahren.

Es anderen gleichtun: Es sind zwei Punkte, die hier zu meinem Rezept gehören: Erstens muß derjenige, an dem ich mich orientiere, ein absoluter Könner seines Fachs sein. Ob es um Skifahren oder Festreden geht: Je professioneller der Könner, um so mehr setzt er in mir den Wunsch frei, es ihm gleichzutun.

Der zweite Punkt ist persönlicher Kontakt. Lerne ich mein Motivationsvorbild persönlich kennen, geht's mir heute noch genauso wie damals in der Schule. Mochte ich den Lehrer, stimmte meine Motivation. Mochte ich ihn nicht, beschäftigte ich mich allenfalls oberflächlich mit dem Thema. Habe ich jemanden persönlich kennengelernt, „sehe" ich ihn oder sie vor mir, wenn ich mich mit den Büchern dieses Vorbilds beschäftige. Und wenn ich einen inneren Film habe, behalte ich doppelt soviel.

Der Motivator, „es anderen gleichzutun", deckt bereits einen großen Teil meines Lernrezepts ab. Angenommen, Sie würden von mir verlangen, daß ich Langstreckenläufer werde. Wie würde ich vorgehen?

1. Liste mit super-erfolgreichen Langstreckenläufer aufstellen.

2. Herausfinden, wer von ihnen Seminare, Workshops oder Kurse gibt (das ist der einfachste Weg des persönlichen Kennenlernens).

3. Hinfahren, wenn möglich, persönlichen Kontakt aufbauen.

4. Bücher und andere Veröffentlichungen des Mentors lesen, auswerten und in meine Praxis umsetzen.

5. Wenn erforderlich, den Mentor als persönlichen Coach engagieren.

Wenn Sie jetzt durch Ihre Vision beflügelt sind und mit konstruktivem Selbstbild klare Ziele verfolgen, indem Sie täglich Ihr Motivationsrezept nutzen, sind Sie in Ihrer Selbstmotivation den meisten Menschen schon Lichtjahre voraus. Trotzdem könnte – und wird – irgendwann der Tag kommen, an dem wir alle den einen oder anderen Rückschlag hinnehmen müssen. Und dann trennt sich die Spreu vom Weizen: Sind wir – was unsere Stimmung angeht – im eigenen Kopf der Boß? Der nächste Baustein zeigt Ihnen, wie Sie Ihr eigener Stimmungs-Manager werden.

Baustein 6:
Stimmungs-Management

18. Motivation beginnt im Kopf

Was wollen Sie im Leben wirklich erreichen? Was brauchen Sie, um glücklich zu sein? Wenn Sie sich am folgenden „Lebensbuffet" ausgiebig bedienen dürften, wo wären Sie dabei? Wie wär's mit:

▶ dem Traummann oder der Traumfrau Ihres Lebens, gut aussehend, wohlhabend – jemand, mit dem Sie ein Herz und eine Seele sind,
▶ einem Ferrari,
▶ einer Villa an der Côte d'Azur,
▶ jährlich zwölf Wochen Urlaub in den schönsten Reisegebieten dieser Welt,
▶ dem Gewinn der Deutschen Meisterschaft in Ihrem Lieblingssport,
▶ dem perfekten Beherrschen eines Musikinstruments,
▶ eigenen Kindern (manche träumen davon, sie zu bekommen, während andere sie gerne wieder loswären!),
▶ einem Leben als Mönch in der Einsamkeit,
▶ der Einrichtung einer Stiftung, die – von Ihnen tatkräftig unterstützt – hilft, das Unrecht dieser Welt zu lindern?

Ob Sie zu allen diesen Vorschlägen ja sagen oder zu keinem, ob Sie auf der Suche nach Ihrem Traummann oder Ihrer Traumfrau sind oder Ihren Lover wieder loswerden wollen, ob Sie heilig gesprochen werden oder Ihren Nachbarn am liebsten windelweich prügeln würden – eines ist sicher:

Alle oben genannten Punkte sind nicht das, was Sie *wirklich* wollen. Der einzige Grund, warum Sie diese *Zwischenziele* verfolgen, ist der, daß Sie vermuten, sie würden Ihnen helfen, Ihr *Endziel* zu erreichen, *glücklich zu sein und sich gut zu fühlen.*

Niemand will eine Million, um einige Tausend bedruckter Papierschnitzel sein eigen zu nennen: Der eine mag mit dem Geld das Gefühl von Sicherheit verbinden, der nächste auf seinen Erfolg bei Frauen spekulieren und der dritte an das denken, was er sich von diesem Geld kaufen kann.

> Alles, was Sie und ich und alle anderen – Heilige wie Verbrecher – in diesem Leben anstreben, tun wir, weil wir glauben, daß es uns glücklicher macht.

Sogar der Masochist, der sich einer Quälerei nach der anderen hingibt, ist nur scheinbar eine Ausnahme von diesem Prinzip: Würde er in der Tortur nicht seinen Weg zum Glück sehen, würde er ihn genausowenig gehen wie andere den Weg der Verschwendung oder Sparsamkeit, der Völlerei oder Askese.

Nun mögen Sie sagen: „Alles gut und schön, aber die Einsicht, daß wir alle nach unserem Glück streben, ist ja weiß Gott nicht neu! – Und damit haben Sie recht! Neu wäre allerdings, wenn wir anfingen, uns mit folgenden Fragen zu beschäftigen:

1. Wenn alle Menschen glücklich sein wollen, aber nur wenige dieses Ziel erreichen, was machen die meisten falsch?

2. Woran liegt es, daß sich viele nie Gedanken darüber machen, was denn ihr Glück ausmacht, und deshalb darauf warten, daß es irgendwann von selbst kommen möge?

3. Woran können wir richtige von falschen Zielen unterscheiden? (Manche erreichen ihr Ziel, Abteilungsleiter zu werden, und stellen nach spätestens vier Wochen fest, daß sie keinen Jota glücklicher sind als vorher.)

Der Satz, der unsere unbrauchbaren Rezepte zum Glück vielleicht am deutlichsten auf den Punkt bringt, lautet: „Lieber gesund und reich als arm und krank."

Dieser Satz ist deswegen zum geflügelten Wort geworden, weil er in den Augen vieler so unbestreitbar richtig ist – obwohl wenige Sekunden Nachdenken und ein Groschen gesunder Menschenverstand zeigen, wie unbestreitbar falsch dieser Satz ist. Denken Sie für einen Augenblick an Elvis Presley, John Belushi, Michael Pfleghar und viele andere Größen des nationalen und internationalen Showbusiness, die alle eines gemeinsam haben:

1. Sie haben Jahr für Jahr mehr Geld, Anerkennung und neue Freunde gewonnen, als die meisten Menschen in einem ganzen Leben und

2. sowenig Ahnung vom Management ihrer eigenen Stimmung, daß sie sich entweder direkt (Michael Pfleghar und John Belushi) oder indirekt (Elvis nach Stimmungs-Management mit Kokain) selbst umgebracht haben.

Warum glauben Sie, lieber Leser, sind Ecstasy und andere Modedrogen beim Jet-set der Reichen und Schönen so „in"? Weil „gesund und reich" automatisch zum Glück führt? Oder weil so viele sowenig Ahnung vom richtigen Stimmungs-Management haben, daß sie zu den dümmsten aller Nachhilfemittelchen greifen und sich auf Dauer selbst ruinieren?

Beschäftigen wir uns nun mit der zweiten Hälfte des Vergleichs: „Lieber gesund und reich als *arm und krank*." Was Krankheiten betrifft, dürften nur wenige vom Schicksal so gezeichnet sein, wie der englische Physiker Stephen Hawking, der seit über 30 Jahren an einem unheilbaren Muskelschwund leidet, der die meisten Menschen schon nach wenigen Monaten dahinrafft.

Als ich vor einigen Jahren einen Dokumentarfilm über Stephen Hawkings Lebenswerk sah, war ich von ihm sehr beeindruckt: ein Rollstuhlfahrer vor einem Auditorium von mehreren Hundert Zuhörern, ein Mann, der nicht sprechen kann, sondern nur noch mit Daumen und Zeigefinger der rechten Hand ein Keyboard bediente, das seine Gedanken per Computer-Animation hinter ihm auf eine Leinwand projizierte und der seine Zuhörer in seinen Bann zog wie kaum ein anderer.

Am meisten hat mich allerdings an Stephen Hawking die Einstellung fasziniert, mit der er seine Krankheit kommentierte. Sinngemäß sagte er etwa: „Als ich von dieser tückischen Muskelschwund-Krankheit befallen wurde, habe ich einige Wochen und Monate mit meinem Schicksal gehadert und mich gefragt: Wieso gerade ich? Aber dann habe ich erkannt, daß es wohl nur wenige Menschen gibt, bei denen Begabung und Grenzen so ideal zusammenfallen wie bei mir. Vermutlich gibt es einige, die von ihrem Geist her die Weite des Universums so erforschen könnten wie ich. Doch die meisten von ihnen haben so viele andere Talente und Fähigkeiten, daß sie gar nicht dazu kommen, sich 14, 16 oder 18 Stunden am Tag auf das zu konzentrieren, was mir das Einzige und zugleich auch Liebste ist …"

Lieber gesund und reich als arm und krank? Gesund und reich bedeuten gar nichts, wenn einem die simple Fähigkeit fehlt, mit seiner Stimmung richtig umzugehen. Und umgekehrt: Armut oder Krankheit bedeuten ebenfalls wenig, wenn man – wie Stephen Hawking – gelernt hat, seine Emotionen zu meistern, dankbar zu sein für das, was man hat, und es optimal nutzt.

Die gute Nachricht ist: Der einzige Ort auf dieser Welt, an dem eben diese alles entscheidenden Gefühle produziert werden, sind *die 15 Zentimeter zwischen Ihren Ohren.* Und im Universum Ihres Kopfes sitzt nur einer an den Schalthebeln der Macht: Sie.

> Der einzige, der unsere Stimmung designt, produziert und anschließend lebt, sind wir.

Und nun die schlechte Nachricht: So frei wir in der Wahl unserer Stimmung sind, so sehr sind wir an die Konsequenzen der Stimmung gebunden, die wir in unserem Kopf produzieren: Der einzige, den wir garantiert bestrafen, wenn wir Schrott denken, sind wir selbst. „Garbage in, garbage out", das geflügelte Wort der Informatiker, paßt auch hier:

> Wer negativ denkt, negative Gedanken nachmacht oder irgendwie in den Verkehr bringt, wird mit sofortiger Wirkung mit negativen Gefühlen bestraft.

So heißt das ehrene Gesetz, das in unserem Kopf regiert. Wir werden also – wie schon die Urchristen wußten – nicht *für* unsere Denksünden, sondern *von* ihnen bestraft.

So hart dieses Gesetz ist, so fair ist es auch. Denn ob wir die Kontrolle, die wir über unseren Kopf haben, zu unseren Gunsten nutzen, liegt genauso bei uns wie die Kontrolle, die wir über unseren PKW haben: Der einzige, der einem Auto Steuerbefehle gibt, ist der Fahrer. Diese Einsicht ist nur so lange trivial, bis wir auf Eis und Schnee ins Schleudern geraten. Obwohl wir alle wissen, daß unser Auto keinen eigenen Willen hat (Autos, die in Abwesenheit ihrer Fahrer Spritztouren machen, sind eher selten), haben nur wenige die Souveränität, diesen Sachverhalt auch offen zuzugeben: „Ich habe über meinen Wagen die Kontrolle verloren und ihn dann vor einen Baum gelenkt." Dies wäre zwar die Wahrheit, aber soviel Selbstverantwortung täte weh. Also diktieren wir der Polizei ins Protokoll: „Plötzlich und völlig unvorhersehbar fing mein Auto an zu schleudern. Also echt, Herr Wachtmeister, ich konnte nichts dafür."

Was uns beim Autofahren recht ist, ist uns beim Umgang mit Emotionen billig. Anstelle von: „Ich habe mich entschieden, mich erstens über die flegelhafte Bemerkung meines Nachbarn tierisch aufzuregen, zweitens mich entschieden, ständig an sie zu denken, und drittens mich entschieden, mir damit den ganzen Abend zu vermiesen", fabulieren wir in bester Unfallfahrer-Manier: „Der Bursche regt mich auf und hat mir den ganzen Abend versaut." Aus: „Ich entscheide mich, dem Bitten und Betteln meiner Kinder nachzugeben", machen wir: „Die nutzen ihre alten Eltern doch nur schamlos aus."

Sprachwissenschaftler sind dieser Verantwortungsscheu, die zu massiven Sprachdeformationen führt, schon seit langem auf der Spur: Wenn Ihnen ein Freund allen Ernstes erklärt: „Weißt du, mein Schreibtischstuhl ist in der letzten Zeit morgens so depressiv", dann erkennen Sie blitzschnell: „Der beschreibt eine Wahnwelt. Hier ist therapeutische Unterstützung angesagt." Die Aussage: „Mein Stuhl ist depressiv", ist nämlich – salopp gesagt – „anders" falsch, als wenn Ihr Freund seinen neuen Glattledersessel mit den Worten loben würde: „Du, das hier ist ein ganz tolles Wildleder." Während die letzte Aussage über Schreibtischstühle grundsätzlich möglich, nur in diesem Fall unzutreffend ist, enthält die erste einen kategorialen Denkfehler: Unbelebten Objekten wie Stühlen dürfen in unserer Erfahrungswelt keine Gefühle zugeschrieben werden.

Verteidigt Ihr Freund beispielsweise seinen erneuten Gewichtszuwachs mit den Worten: „Meine Frau macht mich dick", dann warnt uns unser Sprachgefühl ebenfalls vor dieser Wahnwelt: Der Auslöser – die Kochkunst der Ehefrau – darf nicht mit dem Verursacher – dem Willensschwächling, der das Ganze in sich hineinschaufelt – verwechselt werden.

Soweit, so klar. Würde unser Freund dagegen sagen: „Weißt du, als Politiker muß ich ständig an diesen Staatsbanketten teilnehmen. Da kann ich mich noch so wehren, ich nehme einfach zu", ist die Wahnwelt die gleiche, würde aber in manchen Gesellschaftsschichten als „kollektiver Wahn" akzeptiert: Gibt's zu Hause Saumagen, dürfen wir ablehnen, gibt's den Saumagen beim Staatsbankett, „müssen" wir als Gäste mitmachen (der Kanzler hat die Richtlinienkompetenz, Artikel 65 GG). Erklärt unser Freund: „Meine Frau macht mich dick" oder „Mein Chef bringt mich auf die Palme", verwechselt er auch hier den Auslöser in der Außenwelt (die gut kochende Ehefrau/den unhöfliche Vorgesetzten) mit dem Verantwortlichen in der Innenwelt (wir entscheiden, was wir essen; wir entscheiden, wie wir patzige Bemerkungen anderer bewerten).

Dieser Trick emotionaler Verantwortungsflucht ist in unserer Gesellschaft allerdings so verbreitet, daß der kollektive Wahn vollkommen ist. Aussagen wie: „Seine Arroganz ärgert mich" oder „sein Machtgehabe bringt mich zur Weißglut", werden nicht nur blind akzeptiert, sondern mit bedeutungsschwerem Gesichtsausdruck abgenickt: „Ja. Ja. So geht's mir auch."

Sind Sie bereit, aus diesem Kollektiv-Wahn auszubrechen? Entscheiden Sie noch, wieviel Sie essen und wer Sie womit ärgern darf? Wenn ja, dann darf ich Sie beglückwünschen: Die Elite derer, die psychisch so erwachsen sind, daß sie für ihre Gefühle selbst die Verantwortung übernimmt, ist klein, aber fein. Willkommen im Club!

Die nächsten beiden Kapitel geben Ihnen das Rüstzeug, ein noch erfolgreicherer „Emotions-Manager" zu werden. Bevor wir starten, habe ich noch eine positive Überraschung für Sie: Es gibt nur zwei grundsätzliche Einflußfaktoren auf unsere Stimmung, so daß die Bedienungsanleitung „Wie bin und bleibe ich Boß in meinem Kopf" einfach, klar und übersichtlich ist:

Unsere Stimmung wird zum einen beeinflußt durch die Gesamtheit körperlicher Faktoren: Zuwenig Schlaf, ein opulentes Mahl, zuviel Alkohol, Medikamente, körperliche Erschöpfung durch Überforderung oder Schmerzen sind nur einige Beispiele für Faktoren, die sich physiologisch auf unsere Stimmung auswirken.

Der zweite Faktor, der unsere Stimmung beeinflußt, ist unser Fokus, das heißt der aktuelle Gedankeninhalt, mit dem wir uns beschäftigen, und die Art und Weise, wie wir diese Gedanken innerlich repräsentieren. Wer beispielsweise auf einen verspäteten Familienangehörigen wartet und sich mit der Frage beschäftigt: „Welchem Verbrechen könnte der andere zum Opfer gefallen sein?", der braucht nur seine Phantasie schweifen zu lassen und sich die gängigsten Krimi-Klischees vorzustellen, um nach spätestens 15 Minuten mit seinen Nerven am Ende zu sein.

Wie wir „Stimmungs-Management durch Body-Management" praktizieren, sagt Ihnen das nächste Kapitel. Wie Sie den Fokus Ihres inneren Dialogs im Griff behalten, zeigt Ihnen dann Kapitel 20. Und wie Sie Ihre inneren Filme am besten zu Ihrem Vorteil nutzen, ist Thema des 7. Motivationsbausteins.

19. Stimmungs-Management durch Body-Management

Amateur-Strategien

Unter „Amateur-Strategien" wollen wir hier diejenigen Strategien verstehen, die zwar kurzfristig unsere Stimmung aufhellen, langfristig aber einen hohen Preis einfordern: Wer beispielsweise seinen Kummer regelmäßig mit einer Überdosis Alkohol ertränkt, erfährt kurzfristig Linderung, bekommt aber am nächsten Morgen – der Katerstimmung sei Dank – die Quittung und läuft langfristig Gefahr, alkoholabhängig zu werden. Werfen wir also einen Blick auf verbreitete Amateur-Strategien, damit Sie Gelegenheit haben, Ihren persönlichen Änderungsbedarf zu erkennen.

Der Schlaf-Amateur

Daß zuwenig Schlaf und insbesondere ein chronisches Schlafdefizit unsere Stimmung massiv negativ beeinflußt, ist zwar vielen Menschen bekannt, doch nur wenige richten sich danach: Wenn Sie Eltern von Kleinkindern befragen, werden die Ihnen ausnahmslos bestätigen, daß schon der Verzicht auf einen einzigen Mittagsschlaf genügt, um beim „lieben Kleinen" für den Rest des Tages Quengeln und Nörgelei sicherzustellen! Auch wenn wir als Erwachsene nicht ganz so schlafsensibel sind wie Kinder, ist chronische Übermüdung mit Sicherheit ein besonders einfacher Weg zu blankliegenden Nerven.

Schlaf-Amateure erkennt man nicht nur an Schlafdefiziten, mit denen sie an ihrem Körper Raubbau betreiben, sondern auch am „Überschlafen" am Wochenende: Wer von Montag bis Freitag um sieben Uhr aufstehen muß, wird mit dieser Eichung seiner inneren Uhr auch am Wochenende um diese Zeit wach. Doch statt aufzustehen (wir müssen ja nicht!), bleiben viele liegen und wundern sich, daß sie für den Rest des Tages gerädert sind, weil sie mit ihrem Tagesstart um zehn Uhr ihre inneren Rhythmen komplett durcheinander gebracht haben. Manche sind so erfolgreich darin, Samstag und Sonntag ihre Circadianen-Rhythmen durcheinander zu bringen, daß sie anschließend noch bis Mittwoch Montagsautos produzieren.

Der Essens-Amateur

Wege, sich amateurhaft zu ernähren, gibt es viele: Wer sich im Freibad oder am Strand umschaut, wird schnell bemerken, daß manche Menschen eine ausgesprochene Neigung besitzen, sich mit Messer und Gabel selbst zu deformieren. Die faszinierende Welt des richtigen Essens und Trinkens beschäftigt uns hier allerdings nur insoweit, als sie unmittelbare Auswirkungen auf unsere Stimmung hat. Die wichtigste Empfehlung zu diesem Thema bekam ich vor Jahren von einem alten Jesuitenpater, der mir erklärte:

> Das Geheimnis der Selbstbeherrschung besteht darin, sich dann zu beherrschen, wenn das Beherrschen noch leicht ist.

▶ Wer also morgens nicht frühstückt und mittags nicht zum Essen kommt, braucht sich abends weder über schlechte Laune noch über seinen Scheunendrescher-Appetit zu wundern.

▶ Wer nicht weiß, daß die Arbeit des Verdauens für unseren Körper eine der anstrengendsten Tätigkeiten überhaupt ist, braucht sich ebenfalls nicht zu wundern, wenn seine Energie nach einem opulenten Mahl für Stunden auf Sparflamme ist.

▶ Ein weiterer wichtiger Faktor, der sich auf unsere Stimmung auswirkt, ist unser Blutzuckerspiegel: Wer ihn durch zuckerhaltige Limonaden und Fruchtsäfte schnell nach oben bringt, sorgt dadurch für eine vermehrte Insulinausschüttung, die ihn nach kurzer Zeit in ein um so tieferes Konzentrationsloch fallen läßt.

▶ Wer Koffein und Coca-Cola zur Ankurbelung trinkt, tut ebenfalls gut daran, die Weisheit der alten Griechen zu beherzigen, die schon wußten: „Ob Arznei oder Gift – die Dosierung entscheidet."

▶ Da wir gerade über Arzneimittel sprechen: Die Zahl derer, die in westlichen Industrienationen regelmäßig zu Schlafmitteln greift, um abends abzuschalten und morgens Aufputschmittel einwirft, um sich durch den Tag zu bringen, ist beunruhigend hoch.

▶ Wie tückisch einladend der Weg zu „externem" Stimmungs-Management ist, zeigt das Alkohol- und Drogenproblem in unserer Gesellschaft: Zehn Prozent aller Arbeitnehmer in der Bundesrepublik sind nach amtlichen Schätzungen alkoholgefährdet oder alkoholkrank. Die Zahl der Haschisch- und Ecstasy-Konsumenten steigt ständig, und trotz einer beängstigend hohen Zahl von Drogentoten ist es in manchen Kreisen unserer Gesellschaft ausgesprochen chic, sein Stimmungs-Management unter das Motto zu stellen: „Jeden Morgen ein Joint, und der Tag ist dein Freund."

Diese Liste ließe sich endlos verlängern: Daß der Griff zur Zigarette subjektiv beruhigen mag, das Nervengift Nikotin aber objektiv zu einer Streßreaktion des Organismus durch Gefäßverengung führt, sollte sich inzwischen genauso herumgesprochen haben wie die übrigen gesundheitsgefährdenden Wirkungen des Rauchens.

Der Bewegungs-Amateur

▷ Es soll Menschen geben, die abends um 18 Uhr müde nach Hause kommen und sich ein Viertelstündchen auf die Couch legen, in der Absicht, anschließend motiviert in den Feierabend zu starten. Zu ihrem eigenen Erstaunen werden sie durch das Liegen jedoch nicht wacher, sondern müder, so daß die guten Vorsätze samt Urheber auf der Couch versacken.

▷ Studenten können von diesem Phänomen ebenfalls berichten: Wer sich morgens um zehn Uhr auf sein Bett legt und mit dem Lernen anfängt, stellt oft fest, daß er schon um 11.30 Uhr so müde ist, daß er ein Mittagsschläfchen brauchen kann.

▷ Andere Bewegungs-Amateure kaufen sich aus Repräsentationsgründen einen Leder-Chefsessel, der ihren Körper zusammensacken läßt, als säßen sie auf einer Couch – und wundern sich, daß sie sich nicht mehr so richtig konzentrieren können.

▷ Wieder andere sitzen in ein- und derselben Position zehn bis zwölf Stunden täglich vor ihrem Bildschirm und fragen sich, warum sie ihre Schulter- und Nackenschmerzen genausowenig loswerden wie ihre Spannungskopfschmerzen.

Soviel zum Thema: Sensibilisierung für Amateur-Strategien. Bitte haken Sie in der nachfolgenden Checkliste ab, wo Sie zu sehr „Stimmungs-Amateur" sind. Dies gibt Ihnen erste Ideen, wo Sie den Hebel für professionelles Stimmungs-Management ansetzen können:

Checkliste Amateur-Strategien Stimmungs-Management:

▷ Chronische Schlafdefizite
▷ Überschlafen am Wochenende
▷ Zuviel Essen (insbesondere vor Performance-Tätigkeiten)

- Unregelmäßiges Essen
- Zuviele zuckerhaltige Speisen und Getränke
- Zuviel Koffein
- Beruhigungs- und Schlafmittel
- Aufputschmittel
- Zuviel Alkohol
- Nikotin
- Drogenkonsum
- Hinlegen, um wach zu werden
- „Liegesitz" am Arbeitsplatz
- Zu große statische Belastung der Schulter- und Nackenmuskulatur durch permanentes Sitzen
- Bewegungsmuffel per Aufgabe (Schulkind) oder Lebensstil (Auto, Aufzug, elektrischer Rasenmäher, Liegestuhl etc.)

Profi-Strategien zum Stimmungs-Management

Bei den Profi-Strategien zum Stimmungs-Management lassen sich zwei große Bereiche unterscheiden: Zum einen können wir unseren Körper durch Belastbarkeits-Management trainieren, unsere Fähigkeit zur konstruktiven Streßverarbeitung deutlich zu steigern. Zum anderen können wir lernen, unseren Körper so einzusetzen, daß wir in wenigen Sekunden negative Emotionen abbauen und durch positive Gefühle des Selbstvertrauens und der Stärke ersetzen (Body-Management im engeren Sinne). Starten wir mit dem:

Belastbarkeits-Management

Kennen Sie das gute Gefühl, nach drei Wochen Urlaub ausgeruht und voller Energie die Arbeit wieder aufzunehmen? Den kleinen Pannen und Peinlichkeiten des Alltags relaxt und souverän zu begegnen, Probleme gelassen zu erkennen und im Ansatz zu lösen? Kennen und schätzen Sie das Gefühl, Nörgeleien und spitze Bemerkungen, die einem sonst unter die Haut gingen, wie Regentropfen auf der Ölhaut abperlen zu lassen? Schätzen Sie das Gefühl emotionaler Souveränität, das Ihnen erlaubt, über den Dingen zu stehen? Wenn ja, dann habe ich eine gute Nachricht für Sie:

Es ist unser Geburtsrecht, so souverän zu sein.

Nichts und niemand kann uns daran hindern, so überlegen zu agieren und zu reagieren, wie es viele nur in den ersten Tagen nach ihrem Urlaub schaffen. Vorausgesetzt, wir gestalten unseren Alltag so, daß wir unsere Streßbelastungsgrenze so weit nach oben schieben, wie wir es sonst nur im Urlaub tun. Das dazu erforderliche Belastbarkeits-Management besteht aus zwei Komponenten:

1. Regelmäßiger und systematischer Abbau des Alltagsstresses, damit Streßfaktoren erst gar nicht kumulieren können und unsere Nerven blanklegen.

2. Die Entwicklung von Nehmer-Qualitäten im Sinne körperlicher und mentaler Stabilität, um unsere Streßverarbeitungskapazität zu vergrößern.

Spätestens seit Hans Selye die bahnbrechenden Ergebnisse seiner Streßforschung vorgelegt hat, haben wir ziemlich genaue Vorstellungen über die biochemischen Abläufe und Regelkreise des Streßsyndroms und kennen den Unterschied zwischen Eu-Streß (einer aufbauenden Anpassungsreaktion des Organismus) und Dis-Streß (einer negativen, potentiell selbstzerstörenden Anpassungsreaktion). Für unsere Überlegungen zum Belastbarkeits-Management genügen bereits einige wenige Hintergrundinformationen:

1. Unser Körper reagiert auf Belastungssituationen mit einer Aktivierung des (parasympatischen) Nervensystems durch einen Adrenalinausstoß. Dieser setzt im Organismus eine Kette von Folgereaktionen in Gang, die unseren „Kampf-oder-Flucht"-Mechanismus aktivieren, den wir als genetisches Erbe unserer Vorfahren mit uns herumtragen.

2. Während unsere Ahnen ihren Streß durch Kämpfen oder Flüchten auf natürliche Weise wieder loswerden konnten, fehlt in unserer Kultur weitgehend die Möglichkeit, unseren Streß auszuagieren.

Die nachfolgende Checkliste stellt Ihnen eine Reihe bewährter körperlicher Stressbewältigungsverfahren vor.

- ▶ Joggen, Wandern
- ▶ Gymnastik, Aerobic
- ▶ Fitneß-Training, Schwimmen
- ▶ Klettern, Bungee Jumping, Fallschirmspringen
- ▶ Progressive Muskelentspannung, Atemübungen
- ▶ Autogenes Training, Yoga, Feldenkraisübungen
- ▶ Körperliche Arbeit (Holzhacken, Handwerkern, Gartenarbeit etc.)

- Tanzen, Musizieren
- Tennis, Squash
- Judo, Ringen, Karate, Boxen
- Surfen, Segeln, Rolfing, Angeln
- Alle Geschwindigkeitssportarten, wie zum Beispiel Radfahren, Inline Skating, Skifahren, Snow-Boarding, Motorradfahren und Autofahren (auf abgesperrter Piste)

Diese Liste ist keineswegs vollständig. Sie will Sie anregen und inspirieren. Abschließend noch einige Anmerkungen und Empfehlungen hierzu:

1. Für welche Art von Bewegung Sie sich entscheiden, ist weitgehend nebensächlich: Entscheidend ist zu erkennen, daß wir nicht nur einen Körper *haben*, sondern zu einem erheblichen Teil auch Körper *sind*: Für unser Belastbarkeits-Management entscheidend ist, *daß* wir regelmäßige Bewegung zu einer Gewohnheit, wie Essen, Trinken oder Schlafen, werden lassen. Entscheiden Sie sich nicht für die Übung mit dem angeblich höchsten Energieverbrauch, sondern für das, was Ihnen – nach einer Eingewöhnungsphase – soviel Spaß macht, daß Sie zeitlebens bei der Stange bleiben.

2. Machen Sie sich frei von dem Irrtum, Belastbarkeits-Management sei etwas für Sportskanonen: Wandern, Schwimmen, Gymnastik, Gartenarbeit, Heimwerkern, Tanzen, Radfahren und Musizieren sind eine gute Startauswahl für alle, die mit Sport weniger oder nichts an der Mütze haben.

3. Diese Beobachtung wird durch neuste wissenschaftliche Untersuchungen ergänzt: So fanden Forscher beispielsweise heraus, daß 30 Minuten Joggen „im Grünen" im Körper Endorphine (stimmungsaufhellende Hormone) freisetzen, während dieselbe Joggingaktivität auf dem Laufband unsere Endorphin-Depots leert.

4. Manche Zweikampf- oder Kampfsportarten, wie Tennis, Squash, Judo, Ringen, Boxen, Karate, erlauben, aufgestaute Aggressionen nach sozial akzeptierten Spielregeln abzubauen. Genauso wie der Dosierungsunterschied zwischen einem Viertel Rotwein zur Entspannung und zehn Vierteln zum Besäufnis darüber entscheidet, ob es sich um eine langfristig förderliche Profi-Strategie oder eine nur kurzfristig entlastende Amateur-Strategie handelt, gibt es eine ähnliche Trennlinie bei vielen aggressionsabbauenden Tätigkeiten:

Verantwortungsloses Rasen im Straßenverkehr und Wirtshausschlägereien gehören zweifelsohne in die Amateurkategorie; ein Rennslalom auf abgesperrter Piste mit entsprechender Sicherheitsausrüstung oder ein regelgeleiteter Boxkampf (mit den entsprechenden Handschuhen) schließen dagegen Eigen- und Fremdgefährdung weitgehend aus: Sie geben uns – genauso wie Bungee-Jumping, Felsklettern, River-Rafting und viele andere „Abenteueraktivitäten" – das Gegengewicht, das wir in unserer hochtechnisierten Welt brauchen, um als „Kampf- oder Fluchttiere" psychisch gesund zu bleiben!

Body-Management

Interessiert es Sie, ein Verfahren kennenzulernen, mit dem Sie Ihre Stimmung in maximal 120 Sekunden *sofort, massiv* und *dauerhaft* zum Positiven verändern können? Das seit Jahrtausenden wirksame Geheimrezept, das in maximal zwei Minuten wirkt und keiner Ihrer Freunde und Bekannten kennt oder nutzt, heißt: *Stimmungs-Management durch Body-Management.*

Schauen wir uns die erste Lektion zur sofortigen Gefühlsbeeinflussung von denen an, die dieses Geschäft seit Jahrtausenden erfolgreich praktizieren. Unsere ältesten kulturellen Institutionen sind Staaten, Kirchen und Armeen. Die ihnen vorstehenden Könige, Kaiser, Kanzler, Päpste, Bischöfe und Generäle praktizieren weltweit denselben Beeinflussungsgrundsatz. Er lautet:

> Willst Du Menschen emotional in Bewegung bringen, dann schreibe ihnen zunächst die dazu passenden Körperbewegungen vor.

Militärs beispielsweise praktizieren überall auf der Welt mehrmonatige Grundausbildungen, deren Hauptziel es ist, den Soldaten „Haltung beizubringen". Wer bei der Bundeswehr war, kann sich auch 20 Jahre später an die einmalig bequeme „Grundstellung" erinnern: Hacken zusammen, Füße im 45-Grad-Winkel auseinander, Rücken gerade, Blick geradeaus und Hände an die Hosennaht. Wer so stehen durfte, weiß, warum diese Haltung im Insider-Jargon so gerne „Anschiß-Stellung" genannt wird. Wer sie einzunehmen hat, soll in aller Regel Informationen und Befehle entgegennehmen. Und da beim Militär Entscheidungsdiskussionen während der Schlacht eher kontra-produktiv wären, trifft es sich gut, daß in der „Anschiß-Stellung" von vornherein kein Widerspruchsgeist aufkommt.

Brust raus, Bauch rein, Parademarsch 3, 4 ... – und auf einmal produziert der menschliche Körper auch in Muttersöhnchen soviel Tarzangefühle, daß sich unser Selbsterhaltungstrieb mühelos austricksen läßt.

Wenn Sie nun sagen, soviel Manipulation sei ausschließlich Sache des Militärs, so darf ich Sie enttäuschen: Den Trick, Paraden abzunehmen und mutförderliche Marschmusik einzusetzen, leihen sich Politiker bei jedem Staatsempfang aus, um die Ergriffenheit von Teilnehmern und Zuschauern zu steigern (von der Dramaturgie der Nürnberger Reichsparteitage der NSDAP mal ganz zu schweigen!).

Was sich bei Armee und Staat bewährt, ist der dritten Institution mit jahrhundertalter Beeinflussungstradition – den Kirchen – ebenfalls nicht fremd: Kein Papst, Bischof oder sonstiger hoher Priester läßt es sich nehmen, seinen Gläubigen exakt vorzuschreiben, wann sie stehen, sitzen und sich hinzuknien haben, um die damit jeweils verbundenen Gefühle möglichst intensiv zu erleben. Kirchenbänke mit ihren 90-Grad-Rückenlehnen und der Gebetbuchablage des Hintermanns zwischen unseren Schulterblättern sind übrigens ungleich cleverer konstruiert als die meisten Konferenzsessel: Gleichgültig, wie der Pfarrer bei der Predigt rhetorisch drauf ist, die Zuhörer bleiben wach.

Was bei Bischöfen und Generälen reiches Anschauungsmaterial bietet, wird zwischenzeitlich von nahezu allen professionellen Muntermachern genutzt: Kaum ein Motivationsguru, der seine Zuhörer nicht auf die Stühle steigen läßt und zu wilden Tarzanschreien animiert; kein Animateur im Club Med, der die Gäste an der Pool-Bar nicht zunächst zu Polonaise-Blankenese-Spielchen einlädt, und kein Büttenredner, der nicht zu intellektuell anspruchsvollen Liedern wie: „Wenn das Wasser im Rhein goldener Wein wär ... " schunkeln läßt, bevor er uns die Witze vom letzten Jahr erzählt.

Oder stellen Sie sich das Gegenteil vor. Ihnen gegenüber sitzt jemand, der sich im Zustand tiefster Depression befindet. Was vermuten Sie:

1. Hält dieser Mensch seinen Kopf gerade oder eher nach unten gesenkt?
2. Sind seine Augen nach oben oder eher zu Boden gerichtet?
3. Sind seine Schultern gerade oder eher nach vorne gerundet?
4. Ist seine Atmung tief oder flach?
5. Sind seine Mundwinkel gerade oder weisen sie eher nach unten?

Ich habe diese Fragen in den letzten Jahren mehreren Tausend Seminarteilnehmern gestellt und habe bislang noch niemanden getroffen, der nicht alle Fragen richtig beantwortet hätte!

Könnte die Tatsache, daß wir alle zum selben Ergebnis kommen, bedeuten, daß bestimmte Körperhaltungen eine physiologische Notwendigkeit sind, damit wir bestimmte Gefühle überhaupt produzieren können?

Könnte das weiter bedeuten, daß unser Gehirn unserem Nervensystem erst Dutzende Kommandos über die perfekte „Depressivhaltung" geben muß, bevor wir anfangen können, uns so richtig abgrundtief schlecht zu fühlen?

Die Antwort ist ein eindeutiges „Ja"! Depression ist keine Krankheit, die durch Viren oder Bakterien übertragen wird. Daß die Neigung zu Depressionen anlagebedingt sein kann, ist genauso unbestritten wie die Tatsache, daß auch depressive Menschen nicht ständig in ein- und demselben Stimmungsloch hängen und ihren Körper zunächst einmal in die oben beschriebene „Super-Mies-Haltung" bringen müssen, bevor sie physiologisch überhaupt die Möglichkeit haben, sich „megaschlecht" zu fühlen. Sie können dies mit einem einfachen Experiment für sich selbst ausprobieren:

Begeben Sie sich für 30 Sekunden in die oben beschriebene Super-Mies-Haltung (keine Sorge: so schnell werden Sie nicht depressiv!):

▶ Lassen Sie den Kopf nach vorne hängen.
▶ Schauen Sie auf den Boden.
▶ Lassen Sie die Schultern nach vorne sacken.
▶ Atmen Sie ganz flach.
▶ Lassen Sie die Mundwinkel soweit nach unten entgleiten, wie es geht.
▶ Sagen zu sich selbst mit leiser, weinerlicher Stimme: „Ich bin ein echter Power-Typ voller Selbstvertrauen und Charisma."
▶ Nehmen Sie nun die genau entgegengesetzte Haltung ein (Marke: Napoleon beim Porträt).
▶ Setzen Sie sich aufrecht und kerzengerade hin.
▶ Brust raus, Bauch rein.
▶ Setzen Sie Ihr konstruktiv-dümmlichstes Grinsen auf.
▶ Schlagen Sie mit geballter Faust kräftig in Ihre andere Hand.
▶ Sagen Sie gleichzeitig mit kraftvoller, lauter Stimme: „Ich bin völlig niedergeschlagen und am Boden zerstört!"

Gar nicht so einfach, sich in dieser Power-Haltung so richtig schlecht zu fühlen, nicht wahr? Was uns diese Übung zeigt, ist zweierlei: Wir können unsere Haltung in Sekunden willentlich verändern, und die von unserem Gehirn registrierten Feedback-Muster sind bei bestimmten Körperhaltungen so stark, daß wir in wenigen Sekunden beginnen, die dazugehörigen Gefühle zu produzieren. Stimmungs-Management durch Body-Management bedeutet damit:

▶ Wir sind der Boß in unserem Kopf: Zwar können wir unsere Gefühle nicht direkt beeinflussen. Aber wir können sie über den Umweg unserer Haltung in Sekunden dahin bringen, wo wir sie haben wollen.

▶ Wer gewohnheitsmäßig in einer „Mickermann-Haltung" durchs Leben läuft, wird sich auch so fühlen.

▶ Wer sich gewohnheitsmäßig anders fühlen will, braucht eine gewohnheitsmäßig bessere Haltung: „Je gerader jemand steht, desto aufrechter ist seine innere Haltung" wissen Militärs.

Body-Management in der Praxis

Sind Sie morgens schon einmal müde und zerschlagen aufgewacht? Hatten Halsschmerzen und alle weiteren Anzeichen einer richtigen Erkältung, konnten aber nicht im Bett bleiben, weil Sie beruflich einen wichtigen Termin wahrnehmen mußten? Und in dieser Verhandlung mußten Sie richtig kämpfen: Ein Gespräch jagte das nächste, Sie mußten präsentieren, Einwände überwinden, die Zauderer und Zögerer auf Ihre Seite bringen. Als Sie abends gegen 18 Uhr nach Hause kamen und Ihre Familie besorgt fragte: „Du, was ist denn mit deiner Erkältung?" – da mußten Sie erst einmal tief schlucken, weil Sie Ihre Halsschmerzen komplett vergessen hatten? Wenn Sie solche Erlebnisse kennen, dann können Sie eines der zentralen Vorurteile unserer Kultur getrost über Bord werfen. Die meisten Menschen bei uns glauben nämlich an die Ursache-Wirkungs-Beziehung:

Das Glaubensbekenntnis dieser „Stimmung-Marionetten" heißt: „Bin ich gut drauf, kann ich auch Gas geben. Bin ich nicht gut drauf, brauche ich erst gar nicht anzufangen, es bringt sowieso nichts." Diese Menschen übersehen, daß Motivation und Aktion wechselseitig so eng miteinander verflochten sind, daß dieser Mechanismus auch umgekehrt funktioniert. Wir alle können uns an Situationen erinnern, in denen wir eher lustlos gestartet sind und dann durch unsere Aktivität in kurzer Zeit eine positive Stimmung aufgebaut haben:

▶ Ihr Partner schleppt Sie zu einer Tanzparty, obwohl Sie „eigentlich" gar nicht mit wollen. Nach 20 Minuten „Bewegung mit Musik" sehen Sie den ganzen Abend in einem völlig anderen Licht und amüsieren sich königlich.

▶ Ihnen steht der Sinn überhaupt nicht nach Sport, und Sie joggen trotzdem im Regen. Nach 15 Minuten im nassen Wald fühlen Sie sich hervorragend.

Wie Sie sehen, gilt also auch umgekehrt: Aktion führt zur Motivation. Der Volksmund nennt das:

> Der Appetit kommt beim Essen.

Die fünf Dimensionen von Body-Action

Ihre fünf Freunde auf dem Weg zur professionellen Stimmungs-Management heißen: Haltung, Gestik, Mimik, Stimme und Atmung. Der Hauptsatz zum bewußten Einsatz dieser Steuerelemente unserer Stimmung heißt:

> Wenn wir uns weiterhin gewohnheitsmäßig so bewegen, wie wir uns immer schon bewegt haben, werden wir uns weiterhin so fühlen, wie wir uns immer schon gefühlt haben.

Hier einige Ideen, wie Sie durch Bewegung Stimmung in Ihr Leben bringen:

Wach-Räkeln: Schon mal zugeschaut, wie Kinder oder Katzen aufwachen? Ausgiebiges Gähnen (vervielfacht die Sauerstoffzufuhr zum Gehirn), Strecken und Räkeln ist Pflichtprogramm für alle, die ihren Tag nicht als Transusen starten wollen.

Bewegungsdynamik im Tagesablauf: Schon mal überlegt, wie Ihr Vierjähriger es anstellt, sonntagmorgens um sechs Uhr mit Power und Begeisterung an Ihrem Bett aufzutauchen? Kommt er humpelnd und ächzend angeschlichen, so wie sich die meisten von uns morgens ins Bad bewegen, oder nutzt er das Prinzip aller Kleinkinder: Seit ich rennen kann, renn ich, denn gehen ist langweilig?

Stellen Sie sich vor, Sie seien Kanzler dieser Republik und das Fernsehen plane, ein Porträt von Ihnen zu senden zum Thema: „Deutschlands dynamischster Macher in Aktion". Die Kameras des Aufnahmeteams würden Sie vom Aufwachen bis zum Schlafengehen begleiten:

- Mit welchem Schritt würden Sie (natürlich morgens um fünf Uhr – die Nation guckt ja zu) Ihr Bad betreten?
- Mit welcher Musik dürften Sie während der Morgengymnastik gefilmt werden?
- Wie kerzengerade und dynamisch sitzen Sie am Frühstückstisch?
- Mit welch strahlendem Lächeln verabschieden Sie sich von Ihrer Familie?
- Mit welchem kraftvoll-energischen Gang gehen Sie anschließend zur bereits wartenden Panzerglas-Limousine?
- Wie dynamisch-kraftvoll schmettern Sie im Kanzleramt Ihren Mitarbeitern ein „Guten Morgen" entgegen?
- Darf der Chef der Nation mittags (nach einem knackigen Salat vom Buffet) einige Minuten beim Verdauungsspaziergang gezeigt werden (die PR-Strategen rätseln noch, ob die Passage mit dem Hopserlauf und dem Balancieren auf dem Kanzleramtszaun im Anzug mit Weste nicht etwas zu dynamisch war)?
- Wird Ihre abendliche Jogging-Runde mit den Leibwächtern gezeigt?
- Die Passage, daß Sie bis Mitternacht kerzengerade am Schreibtisch Ihre Pflicht tun, bevor Sie sich nach wenigen Stunden Kurzschlaf wieder der Nation widmen, muß natürlich auf jeden Fall kommen.

Die Bio-Marker-Analyse

Wenn wir für ein Thema Feuer und Flamme sind, dann setzen wir unsere Haltung, Gestik, Mimik und Stimme völlig anders ein, als wenn wir über ein Pflichtthema referieren, das uns innerlich zuwider ist. Jeder von uns entwickelt nun im Laufe der Jahre eine höchst individuelle Art und Weise, diese Emotionen auszudrücken: Manche signalisieren ihre Überzeugung mit hanseatischer Kühle, andere gestikulieren wie temperamentvolle Süd-Italiener. Einige werden intuitiv schneller und lauter, wenn sie begeistert sind, andere sprechen melodischer und eindringlicher: Wir alle haben solche „Emotions-Markierer", die von Körpersprache-Forschern Bio-Marker genannt werden: Boris Beckers stolz geballte Hand – die berühmte „Becker-Faust" – ist etwa ein typisches Beispiel dafür.

Wenn wir bestimmte Bio-Marker Dutzende Male mit dem entsprechenden Begleitgefühl eingesetzt haben, baut unser Gehirn entsprechende konditionierte Reflexe auf. Setzen wir dann beim 1 001. Male diese

Bio-Marker bewußt ein, assoziiert unser Gehirn mit ihnen automatisch dieselben Gefühle wie in der Konditionierungsphase.

Hier eine einfache Übung zur Ermittlung Ihrer Bio-Marker:

1. Beschreiben Sie einem Gesprächspartner Ihr Lieblingshobby für zwei bis drei Minuten in glühenden Farben. Zum Schluß sagen Sie Ihrem Partner auf einer Motivationsskala von 1 bis 10, wieviel Motivation Sie jetzt für die Ausübung Ihres Hobbys verspüren.

2. Anschließend beschreiben Sie Ihrem Partner – ebenfalls für zwei bis drei Minuten – denselben positiven Inhalt so langweilig und desinteressiert, wie Sie können. Ihr Partner achtet dabei auf die Veränderungen in Ihrer Haltung, Gestik, Ihrem Blickkontakt und Ihrer Stimme (Lautstärke, Geschwindigkeit etc.). Wann immer Sie anfangen, zu Ihrem motivierten Stil zurückzukehren, unterbricht Sie Ihr Partner. (Die Positivmerkmale, die Sie am schwersten unterdrücken können, gehören mit zu Ihren stärksten Bio-Markern.) Nachdem Sie circa drei Minuten Ihr Lieblingshobby im Schlaftabletten-Stil beschrieben haben, fragt Ihr Partner Sie erneut, wie es um Ihre Motivation auf der 10er-Skala jetzt bestellt ist.

3. Ihr Partner gibt Ihnen im Rahmen einer kurzen Kontrastanalyse ein Feedback über Ihre stärksten Motivations-Bio-Marker, das heißt, er zeigt Ihnen die drei bis fünf größten Unterschiede zwischen Ihrer motivierten und demotivierten Präsentation.

4. Sie wählen jetzt eine Tätigkeit aus, die Sie normalerweise überhaupt nicht motiviert (zum Beispiel bügeln oder Garage aufräumen). Sie teilen Ihrem Partner mit, wie viele Punkte auf der 10er-Motivationsskala Sie sich für diese Aufgabe jetzt geben. Anschließend schildern Sie diese Tätigkeit – ohne den Inhalt zu beschönigen – unter Einsatz Ihrer positiven Bio-Marker so enthusiastisch und begeistert, wie Sie können. Nach drei Minuten bittet Ihr Partner Sie erneut, auf der 10er-Skala einzuschätzen, wie motiviert Sie jetzt nach dieser Power-Schilderung sind.

(Zum Vergleich: Die meisten Seminarteilnehmer starten im ersten Schritt mit einer Ausgangsmotivation von acht bis neun Punkten und können diese in der zweiten Runde durch den Schlaftabletten-Stil auf null bis zwei Punkte reduzieren. Zu Beginn der vierten Runde liegen viele bei null bis zwei Punkten und steigern sich üblicherweise auf sechs bis sieben Punkte).

Der Fünf-Minuten-Als-Ob-Schauspieler

Nachdem Sie sich eben in der vierten Runde bewiesen haben, wie sehr sich unsere Stimmung in wenigen Minuten zum Positiven ändert, wenn wir nur enthusiastisch und begeistert sprechen (Stimme und Stimmung haben nicht zufällig denselben Wortstamm), können Sie diese Methode des Fünf-Minuten-Als-Ob-Schauspielers in Ihrer Praxis einsetzen, wann immer Sie wollen.

Ob es um Präsentationen, Kundengespräche, Konferenzen oder eine Unterhaltung mit Ihrem Ehepartner geht: Niemand kann immer gut drauf sein. Ob wir jedoch nach fünf Minuten das Eis gebrochen haben und von dort an motiviert Vollgas geben, liegt allein an uns:

Willst du begeistert sein, dann sprich und bewege dich begeistert!

Die ersten fünf Minuten des Als-Ob-Schauspielens erfordert Disziplin, doch für den Rest des Gesprächs sind wir auf Kurs mit unserem Konstruktiv-Autopiloten: Genauso wie sich jeder Sportler für körperliche Höchstleistungen aufwärmt, brauchen wir auch für mentale Prozesse eine Aufwärmphase: Das gilt für Kreativitäts-Meetings wie Brain-stormings genauso wie für Meditationssitzungen, für Verhandlungen und Verkaufsgespräche genauso wie für Reden und Präsentationen.

Noch eine Schlußbemerkung: Der Begriff „Fünf-Minuten-Schauspieler" ist bei manchen Menschen negativ besetzt, weil „Schauspielen" in unserer Alltagssprache nicht immer in einem positiven Licht erscheint. Der englische Begriff „actor" – die Bezeichnung für denjenigen, der agiert – ist insoweit viel treffender: Wer für fünf Minuten bewußt so positiv und motiviert agiert („schauspielert"), wie er gern sein möchte, es aber im Augenblick stimmungsmäßig noch nicht ist, der handelt *pro-aktiv* und übernimmt die Verantwortung für seine Gefühle. Denn:

Wer die Verantwortung für seine Gefühle ablehnt, übernimmt auch keine Verantwortung für seine Motivation.

Und wer keine Kontrolle über seine Motivation hat, kann nicht für sein Handeln einstehen.

Und wer nicht für sein Handeln einstehen kann, der kann auch nicht für seinen Erfolg einstehen.

Und wer nicht für den Erfolg einstehen kann, genießt weder Fremd- noch Selbstvertrauen, sondern bleibt zeitlebens Amateur.

Emotionstraining

Angenommen, ich würde 100 000 Mark ausloben für alle diejenigen, die innerhalb von 60 Sekunden anfangen können, herzzerreißend zu weinen. Würden Sie das Geld bekommen?

Wenn Sie „nah am Wasser gebaut sind" und – wie manche Fernsehmoderatoren – für anderer Leute Probleme einmal am Tag das Heulen anfangen, sind Sie so im Training, daß Sie die Prämie locker einstreichen. Wenn Sie aber aufgewachsen sind mit der Richtschnur: „Indianer kennen keinen Schmerz" und das letzte Mal geheult haben, als Sie sich als Kind beim Radfahren das Nasenbein gebrochen haben, dann hilft Ihnen aller guter Wille nicht, die 100 000 Mark zu bekommen.

Kennen Sie Menschen, die seit Jahren nicht mehr gelacht haben, seit ihrer Kindheit nicht mehr singen oder seit Jahrzehnten nicht mehr ausgelassen und fröhlich waren?

Erinnern Sie sich an unser achtes Denk-Gesetz: Beachtung schafft Verstärkung! Es gilt für Beachtung im Denken genauso wie für Beachtung in unserem Handeln. Tun trainiert:

▶ Heulen trainiert Heulsusen.
▶ Jammern trainiert Jammerlappen.
▶ Angst haben trainiert Angsthasen.
▶ Selbstmitleid trainiert Opferlämmer.

Deshalb folgende Fragen an Sie zum Verlauf der letzten Woche:

▶ Wieviel Freude, Fröhlichkeit und wieviel Spaß hatten Sie?
▶ Wie oft und wie lange waren Sie glücklich und zufrieden?
▶ Wie oft begeistert, interessiert und enthusiastisch?
▶ Wie oft voller Einfühlungsvermögen, Hingabe und Leidenschaft?
▶ Wie viele Situationen haben Sie mit Humor gemeistert?
▶ Wieviel Komisches und Lustiges haben Sie erlebt?

Wenn Sie in der letzten Woche nicht so viele Positiv-Gefühle produziert haben, wie Sie sich gewünscht hätten, dann habe ich eine Überraschung für Sie: Die letzte Woche war nicht die Ausnahmewoche, für die Sie sie halten! Doch in kleinen Schritten können Sie durch Stimmungs-Management durch Body-Management zum Stimmungsprofi werden. Denken Sie an Arthur Schopenhauer, der schon zu dem Ergebnis kam:

> Letztlich ist jeder mit sich allein. Und dann kommt es darauf an, wer mit wem allein ist!

20. Stimmungs-Management durch Mind-Management

Der zweite Einflußfaktor auf unsere Stimmung ist – wie oben schon beschrieben – der aktuelle Gedankeninhalt, mit dem wir uns beschäftigen, das heißt das, worauf wir gerade fokussiert sind. Wann immer Sie sich also in Zukunft schlecht fühlen sollten, gibt es einen einfachen Test, um herauszufinden, ob das Stimmungstief körperlich oder mental bedingt ist.

Checken Sie zuerst körperliche Einflüsse: Angenommen, Ihre Hand sei in einer Autotür, und die Tür sei geschlossen – dann haben Sie einen eindeutig körperlichen Negativeinfluß auf Ihre Gefühle. Die Lösung liegt auf der Hand: Tür aufmachen, Hand rausnehmen, gequetschte Finger verarzten. Möglicherweise sagen Sie jetzt: „Dieses Beispiel ist aber ganz schön weit hergeholt." Stimmt. Und zwar mit Absicht: Es will Sie auf den Unfug aufmerksam machen, den wir uns im Bereich körperlicher Stimmungsvermieser oft selbst zumuten:

▶ Denken Sie an den Vertriebsmann, der allabendlich einen halben Kasten Bier leert, einen Großteil der Nacht mit einem latein-amerikanischen Ballett verbringt und sich am nächsten Morgen fragt, warum er so schwer aus dem Bett kommt.

▶ Da ist der Schichtarbeiter, der jahrein, jahraus Zwölf-Stunden-Schichten kloppt und sich fragt, warum er nur innerlich so ausgebrannt ist.

▶ Und da sind die Millionen Schreibtischtäter, die das Lauftier Mensch zwölf Stunden vor einen Computer-Bildschirm setzen und sich wundern, warum sie sich Jahr für Jahr körperlich unwohler fühlen?

Also: Wenn es körperliche Einflüsse für Ihre schlechte Stimmung gibt, dann stellen Sie diese ab. Wenn körperliche Einflüsse für Ihr Schlechtbefinden auszuschließen sind, gibt es nur noch einen Grund für Sie, sich schlecht zu fühlen: Der Schrott, über den Sie nachdenken! 30 Sekunden Nachdenken über einen emotional wichtigen – positiven oder negativen – Inhalt reichen aus, den Stimmungsgrundton für einen ganzen Tag vorzugeben.

Kennen Sie die Situation? Sie werden morgens wach, und Ihr erster Gedanke ist intuitiv: „Mensch, da war doch gestern irgendetwas?" Und nach einigen Sekunden des Nachdenkens kommt Ihnen die Erleuchtung: „Na klar, gestern hast du den Verkaufswettbewerb gewonnen."

Nächsten Montag geht's erst mal für zwei Wochen auf die Seychellen."
Ein guter Gedanke am Morgen, sagt der Volksmund, vertreibt Kummer
und Sorgen!

Das ist umgekehrt bei negativen Gedanken leider genauso wahr wie bei
positiven: Fällt Ihnen auf das nagende „Da war doch etwas" ein: „Klar,
gestern hat mir dieser Depp mein nagelneues Auto verschrottet",
genügen wenige Sekunden, um den ganzen Tag kaputt zu machen.

Ob der positive oder negative gedankliche Einfluß von uns selbst kommt
oder uns von anderen nahegebracht wird, ist ebenfalls unerheblich: Wer
sich öfter in Gesellschaft professioneller Bedenkenträger begibt und
solchen Menschen bei Partys länger zuhört, braucht sich genausowenig
zu wundern, daß seine Stimmung in den Keller geht, wie derjenige, der
regelmäßig durch deutsche Fernsehprogramme zappt und alle Varianten
des journalistischen Grundprinzips erlebt: „Nur schlechte Nachrichten
sind gute Nachrichten."

„In diese Welt kann man doch keine Kinder mehr setzen", empören sich
manche. „Zivilisiert wollen wir sein? Daß ich nicht lache. Wenn sich
50 000 von unserer Gattung treffen (beim Fußballspiel FC Liverpool
gegen Manchester United zum Beispiel), dann müssen 5 000 aufgeboten
werden, damit der Rest sich nicht gegenseitig totschlägt. Soviel
Schwachsinn gibt's in keinem Ameisenhaufen ... "

Wie anders dagegen die Diskussion im Kreis positiver Menschen, die
erkennen: *Die Welt, in der wir leben, ist das Schlaraffenland, von dem
Kaiser und Könige seit Jahrtausenden geträumt haben.* Das Problem ist
nur, daß wir es in unserer Einfallslosigkeit nicht mehr wahrnehmen:

▶ Wir können uns heute für weniger als 100,00 Mark in Taschenbuch-
   ausgabe das Know-how aller großen Denker zulegen – wer das nicht
   toll findet, sollte strafversetzt werden ins 18. Jahrhundert: Damals
   hießen Vorlesungen deswegen Vorlesungen, weil der Einzige, der ein
   Buch hatte, aus dem er vorlesen konnte, der Professor war.

▶ Wer vom Hawaii-Urlaub zurückkommt und flucht, weil er aufgrund
   einer Flugverspätung insgesamt 32 Stunden unterwegs war, sollte
   zurückversetzt werden zu Altmeister Goethe – der brauchte von
   Weimar nach Italien per Postkutsche immerhin drei Wochen.

▶ Wir bestaunen das Versailler Schloß von Ludwig XIV., fahren in
   unserem BMW nach Hause und fluchen, wenn im Westerwald die
   Funkverbindung unseres Handys abreißt. Was glauben Sie: Wie viele

Schlösser hätte Ludwig XIV. dafür gegeben, nur um über den simplen Lebensstandard eines deutschen Industriearbeiters zu verfügen: elektrisches Licht, ein Telefon, Golf-Diesel, zweimal im Jahr eine Flugreise, einen Fernseher, einen CD-Player, einen PC mit Internetanschluß.

Zwei Minuten positive Gedanken, und unsere Stimmung folgt uns sofort in eine Welt voller Chancen und Möglichkeiten. Daß konstruktives Denken ein Schlüssel zum Glück ist, ist weder neu noch originell. Marc Aurel wußte schon vor 2 000 Jahren:

> Das Leben eines Menschen ist das, was seine Gedanken daraus machen.

„Brandneu" ist allerdings, daß wir erst seit Mitte der 70er Jahre präzise wissen, wie wir unsere Selbstgespräche Schritt für Schritt von einer Negativ-Orientierung ins Positive umwandeln können:

> Gut drauf zu sein, wenn man gut drauf ist, das kann jeder Idiot!

Schnellstmöglich wieder gut drauf zu sein, wenn wir gerade nicht gut drauf waren, war bislang das Geheimnis weniger Profis. Die alten Sprüche: „Jede Sache hat zwei Seiten. Auch eine positive. Die kann man ja mal zuerst sehen.", funktionieren nämlich nicht, wenn wir emotional im Sumpf sitzen.

In diesem Kapitel geht es exakt um die Frage, wie wir unseren Fokus präzise und in leicht umsetzbaren Schritten verändern, wenn wir emotional im Matsch sitzen.

Bitte notieren Sie zunächst einmal mit je einem Stichwort drei Situationen, in denen Ihre gewohnheitsmäßig gute Stimmung verloren geht:

1. Situation: _____

_____

2. Situation _____

_____

3. Situation _____

_____

Doch welches Werkzeug brauchen wir, um uns in Zukunft in solchen Situationen emotional Schritt für Schritt umzuorientieren? Neurolinguisten, die Wissenschaftler, die sich mit der Frage beschäftigen, wie wir mit unserer Sprache im inneren Dialog unser Nervensystem beeinflussen und steuern, gehen heute von folgendem Modell aus:

> Bewußtes (sprachliches) Denken ist nichts anderes als das permanente Wechselspiel von Frage und Antwort im inneren Dialog.

Schauen wir uns das Ganze einmal an einem Beispiel an. Sie fragen sich: *„Was mache ich als nächstes? Ich muß noch einkaufen. Was brauche ich alles?* Butter, Eier, Milch, Obst. *Ist noch genug Brot da?* Ich guck' mal nach ... "

Oder ein anderes Beispiel. Sie sind Gast in einem Hotel, und plötzlich schrillen die Alarmglocken: *„Was bedeutet das schrille Klingeln?* Wahrscheinlich Feueralarm. *Was soll ich tun?* Guck' mal, was die anderen Gäste machen. Die reagieren nicht! *Wieso nicht?* Wahrscheinlich ein Fehlalarm. *Also was soll ich tun?* Warte erst mal ab." In diesem Augenblick kommt der Kellner rein und schreit: „Feuer!" Sie fragen sich: *„Und was bedeutet das?* Schnell raus hier ... "

Wenn unser Denken also durch nichts anderes gesteuert wird als die Fragen, die wir uns selbst stellen, dann gilt eine entscheidende weitere Erkenntnis:

> Die Qualität unserer Fragen entscheidet über die Qualität unserer Antworten.

Mit unseren Fragen geben wir im inneren Dialog den Antwortrahmen vor, innerhalb dessen wir uns gedanklich bewegen. Dieses Prinzip können Sie mit Freunden leicht testen: Schlagen Sie ihnen beim nächsten Treffen eine kleine Beobachtungsübung vor, und bitten Sie sie, sich innerhalb von zehn Sekunden alle Gegenstände im Raum zu merken, die braun sind. Anschließend bitten Sie Ihre Freunde, die Augen zu schließen, und fragen dann: Welche Gegenstände in diesem Raum sind optimistisch-lebensfroh grün? Wollen wir wetten, daß Ihre Freunde beim Fokus auf „braun" eine ganze Menge „grün" übersehen haben?

„Okay", werden Sie sagen, „alles gut und schön", aber was hat diese Kindergarten-Übung mit meinem Stimmungs-Management zu tun?" Die Antwort heißt: Leider mehr, als Ihnen lieb sein kann! Wenn Sie nämlich jeden Morgen auf der Fahrt ins Büro – wie einige 100 000 andere – gewohnheitsmäßig überlegen: „Mal sehen, was heute wieder schiefgeht!", dann heißt das im Klartext: Was alles in meinem Leben ist „Kot-Braun"? Und wenn Ihnen an diesem Tag von 100 Dingen nur drei danebengehen, sind das exakt die, die in Ihrem Filter hängenbleiben. Die 22 Gelegenheiten und Chancen, die Ihnen am selben Tag signalisieren, wo Ihre Lebensampel auf grün steht, haben Sie mit Ihrem „Kot-Braun-Scanner" genausowenig mitbekommen wie Ihre Freunde das Grün bei der Kindergarten-Übung:

Hier eine kleine Auswahl typischer Negativ-Fragen:

▶ Warum muß sowas immer mir passieren?
▶ Warum konnte ich nicht studieren?
▶ Warum ist die Welt so ungerecht?
▶ Wieso habe ich ständig Pech?
▶ Wieso hat meine Frau/mein Mann sowenig Verständnis für mich?

Vielleicht kommt Ihnen die eine oder andere Frage vertraut vor. Wenn ja, dann lassen Sie uns einige Hintergrundinformationen zu den Denkgewohnheiten unseres inneren Dialogs anschauen: Neurowissenschaftler schätzen, daß wir täglich 50 000 bis 60 000 Gedanken denken! Wußten Sie, daß nach diesen Untersuchungen etwa 95 Prozent dieser Gedanken täglich gleich sind? Das heißt: Diejenigen, die gewohnheitsmäßig Schrott denken, denken täglich den gleichen Müll. Und diejenigen, die sich gewohnheitsmäßig erfreulichen Gedankeninhalten hingeben, bauen sich täglich mit derselben Konsequenz auf:

▶ Welche Chancen habe ich heute?
▶ Worauf freue ich mich am meisten?
▶ Wem kann ich eine Freude machen?
▶ Wie nutze ich das unerwartete Zeitgeschenk des abgesagten Termins am besten?
▶ Welche Lernchancen warten auf mich?
▶ Wofür kann ich dankbar sein?

Sonnenschein im Herzen ist weitgehend abhängig von Sonnenschein im Kopf. Die Frage ist: Können wir lernen, in unserem Kopf für stabile Schönwetterperioden zu sorgen? Können wir lernen, „Regenwolken- und Gewitterfragen" zu verscheuchen und zwischen unseren Ohren ein beständiges Azoren-Hoch aufzubauen?

Die Antwort heißt eindeutig: „Ja". Die Lernformel, nach der unser Gehirn lernt, kennen Sie bereits: *Dauer x Häufigkeit x emotionale Intensität*. Der Lernturbo ist – wie Sie wissen – die emotionale Intensität, das heißt: Je besser es uns gelingt, unsere Gedanken genau dann zu ändern, wenn wir emotional unter Strom stehen, um so weniger Wiederholungen brauchen wir, bis wir die neue Konstruktivperspektive verinnerlicht haben. Damit bleibt noch die Frage: Was können wir tun, wenn wir stinksauer und gefrustet sind und bis zum Hals im Emotions-Sumpf stecken, um uns wie Münchhausen am eigenen Schopf wieder rauszuziehen?

Bei jeder Frage – gleichgültig ob positiv oder negativ –, mit der wir uns gedanklich beschäftigen, lassen sich insgesamt vier Strukturmerkmale unterscheiden. Wer diese vier Schlüssel kennt, hält die Schlüssel zum konstruktiven Denken in der Hand. Mit Ihnen können wir jede „Kot-Braun-Perspektive" in eine grüne „Freie-Fahrt-Überlegung" umwandeln.

Schauen wir uns eine der klassischen Unfugfragen einmal näher an:

1.   2.   4.   3.
Warum   muß das   immer   mir passieren?

Zu 1: *Warum* muß das immer mir passieren?

Das Erste, was wir uns bei jeder Frage anschauen können, ist die zeitliche Richtung, in der sie unser Denken lenkt:

	Problem	
Vergangenheit	Gegenwart	Zukunft
◄── Ursachenorientierung		Lösungsorientierung ──►
	Beispiele:	
Wer ist schuld?	Was ist das Problem?	Wie kriegen wir die Kuh vom Eis?
Warum hast Du es mir nicht gesagt?		Was lernen wir hieraus?
Wieso hast Du nicht aufgepaßt?		Wie machen wir gerade, was krumm ist?

Als Faustformel gilt:

1. Fragen, die unser Denken in die Zukunft der Problemlösung lenken, bringen uns weiter.

2. Fragen, mit denen wir die Gegenwart klären, helfen ebenfalls.

3. Fragen, die uns gedanklich in die Vergangenheit bringen (Schuldfragen, Sündenbocksuche, pseudowissenschaftliche Suche nach Gründen etc.), gehen regelmäßig als Schuß nach hinten los.

Wenn Sie es für den Alltag noch einfacher und griffiger haben wollen:

> **Wie-Fragen bringen uns weiter, Warum-Fragen sind die Wurzel vieler Übel.**

Ich weiß, daß diese provokante Formulierung alle aufrechten Wissenschaftler ins Herz trifft. Und in meinen Seminaren stoße ich auch immer auf den Einwand, daß zunächst die Ursache eines Problems erkannt und beseitigt werden müsse.

Seminarteilnehmer geben an dieser Stelle manchmal zu bedenken, daß der Problembewältigung die Ursachenanalyse vorangehen muß, und schlagen vor, zunächst mit „warum" die Ursachen zu erforschen und sich dann mit „wie" einer Lösung zu nähern. So klassisch dieses Konzept auch ist, so selten funktioniert es in der Praxis.

Rein logisch betrachtet ist dieser Einwand berechtigt. Aber Sie sollten sich nicht leichtfertig überschätzen: Der Wechsel von „warum" zu „wie" ergibt sich nämlich nicht automatisch. Wer jemals an Konferenzen teilgenommen hat, weiß, daß sich diese Diskussionen oft stundenlang im Kreis drehen. Obwohl sich die meisten Teilnehmer kurze, knappe und ergebnisorientierte Diskussionen wünschen. Woran liegt es also, daß trotz des guten Willens aller Beteiligten viele Arbeitsbesprechungen gleichwohl zu äußerst mageren Ergebnissen führen?

Antwort: Die meisten Manager wissen schlichtweg zuwenig darüber, wie unser Kopf funktioniert. Andernfalls hätten sie schon davon gehört, daß Neurolinguisten „Warum-Fragen" als Fragen mit „Endlos-Schleife" bezeichnen.

Beispiel: Angenommen, Sie bekämen Lampenfieber, wenn Sie vor mehr als 500 Menschen sprechen müssen. Auf Ihre Frage: „Warum hab' ich bloß soviel Lampenfieber?" fällt Ihnen ein: „Weil ich so schüchtern bin!"

„Warum bin ich so schüchtern?" „Weil ich halt introvertiert bin." Auf die Frage: „Warum bin ich so introvertiert?" Hier wissen Sie keine Antwort mehr. Nach 100 Stunden auf der Couch finden Sie endlich die Antwort: „Frühkindliches Trauma. Im Alter von vier Jahren zu heiß gebadet. Danach Grundsatzentscheidung zur Introversion, um andere nicht mehr zu nahe an sich heranzulassen ..."

Wie Richard Bach in der Möwe Jonathan sagt: „Suche nach deinen Grenzen. Und sie bleiben dir." Wer 140 Gründe in seiner Vergangenheit dafür findet, warum es ihm so schlecht geht, wie es ihm geht, der sitzt anschließend genau in dem Problemgefängnis, das er sich selbst aufgebaut hat. Warum-Fragen führen von ihrer gedanklichen Tendenz zu weiteren Warums, aber niemals zur Lösung, weil sie gedanklich kein „Wie" implizieren.

Und jetzt die gute Nachricht: Bei Wie-Fragen ist es genau umgekehrt: Wie-Fragen beinhalten alle impliziten Warums, die wir brauchen, um die Lösung zu finden. Auf Ihre Frage: „Wie überwinde ich mein Lampenfieber?" können Sie antworten: „Indem ich die zugrunde liegende Ursache – meine Schüchternheit – überwinde ..."

Also: Wann immer Sie sich in Zukunft gedanklich im emotionalen Sumpf erwischen, machen Sie sich zunächst bewußt, über welche Frage Sie nachgedacht haben. Prüfen Sie dann die Fragerichtung. Ertappen Sie sich bei unproduktiven Vergangenheitsanalysen, wechseln Sie den Blickwinkel zu einer Lösungsorientierung: „Wie gehe ich vor?" und „Was können wir tun?", sind Ihre Freunde beim Start zum konstruktiven Denken.

Zu 2: Warum *muß das* immer mir *passieren*?

Fragen beinhalten häufig Unterstellungen:

▶ Warum habe ich kein Talent? – unterstellt beispielsweise, daß wir tatsächlich kein Talent haben.

▶ „Warum interessiert sich meine Frau nicht für meine Arbeit?" – geht bereits von dem aus, was erst noch festzustellen wäre.

▶ Warum *muß das* immer mir *passieren*? – unterstellt, daß es im Universum eine Kausalität gibt, die gerade uns dieses bittere Schicksal auferlegt.

Das Tragische an unserem analytischen Denken ist zweierlei:

1. Unser Gehirn hinterfragt nicht die stillschweigenden Voraussetzungen unserer Fragen, sondern unterstellt diese als wahr.

2. Gleichgültig, wie unbeantwortbar eine Frage auch ist, versucht unser Kopf, unser Ego zufriedenzustellen und sich wenigstens eine halbwegs plausibel erscheinende Antwort auszudenken.

Anders als Computer, die bei Anfragen jenseits ihrer Speicherinhalte mit einem klaren Programm-Feedback signalisieren, daß sie überfordert sind, sind unserem Ego „Ich weiß nicht"-Schlappen eher peinlich. Also nutzen wir unsere Kreativität auf Teufel komm 'raus, um uns Antworten auszudenken, in denen genau der Unsinn steckt, den wir in der Frage vorgegeben haben. Wenn Sie sich zum Beispiel fragen: „Warum hat mein Chef kein Interesse an meiner Arbeit?", werden Ihnen vielleicht 23 Gründe einfallen, mit denen Sie auch die gesamte Anteilnahme Ihrer Familie und Ihrer Freunde gewinnen. Dies ändert aber nichts an der Tatsache, daß das Gedankengebäude Ihrer 23 brillanten Argumente auf einem höchst wackligen Fundament ruht: Der Vermutung nämlich, daß Ihre stillschweigende Unterstellung berechtigt ist, Ihr Chef habe kein Interesse.

Möglicherweise interessiert sich Ihr Chef sogar sehr für Ihre Arbeit, ist sich aber so sicher, daß Sie das wissen, daß es ihm im Traum nicht einfiele, Ihnen dies auch noch zu signalisieren. Möglicherweise will er auch mit den Fragen, die er Ihnen stellt, sein Interesse ausdrücken – und Sie wundern sich, warum er Sie ständig kontrolliert.

Fazit: Wann immer Sie sich im Sumpf negativer Gedanken erwischen, ändern Sie nicht nur die Fragerichtung und damit auch die Denkrichtung, sondern stellen Sie auch sicher, daß Ihre Frage mit positiven Unterstellungen arbeitet. Die Frage: „Warum bin ich so blöd?", hilft Ihnen im Leben deutlich weniger als die Überlegung: „Wie nutze ich mein Genie/meine Talente am besten?". Und die Frage: „Wie bringe ich meinen Chef dazu, sein Interesse an meiner Arbeit so auszudrücken, daß es unsere Arbeitspartnerschaft verbessert?", bringt Sie auf andere Ideen als ein: „Warum hört der Idiot mir nie zu?"

Zu 3: Warum muß das immer *mir* passieren?

Der dritte Schlüssel zu konstruktivem Denken besteht darin, unseren inneren Dialog daraufhin zu überprüfen, inwieweit wir uns selbst zum Opfer der Situation gemacht haben. Die sprachlichen Indizien für diesen

Denkfehler sind offensichtlich: Entweder Sie sind Objekt der Fragestellung („Warum nutzt mein Chef *mich* so unverschämt aus?"), oder Sie finden ein Passiv, das bekanntlich auch Leideform genannt wird („Warum *werde* ich immer so unverschämt *ausgenutzt*?").

Sobald Sie diese gedankliche Struktur durchschauen, steigen Ihre Chancen, sich und andere aus unproduktivem Gedankensumpf zu befreien, enorm: Dazu brauchen Sie sich nur vor Augen zu führen, wie unsere Beziehung zur Umwelt aussieht.

Alles, was das Individuum an seine Umwelt abgibt, ist Output des Individuums und Input für die Umwelt. Umgekehrt ist der Output der Umwelt Input für das Individuum. Das heißt anders ausgedrückt: Individuen entwickeln sich in ständiger wechselseitiger Beeinflussung mit ihrer Umwelt.

An der Sprache eines Menschen können Sie leicht feststellen, über welchen Anteil der Interaktion seiner Welt er gerade nachdenkt:

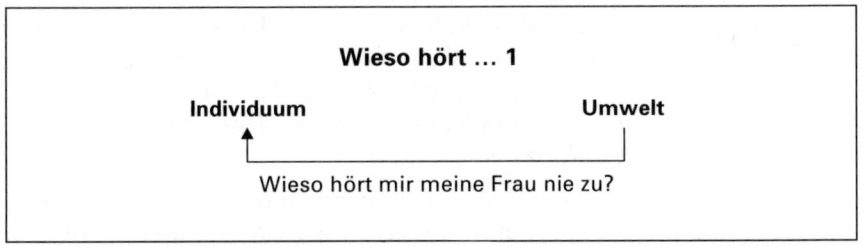

In diesem Beispiel denkt jemand nur noch an das, was seine Umwelt ihm antut: Er hat seine Weltsicht so eingeschränkt, daß er sich nur noch als Opfer sieht.

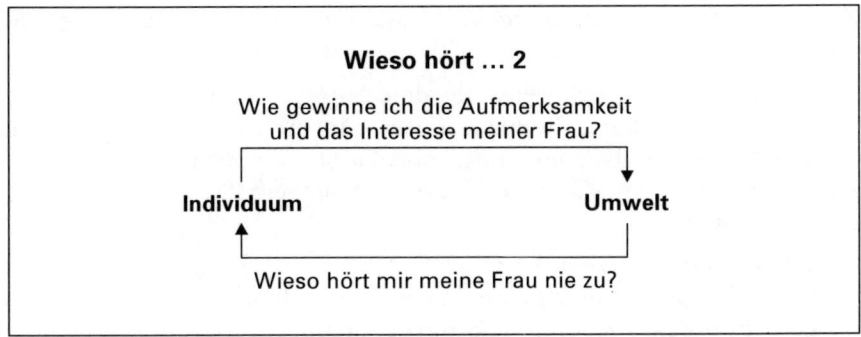

In diesem Beispiel sieht unser Opfer, daß er in der Interaktion mit der Welt immer auch Täter ist. Und wer seine Mittäterrolle sieht, der hat ein Pack-Ende, aktiv zu werden. Also: Wenn jemand demnächst zu Ihnen kommt und sich beklagt: „Mein Chef nutzt mich aus", dann fragen Sie sich: Denkt der über den oberen oder den unteren Pfeil nach? Stellen Sie fest, daß er – wie alle, die im Gedankensumpf stecken – aus Sicht des Opfers über den unteren Pfeil nachdenkt, strukturieren Sie Ihre Antwort so, daß der andere auch über seine Rolle als Mittäter (den oberen Pfeil) mit nachdenken muß.

Auf: „Mein Chef nutzt mich aus!", könnten Sie antworten: „Klingt, als sei auf der anderen Seite jemand, der das zuläßt." Sagt der andere jetzt: „Nein, mein Chef nutzt jeden aus!", wissen Sie, daß er Ihre Mittäterperspektive noch nicht übernommen hat. Also setzen Sie nach: Zum Beispiel mit: „Klar, und ich wette, jeden soweit, wie der es zuläßt ... ".

Übrigens: In den 70er Jahren gab es umfangreiche Untersuchungen der verschiedenen therapeutischen Ansätze. Das Ziel war herauszufinden, was exakt passiert, wenn ein Therapieansatz funktioniert. Das Ergebnis dieser Studien: Alle therapeutischen Ansätze hatten – trotz vieler Unterschiede – eine Gemeinsamkeit: *Sie funktionierten exakt in dem Augenblick, in dem es gelang, dem Klienten eine Weltsicht zurückzugeben, in der er nicht mehr nur hilfloses Opfer war, sondern sich als „Mittäter" seiner Weltgestaltungsspielräume erkannte.*

Therapeutisches Geschick besteht nun darin, uns und anderen unsere Mittäter-Verantwortung in homöopathischen Dosen nahezubringen: Wenn Ihr Ehepartner zu Ihnen sagt: „Du regst mich auf!", *könnten* Sie zwar antworten: „Was tue ich, aufgrund dessen du dich entscheidest, dich aufregen zu wollen?" (Je nach Situation wird Sie ein weniger direktes Vorgehen allerdings eher zum Ziel führen.)

Zu 4: Warum muß das *immer* mir passieren? – Positive und negative Zusatzbedingungen.

Der vierte Schlüssel, sich selbst aus dem Sumpf negativer Gedanken zu befreien, besteht darin, die Frage unseres inneren Dialogs auf positive oder negative Zusatzbedingungen abzuklopfen. Fragen, die Einzelprobleme generalisieren, sind uns spätestens dann verhaßt, wenn andere sie an uns richten:

▶ Warum bist du *immer* zu spät?
▶ Wieso kannst du *nicht einmal* dein Wort halten?
▶ Lernst du denn *nie*, mit Geld umzugehen?

Die Struktur dieser Negativ-Fragen wird natürlich nicht dadurch besser, daß wir sie an uns selbst richten:

▶ Warum falle ich *immer* wieder auf solche Männer/Frauen herein?
▶ Werde ich denn *nie* dazulernen?

Daß Generalisierungen, wie *immer, nie, ständig, dauernd* etc. uns selten einen guten Dienst erweisen, hat sich zwischenzeitlich schon herumgesprochen. Daß sich hinter positiven und negativen Zusatzbedingungen jedoch sehr viel mehr „High-Tech" zum konstruktiven Denken verbirgt, ist den meisten Menschen unbekannt.

Mahatma Ghandi beispielsweise hat mit einer positiven Zusatzbedingung 4 000 Jahre Militärgeschichte ad absurdum geführt, als er sich die Frage stellte: „Wie können wir uns vom Britischen Kolonialismus ohne Gewalteinsatz befreien?"

Wie das Beispiel von Ghandi zeigt, ist eine gute Frage zwar ein notwendiger Anfang, aber bestenfalls die halbe Miete: Nachdem er die richtige Frage gefunden hatte, hat Ghandi 30 Jahre seines Lebens investiert, um 300 Millionen Inder (erstens) von der Richtigkeit seiner Frage zu überzeugen und (zweitens) gemeinsam mit ihnen die Antwort zu finden.

> Wenn die richtigen Zusatzbedingungen in unseren Fragen den Lauf der Weltgeschichte verändern können, was können sie dann in Ihrem und meinem Leben bewirken?

Ist Ihnen schon einmal aufgefallen, wie oft wir dazu neigen, uns und andere mit rein funktionalen Fragen unter Druck zu setzen:

„Wie soll ich das alles heute bloß noch schaffen?", mag hinsichtlich des angestrebten Ergebnisses eine gute Frage sein — als Selbstansporn geht sie allerdings eher nach hinten los.

„Dann überlegen Sie mal, wie Sie dies schnellstmöglich wieder in die Reihe bringen", mag vom Chef gut gemeint sein, wird vom Mitarbeiter in vielen Situationen aber eher als Zusatzstreß erlebt.

In solchen und ähnlichen Fällen hilft unsere Formel für positive Zusatzbedingungen weiter. Sie lautet:

1. Gute Zusatzbedingungen sind rational *und emotional* positiv.
2. Wenn es hart kommt, formulieren Sie die emotionale Zusatzbedingung im Konjunktiv.

Beispiel: „Wie schaffe ich das heute noch, und zwar so, daß ich dabei Spaß habe?", lenkt unser Denken in eine rational und emotional positive Richtung. Kommt dann als Antwort zurück: „Bei dem Mist kann man überhaupt keinen Spaß an der Arbeit haben", dann wird es Zeit für den Konjunktiv-Turbo: „Wie schaffe ich das heute noch und zwar so, daß ich dabei Spaß haben könnte – zumindest wenn ich es wollte?" Das ist eine Denkformel, die auch hartnäckigen Negativ-Überlegungen eine neue Richtung gibt. Schauen wir uns jetzt die vier Schlüssel zum konstruktiven Stimmungs-Management in ihrem gelungenen Zusammenspiel an. Wie können wir aus alten Frustfragen neue Lustfragen machen, mit denen wir uns am eigenen Zopf aus dem emotionalen Sumpf ziehen?

Sie erwischen sich bei:	Und machen daraus mit den vier Schlüsseln zu konstruktiven Fragen ein:
Warum muß das gerade mir passieren?	**Wie nehme ich** solche kleinen Mißgeschicke mit Humor?
Warum hört mir nie einer zu?	**Wie gewinne** ich in Konferenzen die Aufmerksamkeit der Gruppe, wann immer ich sie brauche?
Warum hat dieser Idiot den Termin nicht abgesagt, wenn er verhindert war?	**Wie nutze ich** dieses unerwartete Zeitgeschenk **am besten**?
Warum lügt mein Sohn mich an?	**Wie schaffen** wir zu Hause ein Klima von Vertrauen und Offenheit, in dem unsere Kinder sich eingeladen fühlen, auch zu ihren Fehlern zu stehen?

Lassen Sie sich durch diese Beispiele inspirieren! Sie haben sich immer dann am eigenen Zopf aus dem Negativ-Sumpf gezogen, wenn *Sie* die neue Frage überzeugt: Notieren Sie sich in den nächsten zehn Tagen alle Negativ-Fragen, bei denen Sie sich erwischen (es sind sowieso immer dieselben). Nutzen Sie dann die vier Schlüssel zum Frage-Design, und gestalten Sie eine Alternativ-Frage, bei der Sie das Gefühl haben: „Jawohl, das ist sie. Das ist nicht nur Positiv-Kosmetik, sondern die Frage, die mich in einer solchen Situation wirklich weiterbringt!"

21. Fragen sind der Schlüssel

Wie sehr die Qualität unserer Fragen unseren Erkenntnisfortschritt bestimmt, läßt sich gut in der Wissenschaft beobachten. Die Geschichte des wissenschaftlichen Fortschritts läßt sich empirisch beschreiben als die Geschichte neuer Fragen, die uns dann zu neuen Antworten geführt haben:

So fallen Äpfel schon seit Jahrtausenden von den Bäumen. Doch vor Newton hat sich niemand mit der Frage beschäftigt: „Welche Kraft ist dafür verantwortlich, daß die Äpfel vom Erdboden angezogen werden?" Und weil vorher niemand über diese Frage nachgedacht hatte, blieb es Isaac Newton vorbehalten, als erster die Antwort zu erforschen und das Gravitationsgesetz zu formulieren.

Auch Albert Einsteins sensationellen Erkenntnisse begannen mit harmlosen Fragen, die sich jeder andere ebenfalls hätte stellen können: Angenommen – so eine von Einsteins Überlegungen – ich wäre am Bahnhof und könnte statt des nächsten Zuges auf einem Lichtstrahl davonreiten. Dann würde mich das Licht der Bahnhofsuhr – ausgesendet im Abreisezeitpunkt um zwölf Uhr – begleiten, daß heißt: In meinem Erleben würde die Zeit stillstehen. Weiter angenommen, ich könnte den mit Lichtgeschwindigkeit reisenden Zug überholen: Dann käme ich irgendwann bei dem Lichtstrahl vorbei, den die Bahnhofsuhr um 11.59 Uhr ausgesendet hat. Die Zeit würde – zumindest in meinem Erleben – rückwärts laufen. Wäre dies reine Einbildung, oder gibt es tatsächlich eine Abhängigkeit von Zeit und Raum?

Damit wir uns recht verstehen: Nicht jeder, der auf Einsteins Fragen gestoßen wäre, wäre auch in der Lage gewesen, seine Antworten zu finden. Anders gesagt: Gescheite Fragen sind notwendige, aber nicht hinreichende Bedingung für kluge Anworten ...

Dies gilt natürlich nicht nur im Reich der Wissenschaft, sondern genauso in Wirtschaft und Politik. Wahre Leader verstecken sich weder im einen noch im anderen Bereich hinter ihrer Amtsautorität. Sie stellen ihren Führungsanspruch vielmehr in der Sache mit Problemlösungen unter Beweis, die die Geführten alleine entweder nicht in dieser Qualität oder nicht zu diesem Zeitpunkt zustande gebracht hätten. Und wer bessere Antworten findet, hat vorher in aller Regel gescheitere Fragen gestellt.

Halten wir also fest:

> Wir können unser Leben von einem Augenblick zum nächsten än-
> dern, indem wir eine neue Frage stellen.

Soweit, so gut. Doch wo sollen wir anfangen? Welche Lebensbereiche
sind besonders lohnend, mit neuen Qualitätsfragen durchforstet zu
werden, um zu neuen Qualitätsantworten zu kommen?

Die folgenden Übungen bieten Ihnen einen Einstieg in die weite Welt
des Frage-Designs:

Übung 1: Das Erkennen und Umgestalten von Schicksalsfragen

Als ich vor Jahren in Berlin über Stimmungs-Management und die vier
Schlüssel zum Frage-Design referierte, kam in der Pause eine Dame auf
mich zu und sagte zu mir: „Wissen Sie, was Sie da eben vorgetragen
haben, das ist sicher richtig. Aber ich habe das Gefühl, daß Sie im Leben
noch keinen wirklichen Schicksalsschlag erlitten haben. Mein Leben sah
vor sechs Jahren innerhalb von zehn Minuten völlig anders aus. Mein
Sohn ist damals im Straßenverkehr tödlich verunglückt. Er war unser
einziges Kind und für meinen Mann und mich unser ein und alles. Und
dann fragt man sich als gläubige Katholikin schon: Warum hat Gott
gerade uns diese Schicksalsprüfung auferlegt? So, jetzt kennen Sie meine
Frage, und dann können Sie mir ja einmal sagen, was ich hier denn
richtigerweise denken sollte."

„Warum hat Gott mir dies angetan?" – diese Frage hat in der Tat eine
andere Reichweite als die üblichen Alltagswehwehchen („Warum finde
ich keinen Parkplatz?"), für die sich schnell und elegant Alternativfragen
anbieten lassen. Nachdem ich mit der Teilnehmerin näher ins Gespräch
gekommen war, habe ich auf ihre Ausgangsfrage sinngemäß geantwortet: „Die Frage, warum hat Gott mir dies angetan, wird Ihnen hier unten
niemand beantworten, Ihr Pfarrer nicht, Ihr Ehemann nicht und Ihre
Freunde ebenfalls nicht. Wenn ich auch die Frage nicht kenne, die Ihnen
weiterhilft, weiß ich doch, daß wir alle die Verantwortung haben für die
Fragen, die wir uns stellen. Und wenn Sie sich noch Jahre mit einer
unbeantwortbaren Frage quälen, liegt die Verantwortung dafür bei Ihnen
…" Am nächsten Morgen setzte sich die Teilnehmerin zu mir an den

Frühstückstisch und sagte: „Ich habe die halbe Nacht wachgelegen und über unser Gespräch nachgedacht. Mein Mann ist vor zwei Jahren ausgezogen, weil er es nicht mehr ausgehalten hat, meine Trauer zu ertragen. Er hat gesagt: ‚Wir müssen sehen, wie das Leben trotzdem weitergeht.' Ich habe ihm daraufhin vorgeworfen, daß ihm unser Junge nicht wirklich viel bedeutet hat. Heute nacht habe ich eingesehen, daß er auf seine Frage genauso ein Recht hat wie ich auf meine."

Als ich diese Dame einige Monate später wiedertraf, sagte sie zu mir (ihr Mann und sie hatten sich zwischenzeitlich ausgesprochen und lebten wieder zusammen): „Ich habe immer noch keine andere Frage. Aber meine alte Frage ist verschwunden. Vielleicht ist das auch eine Antwort."

Dieses Erlebnis hat mich sehr hellhörig gemacht für sogenannte „Lebensthemen-Fragen", die sich bei vielen Menschen wie ein roter Faden durchs Leben ziehen und mit denen sich viele ihr Leben emotional ruinieren:

▶ Warum hat Gott mir dies angetan?

▶ Warum haben sich meine Eltern nicht um mich gekümmert?

▶ Warum durfte ich nicht studieren?

▶ Warum konnten meine Eltern mir nicht die Chancen geben, die andere Kinder hatten?

▶ Warum gerate ich immer an den falschen Partner?

▶ Warum werde ich von anderen immer nur ausgenutzt?

Wenn Sie zu solchen oder ähnlich apokalyptischen Fragen neigen, dann lege ich Ihnen die oben besprochenen vier Schlüssel zum konstruktiven Stimmungs-Management ganz besonders ans Herz. Die gerade skizzierten Fragen beispielsweise sehen in ihrer geläuterten Form dann so aus:

▶ Wo und wie bin ich durch diese Schicksalsprüfung gereist?

▶ Was habe ich vom Umgang meiner Eltern mit mir gelernt, so daß ich mit meiner Familie und meinen Freunden heute anders umgehe?

▶ Wie nutze ich meine Begabungen und Talente als Praktiker?

▶ Wie setzte ich meinen Zeitvorsprung gegenüber Akademikern um?

▶ Wie kann ich mich ändern, um zu dem Mensch zu werden, der die Partner anzieht, die er verdient?

▶ Wie gestalte ich meine Beziehung zu anderen so, daß ein gegenseitiges Geben und Nehmen entsteht?

Übung 2: Frage-Design für einen optimalen Tagesstart

Daß unserem Einstieg in den Tag eine Schlüsselfunktion für unsere gute
Laune und unsere Produktivität zukommt, ist mittlerweile klar: „Mor-
genstund hat Gold im Mund", weiß deswegen der Volksmund – aber
nur, so läßt sich ergänzen, wenn „wir nicht mit dem falschen Fuß
aufstehen". Um mental richtig auf die Füße zu kommen, helfen uns zum
Beispiel folgende Fragen weiter:

▶ Worauf freue ich mich heute am meisten?

▶ Welche Chancen habe ich heute?

▶ Wofür kann ich und will ich dankbar sein?

▶ Wem kann ich eine Freude machen?

▶ Was kann ich lernen?

▶ Wie kann ich in die Beziehung zu den Menschen investieren, die mir
am meisten bedeuten?

Übung 3: Fragen zur Erfolgsplanung

So wie der Weg zur Hölle mit guten Vorsätzen gepflastert ist, ist der
Weg zum Erfolg asphaltiert mit guten Entscheidungen. Hier eine
Auswahl hilfreicher Fragen:

▶ Was will ich erreichen?

▶ Wie gehe ich konkret – Schritt für Schritt – vor?

▶ Vom Ziel aus betrachtet: Welchen Weg habe ich zum Erreichen dieses
Ziels zurückgelegt, und wie bin ich vorgegangen?

▶ Wie geht es doch?

▶ Was lerne ich hieraus für die Zukunft?

▶ Was ist der Unterschied, der den Unterschied ausmacht?

▶ Was würden andere Profis in der jetzigen Situation tun?

Übung 4: Fragen zur Entscheidungsfindung

Auf dem Weg zum Erfolg werden von uns weichenstellende Entscheidungen verlangt. Diese sind nie besser als die Entscheidungsbasis, die ihnen zugrunde liegt. Und hier sind die richtigen Fragen die besten Helfershelfer:

Zur Lösungswegsuche

Oft wird uns der Blick auf die Lösung durch Klippen, Hindernisse und Einwände versperrt („Dazu fällt mir beim besten Willen nichts ein." „Das kriegen wir beim Chef nicht durch!") In solchen Fällen ist es oft hilfreich, sich nicht an dem Einzelproblem festzubeißen, sondern zunächst den Lösungsweg insgesamt abzustecken. Zum „Überspringen" solcher Sackgassen empfehlen sich Hypothesenfragen:

▶ Mal angenommen, wir bekämen das hin (zum Beispiel die Zustimmung des Chefs!). Würden Sie den Vorschlag dann mit Ihrer Abteilung unterstützen können und wollen?

▶ Was wäre, wenn ... ?

▶ Mal angenommen, Sie hätten spontan eine Idee. In welche Richtung würde sie vermutlich weisen?

Zur Konsenssuche

Je mehr Gemeinsamkeiten wir mit unseren Partnern finden, um so breiter wird die Basis unserer Kooperation. Das stärkt in aller Regel den Willen zur Zusammenarbeit aller Beteiligten und gibt zusätzliche Motivation. Schaffen Sie deshalb zunächst einen Übereinstimmungsrahmen zur Lösungsfindung. Dabei helfen Ihnen Fragen wie:

▶ Wo sind wir uns einig?

▶ Was an diesem Vorschlag ist gut?

▶ Worauf können wir aufbauen?

▶ Welche Chancen und Möglichkeiten bietet dieses Konzept?

Zur Schwachstellen-Analyse

„Anwälte bemühen sich häufig vergebens, aber niemals umsonst, um die Rechte ihrer Mandanten." Dieses unter Juristen geflügelte Wort macht uns auf eine wichtige Tatsache aufmerksam: Streiten sich Vertragsparteien im nachhinein über Dinge, die sie vorher überhaupt nicht bedacht oder jedenfalls nicht klar genug geregelt haben, ist guter Rat nicht nur teuer, sondern auch oft vergeblich. Wir sollten uns deshalb ins Gedächtnis rufen:

> Unser Schicksal hängt nicht nur ab von den Fragen, die wir stellen. Es wird auch bestimmt durch die Fragen, die wir nicht stellen.

Integrieren Sie deshalb in den Entscheidungsprozeß Fragen zur Schwachstellen-Analyse wie zum Beispiel:

▶ Was ist noch offen?

▶ Was könnte schiefgehen?

▶ Welche Regeln vereinbaren wir für den Fall nicht erwarteter Entwicklungen?

▶ Worüber haben wir noch nicht gesprochen?

Zur Integration mehrerer Entscheider-Perspektiven

Kennen Sie den tennisspielenden Manager, der schon 37 Tennisschläger in sein Hobby investiert hat und trotzdem noch nicht das Racket gefunden hat, das ihm zu Boris-Becker-ähnlichen Leistungen verhilft? Seine Frau hält ihn für völlig bescheuert, seine Freunde belächeln ihn. Eigentlich weiß er als seriöser Banker schon, daß seine letzten 35 Schläger-Einkäufe nur noch wenig mit gesundem Menschenverstand zu tun haben. Doch wenn es um sein Steckenpferd Tennis geht und ein neuer Schlägertyp auf den Markt kommt, ist es um den Verstand des Tennis-Freaks geschehen. Das Racket mit der Carboneinlage zur Schonung seines Tennisarms könnte den Durchbruch bringen, also her damit!

Kennen Sie solche emotionalen Attacken, die Ihren gesunden Menschenverstand in dem einen oder anderen Lebensbereich außer Kraft setzen können? Würden Sie sich in diesen Bereichen gerne besonnener verhalten? Wenn ja, dann können Ihnen die drei Fragepositionen von John Grinder und Judith De Lozier weiterhelfen:

In der ersten Position fragen Sie sich: Was möchte *ich*? In der zweiten Position fragen Sie: Was möchte *der andere*? (Das kann Ihr Verhandlungspartner sein oder beim oben beschriebenen Fall des Tennisfans dessen Ehefrau, die für sein Verhalten überhaupt kein Verständnis aufbringt.) Anschließend fragen Sie sich in der dritten Position: Was würde Sokrates (*ein verständnisvoller, weiser Beobachter*) mir raten, um zu einem möglichst ausgewogenen Urteil zu kommen?

Der Trick hierbei: Wenn wir eine sehr emotionale erste Position vertreten, können uns die Sachargumente der zweiten Position durchaus bekannt oder vertraut sein: Wir haben schlichtweg kein Interesse, auf sie zu hören, weil die zweite Position (die zum Beispiel durch einen Vertragspartner repräsentiert wird) unsere erste Position so barsch ablehnt, daß wir sie schon aus Selbstschutz verteidigen müssen.

Vom Standpunkt eines objektiven Beobachters aus, der zunächst wohlwollend unsere Gefühle würdigt und unsere Absicht gut heißt, ist es psychologisch viel leichter, den Sachinput des „Weisen" zu akzeptieren. Sagt mir der „innere Sokrates": „Alexander ist ein begabter Tennisspieler, der sein Hobby mit genauso großem Ehrgeiz und Interesse verfolgt wie seine beruflichen Aktivitäten. Sein Tennisspiel erlaubt ihm, seine Lebensfreude auszudrücken, und ist ein gesundheitlich wertvoller Ausgleich zu seinem anstrengenden Beruf. Er verdient bei seinem Einkommen die beste technische Unterstützung, die für Geld zu haben ist. Nach ausführlichen Tests entscheidet er sich – wie ein Tennisprofi – für die drei Schläger und Bespannungen, die zu ihm am besten passen. Mehr Schläger sind für ihn des Guten zuviel, weil er dann mit jedem von ihnen nicht zu der Spielpraxis kommt, die er braucht, um mit ihm völlig vertraut zu werden. Hier hält er sich an Björn Borg, der seinem Schlägertyp aus diesem Grund über seine ganze Profi-Karriere treu blieb."

Also: Wollen Sie Ihre Emotionen im Griff behalten, denken Sie in diesen drei Positionen.

Zur Integration mehrerer Zeitachsen in die Entscheidung

Die Fähigkeit, gute Entscheidungen zu treffen, ist immer auch erfahrungsabhängig. Deshalb lohnt es sich, so früh wie möglich unser Entscheidungsdenken durch gute Fragen zu trainieren. Halten wir uns vor Augen:

Wann immer jemand bei ähnlichen Ausgangsvoraussetzungen regelmäßig erfolgreicher ist als Sie oder ich, dann deswegen, weil er oder sie bessere Entscheidungen trifft. Und die sind das Ergebnis qualitativ besserer Fragen. Ein Weg zur systematisch besseren Entscheidungsfragen besteht in der Berücksichtigung verschiedener Zeithorizonte:

„Mama", sagt die Tochter, „Helmut und ich sind ein Herz und eine Seele. Wir wollen heiraten." „Ach, du meine Güte", sagt die Mutter, „das geht doch nie gut. Überleg' doch nur, wie oft Ihr Euch im letzten Jahr gestritten habt!"

Das Entscheidungskriterium der Tochter ist die Gegenwart, die Mutter denkt in Gegenwart und Vergangenheit, und was beiden fehlt, ist die bei vielen Entscheidungen wichtigste Dimension: die Zukunft: Wie sind die Chancen, daß die beiden in zehn Jahren noch immer ein Herz und eine Seele sind? Beurteilen Sie wichtige Entscheidungen also immer vor dem Hintergrund aller drei Zeithorizonte:

▶ Wie sehr brauchen wir dieses große Haus *heute*?

▶ *In Zukunft* (wenn die Kinder aus dem Haus sind)?

▶ Vor dem Hintergrund des Raumangebotes, das wir *bislang* zur Verfügung hatten?

Frage-Design zur Problemlösung

Egal, wie gut wir uns vorbereiten, manchmal werden wir daneben liegen. Und dann stellt sich die Frage: Wie gehen wir mit diesem Problem am besten um? Pseudopositive Fragen: „Was ist das Gute an diesem Problem?" helfen nicht weiter, wenn unser Kopf antwortet: „An diesem Mist ist überhaupt nichts Gutes!" Profis fragen deshalb:

▶ Was sind die Chancen bei dieser Herausforderung, die wir bislang noch gar nicht gesehen haben?

▶ Was lernen wir aus dieser Situation für die Optimierung unseres Systems?

▶ Was ist noch nicht perfekt?

▶ Wie würde XYZ (Name des besten Experten einsetzen) diese Aufgabe lösen?

▶ Wie wichtig ist dies für die Gesamtlösung?

Die Qualität unserer Fragen gibt den Rahmen vor für die Qualität unserer Entscheidungen. Und die hat oft eine weichenstellende Funktion für unser Lebensglück und unseren Lebenserfolg: Die Zeit, die Sie in Profi-Fragegewohnheiten investieren, ist deshalb eine Ihrer profitabelsten Investitionen in sich selbst.

> Der Schlüssel zu den Toren dieser Welt heißt: Gedankendisziplin.

Und Gedankendisziplin besteht aus zwei Komponenten: Der Kontrolle des inneren Dialogs und der Steuerung unserer inneren Filme (siehe Baustein 7).

Baustein 7:
Visualisierungstraining

22. Ein Bild sagt mehr als tausend Worte

New York, Central-Park: Ein schöner Frühlingstag im Mai. Die Sonne scheint, die meisten Menschen sind guter Laune. Ein junger Werbetexter ist auf dem Weg zu seiner Agentur. Am Straßenrand fällt ihm ein Bettler auf, der ein Schild in den Händen hält mit der Aufforderung: Helft dem Blinden! Der Texter greift in seine Tasche, findet aber keine passenden Geldstücke und bietet deshalb dem Blinden an, ihm einen werbewirksameren Text zu gestalten. Der ist einverstanden und muß zu seinem Erstaunen feststellen, daß er mit seinem neuen Schild in einer Stunde mehr Spenden bekommt als mit seinem alten an einem ganzen Vormittag. Als der Texter abends auf dem Heimweg wieder bei ihm vorbeikommt und sich erkundigt, wie der Tag verlaufen ist, sagt der Bettler: „Unglaublich, ich habe heute mehr eingenommen als sonst in einer ganzen Woche. Jetzt sagen Sie mir bloß: Was haben Sie auf das Schild geschrieben?" „Ach", sagt der Werbetexter, „das war einfach. Auf dem Schild steht jetzt: *Es ist Mai. Die Sonne scheint, die Blumen blühen, und ich kann nichts sehen.*"

Ein Bild sagt mehr als tausend Worte – ein Grundsatz, den die Medienprofis des 20. Jahrhunderts genauso nutzen wie die Verfasser des alten und neuen Testaments Jahrtausende vor ihnen.

Die allgegenwärtige Macht der Bilder erstaunt kaum, wenn wir uns die menschliche Entwicklungsgeschichte näher anschauen: Unsere Vorfahren bemalten schon vor 60 000 Jahren ihre Höhlenwände mit Jagdszenen, um sich ihre täglichen Überlebensziele vor Augen zu führen. Daß unser (analoges) Denken in Bildern stammesgeschichtlich viel älter ist als unser (digitales) Denken in Sprache, erstaunt deshalb ebensowenig wie die Tatsache, daß unsere ältesten Schriftzeichen – die babylonischen

Hieroglyphen – mit ihren gerade mal 6 000 Jahren – eine menschheitsgeschichtlich geradezu brandneue Erfindung sind.

Aristoteles hat die Bedeutung des bildhaften Denkens in die Worte gekleidet:

> **Die Seele kann nicht ohne Bilder denken.**

Daß dies für uns alle gilt, darüber herrscht weitestgehend Einigkeit. Wir alle nutzen unsere Fähigkeit, Bilder zu sehen, in Träumen und Tagträumen. Manche haben diese Fähigkeit allerdings verdrängt und behaupten, sie könnten keine Bilder sehen. Solchen Menschen brauchen Sie nur zwei Testfragen zu stellen:

1. Wie sieht deine Mutter aus?
2. Wenn du morgens deine Wohnung verläßt, gehst du als erstes nach links, rechts oder geradeaus?

Kann der andere beide Fragen beantworten, ist seine bildhafte Erinnerung offensichtlich in Ordnung.

Unser Fähigkeit, in Bildern zu denken, ist unverzichtbare Voraussetzung für menschliche Höchstleistung in den unterschiedlichsten Lebensbereichen. Dies ist unter Neurowissenschaftlern genauso unbestritten wie die Tatsache, daß die Fähigkeit zum Visualisieren in uns allen angelegt ist und durch Training stark weiterentwickelt werden kann. Einigkeit besteht auch noch darüber, daß das Zusammenspiel von sprachlichem und bildhaften Denken bei den meisten Menschen nicht so bewußt, systematisch und harmonisch funktioniert, wie es zu Erzielung persönlicher Höchstleistungen erforderlich wäre.

Welche Gehirnregionen im einzelnen unser sprachliches beziehungsweise bildhaftes Denken steuern, ist im Lager der Gehirnforscher noch nicht endgültig entschieden: Die alte Zuordnung, nach der die linke Gehirnhälfte für sprachliches und die rechte für bildhaftes Denken zuständig sein soll, kann heute allenfalls noch als grobe Orientierung dienen. Diese Frage kann für unsere Zwecke allerdings offenbleiben, denn die für die Praxis interessanten Aspekte des mentalen Trainings sind bereits ausdrücklich erforscht:

1. Einig sind sich die Neurowissenschaftler zunächst einmal darin, daß die Fähigkeit, in Bildern zu denken, unverzichtbare Voraussetzung für menschliche Höchstleistungen ist.

2. Unbestritten ist auch, daß das Zusammenspiel zwischen sprachlichem und bildhaften Denken bei den meisten Menschen nicht so bewußt, systematisch und harmonisch verläuft, wie es zum Erzielen persönlicher Höchstleistungen notwendig ist.

3. Und jetzt die gute Nachricht: Außer Streit steht auch, daß die in uns allen angelegte Fähigkeit zum Visualisieren durch Training weiterentwickelt werden kann.

Visualisierung als Voraussetzung menschlicher Höchstleistung

Die Geschichte von Wissenschaftlern und Erfindern ist die Geschichte von Menschen, die ihr ausgezeichnetes Vorstellungsvermögen benutzt haben, um neue Erkenntnisse zuerst zu „sehen" und dann nach und nach in Sprache umzuwandeln:

▶ Albert Einstein beispielsweise, ein Mann, den viele für den klügsten Kopf unseres 20. Jahrhunderts halten, hat immer wieder auf die Bedeutung seiner „Gedanken-Bilder" (thought pictures) bei der Entwicklung seiner allgemeinen Relativitätstheorie hingewiesen.

▶ Auch von Nicholas Techla, dem Erfinder des Wechselstroms, ist bekannt, daß er eine ganze Reihe seiner Entdeckungen seinen Visualisierungsübungen verdankt: Berühmt ist etwa sein Experiment, einen Elektromotor „im Kopf zusammenzubauen, ihn dort drei Monate zur Probe laufen zu lassen und ihn anschließend im Kopf zu zerlegen, um zu sehen, welche Verschleißteile einer Verstärkung bedurften."

Intensives mentales Training ist allerdings nicht auf die Wissenschaft beschränkt:

▶ Napoleon beispielsweise, der mit 26 Jahren Oberbefehlshaber der französischen Streitkräfte wurde, beeindruckte seine Generäle schon in jungen Jahren mit einer beispielhaften Übersicht auf dem Schlachtfeld. Wer den Hintergrund kennt und weiß, daß Napoleon seit seinem 14. Lebensjahr in einem riesigen Sandkasten mit Zinnsoldaten alle großen Schlachten der Weltgeschichte nachgespielt hatte, den erstaunt diese Souveränität weniger. Kein Wunder, daß Napoleon zu dem Ergebnis kam: *Die Vorstellung regiert die Welt.*

▶ Von dem berühmten Konzertpianisten Arthur Rubinstein ist überliefert, daß er vom siebten Lebensjahr an täglich nur noch eine Stunde am Klavier und sechs bis sieben Stunden „im Kopf" übte.

▶ Roger Bannister lief ein Jahr lang jeden Abend im Kopf die „Vier-Minuten-Meile", bevor es ihm gelang, diese Schallmauer auch in der Realität zu brechen.

Bleibt eine Frage: Wenn alle Profis mit bildhaftem Denken zur Höchstform auflaufen, warum machen es ihnen dann nur so wenige nach?

Ein Grund dafür ist vermutlich, daß in unserer schulischen Erziehung besonders großer Wert gelegt wird auf die Entwicklung logisch-analytischen-Denkens. Ein zweiter Grund ist, daß die meisten Menschen gar nicht genau wissen, wann, wie und wo ihnen mentales Training am besten weiterhilft. Diesem zweiten Handicap läßt sich jedoch leicht abhelfen.

Das Zusammenspiel von sprachlichem und bildhaftem Denken als Voraussetzung für persönliche Höchstleistungen

Die Übersicht zum mentalen Training zeigt Ihnen im ersten Abschnitt die unterschiedlichen Denkfunktionen:

Wann immer wir im Sprach-Modus operieren, fällt es uns leicht, Schritt für Schritt und logisch-analytisch vorzugehen (Sprache selbst ist von ihrem Aufbau her sequentiell). Wann immer wir in Bildern denken (zum Beispiel ein lachendes Gesicht sehen), sind wir intuitiv in der Lage, einen Sachverhalt als Ganzes zu erfassen.

Wir „wissen" zum Beispiel sofort, ob ein Lachen gekünstelt oder echt ist, ob es Freude, Überraschung oder beides signalisiert. Oft haben wir zum Beispiel nach einem Vorstellungsgespräch spontan einen Gesamteindruck, ob der Bewerber zum Team paßt oder nicht, tun uns aber schwer, dieses „Bild" in Sprache einzuholen und zu übersetzen.

Wenn es um eindimensionale Tätigkeiten geht (etwa das Einschalten unserer Stereo-Anlage), genügt unserem Gehirn eine sprachliche Anleitung und wenige Wiederholungen, um den Prozeß zu beherrschen. Geht es jedoch um komplexe Abläufe wie überzeugendes Verhandeln, Klavierspielen oder Skifahren, tun wir uns mit sprachlich-analytischen Anleitungen sehr schwer:

Mentales Training		
Das Instrument	„Digitales Denken"	„Analoges Denken"
Die Funktionen	■ Denken in Sprache ■ logisch-analytisch ■ sequentiell ■ steuert Verhalten eindimensional	■ Denken in Bildern ■ intuitiv ■ erfaßt Muster und Strukturen ■ steuert Verhalten mehrdimensional
B Die fahrlässige Fehlbedienung	■ Leistungsanalyse während der Tätigkeit	■ Tagträumen während wichtiger Ereignisse ■ Katastrophieren (Vorstellen zukünftiger Negativ-Filmen) ■ Schuldtrips (Abspielen von Negativ-Filmen aus der Vergangenheit)

C Die funktionskonforme Gehirnbedienung	1 Vor dem Ereignis	■ Problemanalyse ■ Zielsetzung ■ Design von Affirmationen	Mentales Training: 1. das erreichte Ziel sehen 2. das ideale Vorbild 3. die eigene Bestleistung (Technik) 4. die eigene Bestleistung (Emotionen) 5. Ersetzen
	2 Während des Ereig- nisses	■ Beobachtungsübungen ■ Ablenkungsübungen	■ Preplay ■ Als-ob-Rollenvorstellungen ■ Replay (sofortiges men- tales Wiederholen in der Situation)
	3 Nach dem Ereignis	■ Ablauf-Analyse ■ Feedback-Auswertung ■ Erfolgsdokumentation	■ Review ■ Vergegenwärtigung eines vergangenen Ereignisses ■ Auswahl guter und verbesserungswürdiger Aspekte ■ Visualisierung des kon- struktiven Alternativen- Verhaltens

Wir brauchen eine Modellvorlage, um die komplexe Tätigkeit immer wieder ganzheitlich zu erleben und die ihr zugrunde liegenden Muster insgesamt zu erfassen: So ist es kein Wunder, daß niemand Verkaufen, Klavierspielen oder Skifahren aus Büchern lernt.

Was jedoch erstaunt, ist, daß diese weitgehend bekannten Zusammenhänge von vielen Lehrern und Erwachsenenbildnern bislang nicht genutzt werden. Während moderne Lernmethoden, wie Super-Learning, schon seit Jahren auf die Vorzüge multidimensionalen, bildhaften Lernens hinweisen, machen die ewig Gestrigen mit ihren Analysen weiter, als gebe es kein Morgen, das von uns allen höchste Lerneffizienz verlangt.

Fahrlässige Fehlbedienung mit digitalem Denken

Schauen wir uns nun an, wie die fahrlässige Fehlbedienung in den Köpfen der meisten Menschen ausschaut (B):

Nehmen wir das Beispiel Skiunterricht: Sie haben morgens eine Stunde Skiunterricht genommen, und je mehr Sie sich innerlich Kommandos geben, um endlich „richtig" zu fahren, um so schlechter fahren Sie. Mittags gönnen Sie sich zwei Jagertee und haben anschließend 0,3 Promille. Ihr analytisches Denken macht daraufhin Urlaub. Und weil Sie am Nachmittag den Vollzug komplexer Bewegungsabläufe nicht mit permanentem inneren Geplärre stören, fahren Sie Ski wie Gott in Frankreich.

Wissenschaftliche Untersuchungen an Top-Tennisspielern, die zum Ende ihrer Karriere umsatteln und Tennistrainer werden, zeigen Erstaunliches: Wer lernt, analytisch (in Sprache) zu beschreiben, was er intuitiv (in Bildern und Mustern) bereits seit Jahren beherrscht, dessen Spielstärke wird signifikant in Mitleidenschaft gezogen.

Praktische Konsequenz im Alltag für Sie und mich: *Während* unser Gehirn ein komplexes Ereignis aktuell managt, sollten wir es mit Carl Gustav Jung halten, der seinen Schülern folgenden Grundsatz mit auf den Weg gegeben hat:

„Lerne zuerst alles über die Theorie, was du lernen kannst. Und dann – wenn praktisches Handeln angesagt ist – vergiß alles, was du weißt, und handele aus dem Kontext des Hier – und – Jetzt." Wie das in der Praxis am besten funktioniert, zeigt Ihnen der nächste Abschnitt über die funktionskonforme Nutzung unserer mentalen Fähigkeiten.

Fahrlässige Fehlbedienung mit analogem Denken

Katastrophieren oder Tagträume während wichtiger realer Ereignisse gehören zum „fahrlässigen" Visualisierungstraining: Kennen Sie Menschen, die sich Sorgen machen, sobald ihre Kinder mehr als zehn Minuten zu spät sind – diese berühmten Katastrophendenker, die von Raubmord über Vergewaltigung bis zum tödlichen Verkehrsunfall alles vor ihrem geistigen Auge durchspielen, vor lauter Schreck Durchfall bekommen und ansonsten glauben, mentales Training bringe sowieso nichts?

Oder denken Sie an diejenigen, die als Autofahrer auf dem Weg zur Arbeit vom Urlaubsfilm bis zur Familienfeier den letzten Monat Revue passieren lassen und dann irgendwann als Linksabbieger einen Tanklastzug übersehen ...

Wir alle brauchen nicht nur Träume, sondern auch Tagträume. Der Schlüssel zum erfolgreichen Traum liegt nun darin, unsere Phantasie von Inhalt und Timing her richtig zu steuern. Der nächste Abschnitt zeigt, wie's geht.

Die funktionskonforme Gehirnbedienung

C1: Wann immer wir Bestleistungen erbringen wollen, ist es zunächst hilfreich, den Ist-Zustand, das anzustrebende Soll und den besten Weg dorthin genau zu bestimmen. In dieser Analyse-Phase ist unser Sprachmodus sehr hilfreich und der vorangegangene Abschnitt zum Management des inneren Dialogs hat gezeigt, wie wir dort am besten vorgehen.

C2: Ist das Ziel bestimmt, können wir beginnen, mentale Filme zu entwickeln: Hier gibt es verschiedene Möglichkeiten:

a) Wir können uns in Einzelheiten vorstellen, wie es aussieht, sich *anhört* und *anfühlt*, wenn wir unser Ziel erreicht haben.

b) Wir können uns *auf dem Weg zum Ziel sehen* (kann die Ergebnisvisualisierung nicht ersetzen, aber ergänzen).

c) Wir können uns weitere Ideen und Anregungen zur Zielverfolgung holen, indem wir uns vorstellen, wie unser *ideales Vorbild* (zum Beispiel der weltbeste Experte) diese Tätigkeit ausführt.

d) Wenn wir die Spitzenleistung bereits erbracht haben, können wir uns gedanklich wieder in dieses Erlebnis hineindenken – zum Beispiel um unser Nervensystem durch mentales Aufwärmen optimal auf *den „technischen" Ablauf vorzubereiten* (zum Beispiel bei Bewegungsabläufen im Sport).

e) Oder wir können die Spitzenleistung noch einmal in Gedanken durchgehen, um unsere Emotionen „quellen" zu lassen (zum Beispiel vor Reden, wenn wir optimal in Stimmung sein wollen).

f) Das *„Ersetzen"* ist eine Methode, bei der wir uns intensiv in eine eigene Höchstleistung hineindenken und dann dieses „Gewinnergefühl" auf einen anderen Leistungsbereich übertragen: Top-Manager beispielsweise, die ihr ganzes Leben lang keinen Sport gemacht haben und dann in fortgeschrittenem Alter mit dem Golfen anfangen, bedienen sich oft dieser Methode: Ein Schlüsselelement im Golf ist Konzentration. Und wenn ich mir diese Konzentration im Leben schon woanders bewiesen habe, kann ich mich in solche Situationen hineinversetzen und mit dieser „Selbstvertrauensanleihe" mein Golftraining unterstützen.

C2: Vielen Menschen – in manchen Fällen auch Profi-Athleten – fällt es schwer, im Prozeß der Leistungserbringung den inneren Dialog zu beruhigen oder gar abzustellen. Diesen Menschen hilft es, ihr analytisches Denken mit Ablenkungsaufgaben zu beschäftigen. So weiß ich beispielsweise von einem international erfolgreichen Badminton-Trainer, daß er seine Schützlinge beim Verinnerlichen neuer Bewegungsaufgaben pausenlos Kopfrechnen läßt, um ihr analytisches Denken abzulenken.

James Loehr, einer der weltweit erfolgreichsten Sportpsychologen, baut in sein Training neben Ablenkungsaufgaben auch Beobachtungsübungen ein, die ebenfalls das analytische Denken binden: So läßt er beispielsweise seine Schüler bei jedem Schlag laut rufen, mit wieviel Zentimetern Abstand der Ball die Netzkante überquert.

Richard Suinn, ein Mentaltrainer, der neben Spitzensportlern auch Topmanager berät, empfiehlt seinen Eleven, vor wichtigen Reden soviele Details wie möglich über das Publikum zu speichern: Zum Beispiel gezielt nach Brillen- oder Schnurrbartträgern Ausschau zu halten oder die Garderobe der Zuhörer auf grüne Farbtöne durchzuchecken.

Wer seine Aufmerksamkeit auf diese Weise systematisch bindet, gibt nicht nur seinem „zweiten Selbst" – wie der amerikanische Sportpsychologe Timothy Gallway unseren „Performance-State" nennt – den Freiraum, den es braucht, sondern behält auch sein Lampenfieber optimal im Griff.

Um unser „Bilder-Denken" gezielt auf seinen Auftritt vorzubereiten, gibt es ebenfalls hochwirksame Übungen:

▶ Beim gedanklichen Aufwärmen hilft zunächst das *Preplay*, bei dem man die Situation in einem Zeitraum von drei Minuten bis fünf Sekunden vor dem Ereignis noch einmal vor seinem geistigen Auge ablaufen läßt. Wenn Sie Hochspringer, Bobfahrer oder andere Spezialisten in technischen Sportdisziplinen beobachten, werden Sie schnell feststellen, daß das Preplay für die meisten Athleten bereits zu einem unverzichtbaren Vorbereitungselement geworden ist.

▶ Die *Fünf-Minuten-Als-Ob-Methode*, bei der man in den ersten Minuten seines Auftritts so tut, als ob man Zugriff auf seine stärksten Ressourcen hätte, ist sehr nützlich, um Anfangshemmschwellen zu überwinden. Sie erlaubt unserem Kopf, exakt die Referenzerfahrungen abzurufen, unter denen unser Bestleistungs-How-know gespeichert ist.

▶ Die dritte Methode zur Kontrolle unseres bildhaften Denkens während der Situation ist das *Replay*, worunter die sofortige mentale Wiederholung in der Situation verstanden wird. Diese Technik können Sie besonders gut bei Tennisspielern beobachten, wenn diese nach einem mißglückten Schlag den richtigen Bewegungsablauf noch ein- oder zweimal als Trockenübung wiederholen, um ihn mental zu festigen.

C3: Ist das Ereignis vorüber, kommt wieder die große Stunde unseres analytischen (sprachlichen) Denkens: Ablauf-Analyse, Feedback-Verarbeitung, Erfolgsdokumentation und die Festlegung der zukünftigen Soll-Linie stehen auf dem Programm. Hierbei kann unser bildhaftes Denken durch Abspielen von Film-Szenen aus der Erinnerung helfen, eine optimale Analyse-Basis zu schaffen. Entscheidende Bedeutung kommt unserem Bilder-Denken dann zu, wenn es darum geht, für die Zukunft konstruktive Alternativ-Verhaltensweisen einzuprogrammieren: Während unbedarfte Amateure Fehler vor ihrem geistigen Auge wieder und wieder ablaufen lassen und dadurch nach der Formel: *Dauer x Häufigkeit x Intensität* falsche Referenzerfahrungen verstärken, sehen Profis Dutzende Male das konstruktive Alternativverhalten und bereiten sich so optimal auf zukünftige Anforderungen vor.

Im Vergleich zu dieser bewußten Aktivierung und Koordinierung unseres Sprach- und Bilderdenkens, ist das, was in den meisten Köpfen eher halbbewußt und fahrlässig abläuft, ein ziemliches Tohuwabohu. Wer seine Leistungsfähigkeit durch Analysen während des Leistungsprozesses beeinträchtigt, wird genausowenig Spitzenleistungen erbringen wie derjenige, der zu Tagträumen neigt, wenn analytisches Denken angesagt ist. Persönliche Höchstleistungen erfordern, daß wir die Kontrolle über unser Denken übernehmen. Wie wir dies beim analytischen Denken zur Steuerung des inneren Dialoges tun, haben wir im Baustein „Stimmungs-Management" kennengelernt. Wie Sie Ihren Kopf beim bildhaften Denken genauso präzise steuern, erfahren Sie im nächsten Kapitel.

23. Systematisches Vorstellungstraining führt zur Spitzenleistung

Dem amerikanischen Motivationsforscher David McLelland verdanken wir die bahnbrechende Erkenntnis, was — empirisch gesehen — den großen Unterschied ausmacht zwischen motivierten Spitzenleistern und ihren durchschnittlichen Kollegen: Nachdem der Harward-Psychologe ein Leben lang Top-Performer der verschiedensten Disziplinen — unter anderen Wissenschaftler, Forscher, Künstler, Unternehmer, Verkäufer und Athleten — untersucht hatte, stellte er seine bahnbrechende These der Öffentlichkeit vor:

> Der Hauptunterschied zwischen Champions und Durchschnittsmenschen besteht im erheblich besser entwickelten Vorstellungsvermögen der Spitzenleister.

Von mehreren Dutzend Persönlichkeitsmerkmalen, Eigenschaften und Einstellungen, die McLelland untersuchte, war die Fähigkeit der Spitzenleister, ihre Zukunft genauso klar vor sich zu sehen wie andere ihre Vergangenheit reproduzieren konnten, der Schlüsselfaktor: Trainierte Vorstellungskraft ist nach McLelland der Unterschied, der den Unterschied ausmacht.

Damit stellt sich die Frage, was wir tun können, um unsere Vorstellungskraft zu entwickeln, wenn sie unseren Spitzenleistungsansprüchen noch nicht genügt. Die nachfolgenden Übungen geben Ihnen eine Einführung in die hohe Schule des mentalen Trainings, wie ich es mit Unternehmern, Managern, Spitzenverkäufern und Sportstars praktiziere.

Übung 1: Testen Sie, welche Sinnenskanäle bei Ihren inneren Filmen bereits gut ausgeprägt sind

Machen Sie es sich bequem, und stellen Sie sich die nachfolgenden Situationen vor (optimal wäre, wenn Sie die Augen schließen und sich die Stichwörter von einem Freund vorlesen lassen).

Visuelle Vorstellungen
▶ ein Sonnenuntergang am Meer
▶ ein Mondaufgang über den Sanddünen in der Wüste
▶ weiße Wolken, die am Himmel entlangziehen
▶ das lachende Gesicht Ihrer Mutter
▶ Ihr Wohnzimmer

Auditive Vorstellungen
▶ Regen, der auf ein Blechdach trommelt
▶ läutende Kirchenglocken in der Ferne
▶ Wind in den Bäumen
▶ ein startendes Auto
▶ die Stimme Ihres Vaters

Achtung! Es genügt nicht, daß Sie den Regen auf dem Blechdach oder die sich bewegenden Kirchenglocken *sehen*; entscheidend ist vielmehr, daß Sie die jeweiligen Töne und Geräusche *hören*. Und noch eines: Können Sie die Geräusche hören, *ohne zuvor oder zugleich das Bild zu sehen*? Wenn ja, dann herzlichen Glückwunsch: Sie gehören zu den 15 bis 20 Prozent Menschen, die auditiv sehr begabt sind. Die meisten brauchen nämlich (bei auditiven Vorstellungen genauso wie bei den anderen Sinneskanälen) das Bild als Referenz-Eindruck, um die anderen Empfindungen im „Hirn-Kino" entstehen zu lassen.

Kinästhetische Vorstellung

Sensorische Vorstellungen
▶ warmer Sonnenschein auf dem Rücken
▶ ein heißes Bad

- eine kalte Dusche
- ein sanfter Wind, der kühlend über unsere Stirn streicht
- barfuß laufen auf einer Rasenfläche

Motorische Vorstellungen
- balancieren auf einem Baumstamm
- den Papst mit einer Verbeugung begrüßen
- Aufschlag beim Tennis
- mit Skiern über eine Buckelpiste fahren
- einen Kasten Sprudel in den Kofferraum heben

Fällt Ihnen auf, wieviel unschärfer eine Bewegungsvorstellung ist (zum Beispiel Aufschlag beim Tennis), wenn wir für sie kaum Referenzerfahrungen haben (zum Beispiel weil wir nicht Tennis spielen)?

Emotionale Vorstellungen
Fragen Sie sich bitte beim Aufbau der Gefühle jeweils auch, *wo* Sie in Ihrem Körper die Emotion verspüren.
- ein Gefühl von Freude, Fröhlichkeit und Spaß
- Ausgelassenheit
- Begeisterung
- Ungeduld
- Enttäuschung

Fällt Ihnen auf, daß Sie manche Gefühle schneller aufbauen können als andere (zum Beispiel die, die Sie in Ihrem Alltag häufiger erleben)?

Olfaktorische Vorstellungen
- der Duft einer Tasse guten Kaffees
- Ihr Lieblingsparfüm/Rasierwasser
- der Geruch einer neuen Lederjacke
- der Duft von gebratenem Speck
- der Duft von gutem Rotwein

Gustatorische Vorstellungen (Geschmacksempfindungen)

Wie schmeckt
- Rinderroulade mit Rotkohl
- Vanilleeis mit heißen Kirschen und Schlagsahne
- ein frisch gezapftes Pils
- eine Banane
- ein Espresso

Testauswertung: Sie werden festgestellt haben, daß Ihnen einige Vorstellungen leichter fallen als andere. Bitte schätzen Sie Ihre Stärken spontan auf der folgenden Beurteilungsskala ein:

	1	2	3	4	5	6
1. Visuelle Vorstellungen						
2. Auditive Vorstellungen						
3. Kinästhetische ▪ sensorische Vorstellungen ▪ motorische Vorstellungen ▪ emotionale Vorstellungen						
4. Olfaktorische Vorstellungen						
5. Gustatorische Vorstellungen						

Übung 2: Testen Sie, welche Vorstellungskomponenten bei Ihnen die stärksten emotionalen Veränderungen hervorrufen

Für diese Übung brauchen Sie eine Vorstellung, die Sie motiviert, wenn Sie daran denken. Es sollte ein stark motivierendes Bild sein, bei dem Sie sich auf einer zehnteiligen Motivationsskala mindestens acht Punkte geben können. Darüber hinaus brauchen Sie einen Partner, der mit Ihnen die folgenden Fragen durchgeht:

Visuelle Parameter

Bildabstand
1. Wie weit ist das Bild (oder bei einer dreidimensionalen Vorstellung der Hauptgegenstand, den Sie anschauen) von Ihnen weg?
2. Bitte vergrößern Sie in Ihrer Vorstellung den Bildabstand (angenommen, der Ausgangsabstand hat drei Meter betragen: Vergrößern Sie ihn jetzt langsam auf sechs, zehn, 50, 100, 500, 1 000, 5 000, 10 000 Meter): Was passiert mit Ihren Gefühlen, wenn der Abstand größer wird?

3. Stellen Sie sich das Bild wieder in der Ausgangssituation vor. Verkleinern Sie diesmal den Abstand (zum Beispiel drei, zwei, einen Meter, 50, 25, zehn, null Zentimeter): Was passiert mit Ihren Gefühlen?
4. Bei welchem Abstand sind Ihre Gefühle am stärksten? Wann am schwächsten? Bitte merken Sie sich diese beiden Eckpunkte!

Bildgröße
1. Wie groß ist Ihr Originalbild?
2. Vergrößern Sie es schrittweise: Was passiert mit Ihren Gefühlen?
3. Was passiert bei schrittweiser Verkleinerung?
4. Bei welchem Format sind Ihre Gefühle am stärksten/schwächsten?

Farbe
1. Ist Ihr Bild farbig?
2. Wenn ja, betätigen Sie den „Farbmischregler", und machen Sie Ihr Bild schwarzweiß. Was passiert mit Ihren Gefühlen?
3. Wenn nein, betätigen Sie den „Farbmischregler", und stellen sich Ihr Motivationsbild in leuchtenden Farben vor: Was passiert mit Ihren Gefühlen?
4. Bei welcher Farbtonmischung sind Ihre Gefühle am stärksten/schwächsten?

Bildhelligkeit
1. Wie hell, klar und strahlend ist Ihr Bild?
2. Was passiert, wenn Sie es noch heller und strahlender machen?
3. Was passiert, wenn Sie es abdunkeln?
4. Wann sind Ihre Gefühle am stärksten/schwächsten?

Bewegung
1. Sehen Sie ein Standbild oder einen Film?
2. Bei einem Standbild: Was passiert, wenn Sie die Play-Taste drücken und Ihre Bilder laufen lernen?
3. Bei einem Film: Was passiert, wenn Sie die Pause-Taste drücken?
4. Wann sind Ihre Gefühle am stärksten/schwächsten?

Assoziation oder Dissoziation

1. Sehen Sie Ihr Motivationsbild „von innen", das heißt, schauen Sie durch Ihre eigenen Augen auf die Situation (assoziiert)? Oder sind Sie in der Perspektive desjenigen, der sich von außen als Beobachter zuschaut (dissoziiert)?

   Beispiel: „Dissoziation" beim Achterbahnfahren heißt: Sie schauen sich von unten aus zu, wie Sie mit wehenden Haaren laut schreiend in den Looping schießen. „Assoziation" bedeutet dagegen: Sie sitzen in Ihrer Vorstellung vorne in der Achterbahn in der ersten Reihe und sehen, wie unter Ihnen der Abgrund gähnt, bevor Sie nach oben/hinten wegschießen.

2. Wenn Sie assoziiert sind: Schauen Sie sich die Situation einmal von außen an – so, daß Sie sich selbst mit im Bild sehen.

3. Wenn Die dissoziiert sind: Schlüpfen Sie in Ihrer Vorstellung in Ihren Körper, und erleben Sie die Situation durch Ihre eigenen Augen.

4. In welcher Konstellation sind Ihre Gefühle stärker/schwächer?

Dekoration

1. Welche Umfeld- und Ambientefaktoren zeigt Ihr Bild (zum Beispiel tausend begeisterte Zuschauer beim Zieleinlauf Ihres Skirennens).

2. Welche Umfeld- und Ambientefaktoren können Sie ergänzen, um Ihre Motivation weiter zu steigern (zum Beispiel erhalten Sie einen doppelt so großen Siegespokal aus den Händen der Herzogin von Kent)?

3. Welche Ambientefaktoren schwächen Ihre Motivation deutlich ab, wenn sie fehlen (anstelle des strahlenden Sonnenscheins sind Sie bei Ihrer Tiefschnee-Abfahrt plötzlich im Nebel)?

4. Mit welcher „Bühnen-/Umfeld-"Dekoration sind Ihre Gefühle am stärksten, bei welcher am schwächsten?

Auditive Parameter

Lautstärke

1. Hat Ihr Film eine Tonspur?

2. Wenn ja, was passiert wenn Sie den Ton langsam ausblenden und abstellen?

3. Wenn nein: Was passiert, wenn Sie den Originalton einblenden?

4. Wann sind Ihre Gefühle stärker, wann schwächer?

Rhythmus und Klangfarbe
1. Welchen Rhythmus und welche Klangfarbe vermittelt Ihre Tonspur?
2. Was passiert, wenn Sie den Rhythmus verlangsamen? Was, wenn Sie zusätzlich Bässe und Höhen herausnehmen?
3. Was passiert, wenn Sie den Rhythmus beschleunigen? Was, wenn Sie – am inneren Mischpult – zusätzliche Klangfarbe hineingeben?
4. Wann sind Ihre Gefühle stärker/schwächer?

Hintergrundmusik
Stellen Sie sich vor, Sie könnten – wie bei einem Werbefilm – ihr Motivationsbild mit optimaler Musik unterlegen:

1. Welche Musik würden Sie wählen? Welche Hintergrundgeräusche (Vogelgezwitscher, Rauschen der Brandung, Motorgeräusche, Stimmen etc.) ergänzen?
2. Wieviel stärker wird Ihr Motivationsbild mit der optimalen akustischen Untermalung? (Angenommen, Ihr Ausgangsbild lag bei acht Motivationspunkten: Wenn Ihre Motivation mit optimaler Tonkulisse 50 Prozent stärker ist, dann liegen Sie jetzt bei zwölf Punkten.)

Kinästhetische Parameter

Bewegungsempfindungen
1. Sind Sie – in Ihrer Vorstellung – in Bewegung, wenn Sie an Ihr Ausgangsbild denken?
2. Was passiert, wenn Sie Ihren Körper im passenden Rhythmus zu Ihrem Motivationsbild mitbewegen?
3. Was passiert – wenn Sie sich bislang in Ihrer Vorstellung bewegt haben – mit Ihren Gefühlen, wenn Sie Ihren Körper jetzt ruhig halten?
4. Wann werden Ihre Gefühle stärker, wann schwächer?

Begleitende Emotionen
1. Wenn Sie an Ihr Motivationsbild denken: Welche Begleitgefühle (zum Beispiel ein Lächeln, warmer Sonnenschein auf Ihrer Haut, ein „gutes Gefühl im Bauch" etc.) spüren Sie?
2. Was passiert, wenn Sie diese Begleitgefühle abstellen?
3. Was passiert, wenn Sie weitere positive Begleitgefühle in Ihrer Vorstellung aufnehmen (zum Beispiel Gefühle von innerer Souveränität, heiterer Gelassenheit, Enthusiasmus oder auch ein Lächeln, leuchtende Augen usw.)?
4. Bei welcher Vorstellung sind Ihre Gefühle am stärksten/schwächsten?

Abschluß-Test: Bitte überprüfen Sie jetzt, wie gut Ihr Vorstellungsvermögen bereits heute ist, wenn es darum geht, Ihre Gefühle zu lenken:

1. Kombinieren Sie die Vorstellungsparameter, bei denen Ihre Gefühle am schwächsten waren (Sie stellen sich also den ungünstigsten Bildabstand zusammen mit der unscheinbarsten Bildgröße, der schlechtesten Farb- beziehungsweise Schwarzweiß-Kombination usw. vor und kombinieren so die schwächsten Einstellungen aller zwölf Parameter):
Auf wieviel Motivationspunkte können Sie Ihr Motivationsbild reduzieren:

_____ Punkte

2. Kombinieren Sie jetzt die jeweils stärksten Motivationsparameter: Um wieviel Prozent können Sie Ihre Motivation steigern, und auf wieviel Motivationspunkte kommen Sie dann (Beispiel: Lagen Sie vorher bei acht Punkten und konnten sich um 100 Prozent steigern, dann liegen Sie jetzt bei 16 Punkten):

_____ prozentuale Steigerung

_____ Punkte

Anmerkung zur Einschätzung Ihres Ergebnisses: Die meisten Seminarteilnehmer starten mit Ausgangsbildern von acht bis zehn Motivationspunkten. Etwa 80 Prozent von ihnen können die Motivation schon im ersten Anlauf auf null bis zwei Punkte reduzieren. Die meisten Teilnehmer steigern sich in der Positiv-Kombination auf 14 bis 16 Punkte, manche erreichen auch 24 bis 30 Punkte.

3. Die meisten Menschen stellen bei dieser Übung fest, daß einige wenige Motivationsparameter einen ungewöhnlich starken Einfluß auf die Veränderung ihrer Gefühle haben. Bitte ermitteln Sie für sich die „Emotionsmarker" in Ihrer Vorstellung.

Halten Sie jeweils nur die drei bis fünf Parameter fest, die Ihre Gefühle am stärksten verändern!

	a) am besten abschwächen	b) am deutlichsten verstärken
▓ Bildabstand größer		
▓ Bildabstand kleiner		
▓ Bildformat größer		
▓ Bildformat kleiner		
▓ Farbe reingeben		
▓ Farbe rausnehmen		
▓ Heller		
▓ Dunkler		
▓ Standbild		
▓ Film		
▓ Assoziiert		
▓ Dissoziiert		
▓ Umfeld-Dekoration zugeben		
▓ Umfeld-Dekoration rausnehmen		
▓ Tonkulisse rein		
▓ Tonkulisse raus		
▓ Rhythmus und Klangfarbe rein		
▓ Rhythmus und Klangfarbe raus		
▓ Hintergrundmusik rein		
▓ Hintergrundmusik raus		
▓ Bewegungempfinden ja		
▓ Bewegungsempfinden nein		
▓ Begleitemotionen rein		
▓ Begleitemotionen raus		

Übung 3: Testen Sie, wie Sie Ihr Vorstellungsvermögen gleichzeitig mit Ihrem Sprech-Denken aktivieren können

Wollen Sie die Qualität Ihrer inneren Filme auf das Niveau des weltbesten Profis anheben? Dann aktivieren Sie Ihr Sprech-Denken gleichzeitig mit Ihrem Vorstellungsvermögen. Dies ist der einzige heute bekannte Weg, mit dem Sie die Qualität Ihrer inneren Filme von einem Augenblick zum nächsten entscheidend verbessern können. Hier der Test:

Sie brauchen für diese Übung wieder einen Partner. Setzen Sie sich diesmal neben Ihren Interview-Partner, so daß Sie beide Schulter an Schulter sitzen und in dieselbe Richtung schauen. Beschreiben Sie dem anderen nun 15 Minuten lang ohne Pause ununterbrochen die Einrichtung eines Raumes, den Sie gut kennen (zum Beispiel Ihr Wohnzimmer oder Ihr Arbeitszimmer in der Firma), der dem anderen aber weniger vertraut ist.

Wenn es Ihnen so geht wie den meisten Teilnehmern, die ich coache, dann werden Sie bei dieser Übung einige der folgenden Beobachtungen machen: Am Anfang traut sich kaum jemand zu, 15 Minuten lang nur über sein Wohnzimmer zu sprechen. Nachher stellen die meisten jedoch fest, daß sie noch viel länger über ihr Wohnzimmer hätten sprechen können. Denn mit dem sprachlichen Beschreiben des inneren Films wird dieser immer präziser und detaillierter (oft detaillierter als jede andere Vorstellung, an die sie sich erinnern können). Mit dem inneren Film wird automatisch ein hohes Maß an Motivation freigesetzt (und zwar sowohl bei dem, der erklärt, als auch bei dem, der zuhört). Viele sind nach 15 Minuten so in Fahrt, daß sie gar nicht mehr aufhören wollen, über ihr Wohnzimmer zu sprechen, ein Thema das sie anfangs für ausgesprochen langweilig hielten.

Manche „entdecken" bei ihrem inneren Rundgang durchs Wohnzimmer verloren geglaubte Gegenstände, andere „sehen" sehr deutlich die Ecken, in denen mal wieder Staub gewischt werden muß, und einige produzieren sogar Ideen, was bei ihnen im Wohnzimmer umdekoriert und verbessert werden könnte.

So faszinierend diese Entdeckungsreise durch die zweite Sprache unseres Gehirns (die Sprache unserer inneren Vorstellungen, auch VAKOG genannt) auch ist, die entscheidende Frage für unseren Visualisierungsalltag heißt: Wie lassen sich die Erkenntnisse der letzten beiden Kapitel am besten in die Praxis umsetzen?

24. Mentales Training in der Praxis

Übung 1: Die Steven-Spielberg-Übung

Viele Menschen sind sehr erstaunt, wenn sie feststellen, daß sie in der Lage sind, ihre Motivation und Begeisterung für eine Tätigkeit dramatisch zu verbessern, wenn sie sich diese Aufgabe – wie eben getestet – in einem anderen Licht vorstellen. Wer sich für sein Lieblingshobby „Skifahren" auf einer anfangs zehnteiligen Motivationsskala neun Motivationspunkte gibt und anschließend feststellt, daß er mit der Veränderung einiger Perspektiven, etwas Farbe, Musik und Bewegung seinen Enthusiasmus verdoppeln kann und auf 18 Punkte kommt, dem stellen sich einige Fragen. Zum Beispiel diese:

1. Könnte es sein, daß ich auch sonst, wenn es um meine Ziele geht, „unteroptimale" Motivationsfilme produziere?

2. Könnte es weiter sein, daß ich meine Motivation dramatisch verbessern könnte, wenn ich anfange, meine Ziele mental besser zu verfilmen?

Die Antwort auf beide Fragen ist ein eindeutiges Ja: Steven Spielberg unterscheidet sich von vielen anderen Regisseuren nicht dadurch, daß er Themen verfilmt, auf die vor ihm noch niemand gekommen ist. Sein Genie besteht vielmehr darin, Inhalte visuell so dramatisch zu inszenieren, daß er (zum Beispiel mit Schindlers Liste) auch solche Menschen in seinen Bann zieht, denen Dokumentarfilme zum gleichen Thema völlig gleichgültig sind.

Motivationstip Nr. 1: Werden Sie Ihr eigener Steven Spielberg: Lassen Sie Ihre beruflichen und privaten Ziele Revue passieren (die, die Sie mit der SMART-Formel präzisiert haben), und schreiben Sie sich für die wichtigsten ein Mini-Drehbuch: *Sehen Sie sich am Ziel, schauen Sie vom Ziel aus zurück, wie Sie den Weg dorthin gemeistert haben, und bauen Sie in Ihre Vorstellungen Ihre positiven Emotionsmarker ein.*

Motivationstip Nr. 2: *Entwickeln Sie ein detailliertes Drehbuch zu Ihrer Lebensvision:* Stellen Sie sich vor, Steven Spielberg hätte Ihr erfolgsgekröntes Leben zu Ihrem 80. Geburtstag in einen Dokumentarfilm verpackt. Wie würde dieser Film aussehen?

Übung 2: Motivation für unangenehme Aufgaben

Viele Menschen sind Weltmeister in der *Demotivation* für unangenehme Aufgaben: So berichten mir beispielsweise viele Teilnehmer, die nach wochenlangem Aufschieben dann endlich doch noch aufräumen, bügeln, den Garten in Ordnung bringen oder ihre Steuererklärung fertigmachen, daß sie während dieser Tätigkeiten oft zu sich selbst sagen: „Mensch, so schlimm, wie du gedacht hast, ist das Ganze ja gar nicht. Warum hast du es bloß so lange aufgeschoben?"

Die Antwort ist simpel: Weil sie sich vorher vorsätzlich oder fahrlässig einen mentalen Katastrophenfilm geschrieben und die Aufgaben so mit negativen Emotionsmarkern gespickt haben, daß sie sich schlechter fühlen mußten, als es der Realität entspricht.

Damit kommen wir zu einer interessanten Fragestellung: Wenn wir in der Lage sind, uns eine zunächst neutrale Tätigkeit wie Gartenarbeit mit – sagen wir – durchschnittlich fünf Motivationspunkten so mies zu machen, daß null Punkte Antriebsenergie übrig bleiben, könnten wir dann umgekehrt (beispielsweise durch die liebevollen Augen eines Schrebergärtners betrachtet) diese Vorstellung von der Gartenarbeit so aufpäppeln, daß wir gerne anfangen?

Die Antwort ist – und Sie wissen es, weil Sie es sich im letzten Kapitel bewiesen haben – ein klares Ja. (Marketing-Psychologen wissen es auch: Vom Kopf her ist ein verdreckter Mercedes 500 SE in einem düsteren Hinterhof ein genauso gutes Fahrzeug wie derselbe Wagen hochglanzpoliert im Licht der untergehenden Sonne in den französischen Seealpen. Komischerweise scheuen Unternehmer aller Branchen und Länder allerdings keinen Aufwand, um ihre Produkte im besten Licht und in den schönsten Landschaften und Farben zu zeigen: Ob Marlboro, Bacardi, Mercedes oder Hugo Boss: Die Werbeprofis machen mit unserem Kopf schon lange, was für die meisten im Bereich der Selbstmotivation noch unbekanntes Neuland ist. Sie wissen nämlich: *Unsere Motivation hängt nicht nur am Inhalt selbst, sondern zu großen Teilen auch am Umfeld des jeweiligen Inhalts.* Alfred Korzybski, der Begründer der non-aristotelischen-Logik, hat dies so formuliert: „All meaning is context dependant" – alle Bedeutung ist kontextabhängig.

Motivationstip Nr. 3: Denken Sie an eine Aufgabe, für die Sie sich motivieren wollen. Vergleichen Sie deren Darstellungsparameter (Bildabstand, Größe, Farben etc.) mit denen einer Aufgabe, die bei Ihnen

18 Motivationspunkte auslöst: Stellen Sie sich anschließend Schritt für Schritt die früher unangenehme Aufgabe in den Parametern vor, die Sie bislang für Ihre Motivations-Highlights reserviert hatten: Setzen Sie sich dabei zum Ziel, es den Mentaltrainingsprofis gleichzutun. Die Spitzensportler und Top-Verkäufer, die ich coache, sind regelmäßig in der Lage, sich beide Bilder in einem gleich-motivierenden Kontext vorzustellen und deswegen *für die früher unangenehme Aufgabe genauso viel Enthusiasmus und Begeisterung zu spüren wie für ihre Motivations-Highlights.*

Denken Sie an die Marktingprofis: Ein Mazda MX5, fotografiert um sechs Uhr morgens unter der aufgehenden Sonne am Strand von Acapulco, vor der Kulisse von Palmen, dem pazifischen Ozean und dem weißesten Sandstrand dieser Welt, von dessen Beifahrersitz aus uns die amtierende Miss Germany flirtende Blicke zuwirft, ist von der *emotionalen Begehrlichkeit* her um einiges anziehender als die neueste Chevolet Corvette, die im Regen eines wolkenverhangenen Novembermorgens dreckverkrustet vor einer Müllkippe fotografiert wird!

Achten Sie deshalb auf die filmische Verpackung Ihrer Denkinhalte: Für 0,7 Liter Chanel No. 5 in einer Gerolsteiner-Sprudel-Flasche würden nur wenige Menschen bereit sein, 1 495 Mark zu bezahlen. Kein Wunder, daß Parfümhersteller bis zu 90 Prozent ihrer Herstellungskosten in eine aufwendige Verpackung investieren, damit ihre Pfennigware in den Köpfen der Verbraucher einen entsprechenden Wert bekommt.

Übung 3: Mentales Training zur Auflösung von Ärger und Schuldgefühlen

Würden Sie gerne tiefsitzenden Ärger, unproduktive Schuldgefühle und andere unangenehme Gefühle loswerden? Wären Sie gerne in der Lage, vergangene Erlebnisse zu „enttraumatisieren", daß heißt, die klare Erinnerung an die Situation zu behalten, mit ihr verbundene negative Gefühle aber auf Kommando neutralisieren zu können?

Daß so etwas möglich ist, haben die meisten von uns bereits erlebt: Wenn Sie an Ihre Schüler-, Studenten- oder Militärzeit denken, wird Ihnen vermutlich noch der eine oder andere Ausbilder in den Sinn kommen, der Sie damals ziemlich schikaniert hat:

Denken Sie an klassische Ausbildungseinheiten aus der Bundeswehrzeit: Geübt wurde „Giftgasangriff von Osten". Gesicht rein in den Schlamm,

Gesicht raus aus dem Schlamm, solange, bis wir mit den Zähnen knirschten. Abends oder am Wochenende saßen Sie dann mit Ihren Kumpels in der Kneipe beim Bier, um Ihren Ärger runterzuspülen. Zielscheibe Ihres Spotts und Ihrer Witze war natürlich der „Schleifer". „Stell ihn dir in Unterhosen vor, zu Hause bei seiner Frau hat der unter Garantie nichts zu melden ..." Mit jedem Bier wurde die Situation lustiger, bis Sie schließlich Tränen lachten.

Wenn Sie am nächsten Tag wieder im Schlamm lagen und Ihr Kumpel von gestern Abend Ihnen vom Schützengraben aus zuzwinkerte, dann mußten Sie sich damals das Lachen verbeißen, um nicht die Aufmerksamkeit des „Schleifers" auf sich zu ziehen.

„Irgendwann wirst du darüber lachen können", lautet eine Alltagsweisheit, deren Berechtigung die meisten von uns selbst erlebt haben. Wenn es jedoch allein der Zeitablauf wäre, dann müßten sich eines Tages alle Menschen mit ihrer Vergangenheit ausgesöhnt haben. Dem ist aber nicht so, wie wir aus unseren eigenen Beobachtungen wissen: Da gibt es Menschen, die über den Rausschmiß bei ihrem alten Arbeitgeber schon nach einigen Wochen nur noch lachen können, und andere, die auch nach zehn Jahren noch Gift und Galle spucken, wenn sie an den Chef denken, der sie damals gefeuert hat.

Wenn es also nicht allein die Zeit ist, woran liegt es dann, ob unsere psychischen Wunden schneller, langsamer oder gar nicht heilen?

Die Antwort führender Neurolinguisten heißt: Es hängt davon ab, welche Perspektivwechsel wir in unserer Erinnerung im Zeitablauf vornehmen oder eben nicht.

Übung 4: Den Autopiloten umprogrammieren

Wie zu Beginn schon erläutert, wird unser Verhalten weitgehend durch unseren „Auto-Piloten" gesteuert: Unser zweipoliges Antriebssystem gibt uns zur Selbst- und Arterhaltung nur die Grundorientierung vor: „Weg von der Pein, hin zum Vergnügen."

Was nun für jeden einzelnen von uns Pein beziehungsweise Vergnügen bedeutet, hängt von unserer individuellen Software ab. Wer in seinem Autopiloten gespeichert hat: „Sachertorte rein, Müsli nein", kann diese Lernsoftware zwar für drei Wochen oder Monate zugunsten einer Diät aussetzen, wird jedoch anschließend wieder zu genau den Ernährungsmustern zurückkehren, die sein Lerncomputer verinnerlicht hat: So verwundert es denn auch nicht, wenn bei 95 Prozent aller Menschen, die eine Diät machen, zwei Jahre später wieder alles beim alten ist – sie im arithmetischen Mittel sogar zwei Pfund mehr wiegen als vorher.

Die entscheidende Frage ist nun: Was ist das Geheimnis der fünf Prozent, deren Ernährungsgewohnheiten sich dauerhaft zum Positiven verändern? Den ersten Teil der Antwort kennen Sie bereits:

Eine neue Gewohnheit baut nur auf, wer seinen Autopiloten umprogrammiert – in unserem Diätbeispiel sich also von „Torte rein, Müsli nein" umkonditioniert zu „Torte nein, Müsli rein". Bleibt also noch der zweite Teil zu klären: Die Frage nämlich, wie sich mit der Formel *Dauer x Häufigkeit x emotionale Intensität* unsere Software am schnellsten und wirkungsvollsten umprogrammieren läßt.

Die Antwort heißt: Durch mentales Training! Denn nichts beeinflußt unsere Gefühle stärker als intensiv erlebte Bilder. Das letzte große Geheimnis, in unserem Kopf der Boß zu werden, lautet:

> Wann immer es uns gelingt, mit unserem bisherigen unerwünschten Verhalten intensive Pein zu verbinden und mit unserem neuen erwünschten Verhalten intensives Vergnügen zu assoziieren, ändert sich unser Verhalten automatisch in die Richtung, in die wir es haben wollen.

Und so gehen Sie im einzelnen vor:

1. Definieren Sie das Verhalten, das Sie ändern wollen.

2. Konfrontieren Sie sich mit der Pein, die Ihnen dieses Verhalten bis heute bereits bereitet hat:
   ▶ Welchen Preis haben Sie für Ihr bisheriges Verhalten schon bezahlen müssen?
   ▶ Was haben Sie als Ergebnis dieses Verhaltens materiell und immateriell bereits verloren?
   ▶ Inwieweit haben Sie mit diesem Verhalten gegen Ihre höchsten Werte verstoßen?
   ▶ Wie sehr hat dieses Verhalten bereits Ihr Selbstvertrauen und Ihre Selbstsicherheit untergraben? Welche weiteren emotionalen Konsequenzen haben Sie als Preis für dieses Verhalten schon bezahlt?
   ▶ Wieviel Energie hat Sie dieses Verhalten bereits gekostet?
   ▶ Welchen Preis haben Sie bezahlt in Form von verlorenen Karrierechancen?

▶ Hat das Verhalten Ihre Partnerschaft belastet?

▶ Wie sehr haben Sie durch dieses Verhalten Ihre Kinder, Ihre Freunde oder andere Menschen, die Ihnen nahestehen, belastet?

▶ Inwieweit waren Sie für diese Menschen ein schlechtes Vorbild?

3. Schließen Sie die Augen, und führen sich bildhaft alle die Negativ-Konsequenzen vor Augen, die Sie sich durch Ihr Verhalten bereits eingebrockt haben.

4. Fliegen Sie nun in Gedanken ein Jahr in die Zukunft, landen Sie dort vor Ihrem Badezimmerspiegel, und schauen Sie dem Menschen ins Gesicht, dem wir alle zeitlebens niemals aus dem Wege gehen können: Uns selbst. Fragen Sie sich, welchen weiteren Preis Sie für Ihr Negativverhalten inzwischen gezahlt haben:

▶ Welche Chancen sind Ihnen entgangen, welche Mißerfolge haben Sie einstecken müssen?

▶ Sind Sie noch dicker geworden? Können Sie Ihre Selbstverachtung schon erkennen, wenn Sie sich im Spiegel anschauen?

▶ Hat sich Ihre Familie weiter von Ihnen entfernt?

▶ Haben Sie Ihre Kunden und Arbeitskollegen weiter enttäuscht?

5. Fliegen Sie nun in Gedanken zehn Jahre in die Zukunft, und schauen Sie sich an, wohin Sie – unter ungünstigen Umständen – Ihr Negativverhalten zwischenzeitlich gebracht hat:

▶ Können Sie sich überhaupt noch in die Augen schauen?

▶ Hängt Ihre Partnerschaft und Karriere noch am seidenen Faden, oder haben Sie sie schon gänzlich ruiniert?

▶ Wie hat sich Ihre Disziplinlosigkeit auf Ihre Gesundheit ausgewirkt? Sind Sie bereits verfettet? Wie fühlt es sich an, wenn Sie Ihr Vierfach-Kinn rasieren? Ihre Michelin-Männchen-Proportionen anderen beim Strandspaziergang zumuten?

▶ Welchen Preis müssen Ihre Kinder ein Leben lang zahlen, weil sie Sie als Vorbild hatten?

▶ Wie fühlt es sich an, sein Leben zehn Jahre lang so vermurkst zu haben?

6. Fliegen Sie jetzt 20 Jahre in die Zukunft, und schauen Sie sich selbst vor dem Spiegel an:

▶ Können Sie sich überhaupt noch vor dem Spiegel anschauen, oder haben Sie sich als Folge Ihrer Inkonsequenz fast schon unter die Erde gebracht?

▶ Welchen Preis haben Sie dafür bezahlen müssen, daß Sie Ihre produktivsten Jahre ohne Disziplin und ohne Treue sich selbst und Ihren Zielen gegenüber vertan haben?

▶ Was denken Ihre Familienangehörigen und Freunde über Sie – wenn es überhaupt noch jemanden gibt, der zuweilen an Sie denkt?

▶ Halten die Menschen, deren Meinung Ihnen wichtig ist, mit ihrer Kritik an Ihnen und an Ihrem Verhalten noch hinter dem Berg, oder sagen sie Ihnen offen, daß ein Mensch mit all Ihren Talenten nicht so jämmerlich hätte versagen müssen?

▶ Wie stark leiden Ihre Kinder darunter, daß Sie nie das Vorbild waren, das Sie hätten sein können? Oder haben die sich so von Ihnen abgewendet, daß sie Sie gar nicht mehr kennen?

7. Kehren Sie in Ihrer Vorstellung zurück in die Gegenwart. Machen Sie sich bewußt, daß dieses Horrorszenaro noch nicht passiert ist. Ihr Wunsch, aus diesem Alptraum zu erwachen, kann sich noch erfüllen: *Vorausgesetzt, Sie nutzen die Chance, sich jetzt zu ändern.* Seien Sie Ihrer Phantasie dankbar für die Weitsicht, die Sie entwickelt haben, und nutzen Sie den daraus erwachsenden Ansporn.

Verändern Sie jetzt energisch Ihre Körperhaltung: Schütteln Sie alle Reste negativer Emotionen ab, die eventuell noch auf Ihnen liegen.

8. Stellen Sie sich jetzt Ihr konstruktives Alternativ-Verhalten vor.

9. Gehen Sie nun ein Jahr in die Zukunft, und schauen Sie sich an, wieweit der erste Verhaltensänderungsschritt und all die anderen, die er nach sich gezogen hat, Ihr Leben zum Positiven verändert hat? Wie fühlt es sich an, wenn Sie sich jetzt aufrecht und stolz im Spiegel anschauen?

10. Wie sieht Ihr Leben in zehn Jahren aus? Was alles haben Sie erreicht, wovon Sie vor zehn Jahren noch nicht einmal geträumt haben? Wieviel jünger, gesünder und fitter sehen Sie aus als Resultat Ihres neuen Lebensstils? Welche positiven Konsequenzen haben sich für Ihre Partnerschaft und Ihre Familie daraus ergeben, daß Sie jetzt im eigenen Kopf der Boß sind? Was sind die positiven Auswirkungen auf Ihre Karriere? Wie fühlt es sich an, voller Stolz auf zehn der ausgefülltesten und produktivsten Jahre Ihres Lebens zurückzublikken und zu sich selbst sagen zu können: Jawohl, wenn ich es noch einmal zu tun hätte, ich würde es genauso wieder machen!

11. Fliegen Sie 20 Jahre in die Zukunft: Wo sind Sie heute, nachdem Sie 20 produktive Jahre genutzt haben? Wie fühlen Sie sich jetzt mit dem realistischen Selbstvertrauen einer 20jährigen Erfahrungsbank an Lebenserfolgen? Was denkt Ihre Familie über Sie, was denken Sie selbst über sich? Welche Menschen schätzen Sie heute, die Sie vor zehn Jahren noch nicht einmal gekannt haben? Genießen Sie dies gute Gefühl und dieses gute Gewissen, mit sich selbst im reinen zu sein und zu sich sagen zu können: Jawohl, wenn ich mein Leben noch einmal so zu leben hätte, wie ich die letzten 20 Jahre gelebt habe: Ich würde es wieder tun!

12. Kehren Sie in die Gegenwart zurück, und halten Sie die Entscheidung, daß Sie sich geändert haben, schriftlich fest. Tun Sie den ersten Schritt zur Zielverwirklichung sofort, und konditionieren Sie die neuen Denkmuster solange, bis Sie sich innerlich äußerst unwohl fühlen, wenn Sie ausnahmsweise Ihrem Vorsatz untreu werden.

Noch ein Tip: Je intensiver der Pein-/Positiv-Kontrast zwischen dem alten und neuen Verhalten, um so weniger Wiederholungen brauchen wir, bis das neue Verhalten im Unterbewußtsein verankert ist. Um die Notwendigkeit des Sich-Selbst-Pein-Bereitens auf ein Minimum zu beschränken, empfiehlt es sich, mit uns selbst einen Vertrag abzuschließen: Wann immer Sie eine neue Gewohnheit aufbauen wollen, können Sie mit sich selbst folgende Vereinbarung treffen: „Wenn ich mir beim ersten Mal soviel Pein bereite, daß es richtig wehtut (Weinen bei Menschen, die sonst nie heulen, ist zum Beispiel ein gutes Zeichen), brauche ich diese Übung nur einmal zu machen. Anschließend visualisiere ich zur Erinnerung nur noch den Positiv-Film. Ändert sich mein Verhalten danach wie gewünscht, war die erste Programmierung schon ein voller Erfolg. Ändert es sich nicht, oder werde ich rückfällig, brauche ich „Extra-Pein"-Lektionen, bis ich am Ziel bin."

Denken Sie daran: Nicht jeder, der im brennenden Aufzug stecken bleibt, hat nachher eine Phobie. Aber jeder, der dadurch eine Phobie bekommt, hat anschließend keine Lust mehr, Aufzug zu fahren. Will heißen: Nicht jede Programmier-Übung muß beim ersten Mal schon zum Erfolg führen; wenn sie dann aber von Erfolg gekrönt war, ist unser Verhalten so nachdrücklich anders, daß sich jedes weitere mentale Üben zu diesem Punkt erübrigt. Noch anders gesagt: *Solange wir noch im Zweifel sind, ob sich unser Verhalten dauerhaft geändert hat, sind diese Zweifel berechtigt!*

Übung 5: Täglich 130 Prozent

Wären Sie froh, wenn Sie jeden Tag 30 bis 50 Prozent mehr schaffen würden? Kein Problem. Ich brauche Ihnen noch nicht einmal verraten, wie es geht: *Denn Sie wissen es schon!* Ich kann Sie also bestenfalls erinnern an das, was Sie schon wissen. Und ich kann Sie fragen: *Interessiert es Sie, Ihren Kopf immer so effizient zu bedienen, wie Sie es tun, wenn es sein muß?*

Denken Sie beispielsweise an den letzten Tag vor Ihrem letzten Urlaub – einen Tag, an dem Sie ein Mamutprogramm bewältigen mußten und auch bewältigt haben. Meine Vermutung ist:

1. Auch wenn Sie sonst Ihren Tagesablauf nicht schriftlich planen, haben Sie sich möglicherweise für diesen Tag doch einen Spickzettel gemacht (wichtig, aber noch nicht entscheidend).

2. Auch wenn Sie sonst Ihren Tag erst morgens planen, haben Sie Ihren Laufzettel für diesen besonders wichtigen Tag vermutlich schon am Vorabend angelegt (ebenfalls hilfreich, aber immer noch nicht entscheidend).

3. *Wichtig und entscheidend:* Gleichgültig, ob Sie die Schritte 1 und 2 durchgeführt haben: Am Morgen Ihres letzten Arbeitstages haben Sie sich – beim Rasieren, Joggen, unter der Dusche, am Frühstückstisch, auf der Fahrt ins Büro oder sonstwo – einen inneren Film gemacht und sich in allen Einzelheiten vorgestellt, was Sie alles zu tun haben, wann Sie es tun werden, in welcher Reihenfolge Sie vorgehen und wieviel Zeit Ihnen für die jeweilige Aufgabe bleibt. Das durch dieses mentale Training aufgebaute Zeitbewußtsein hat Sie den ganzen Tag über begleitet: Wann immer Mitarbeitergespräche, Kundentermine oder zulange Pausen drohten, Ihren Erfolgsplan zu gefährden, hat Sie der Idealfilm wieder für Ihre Prioritäten sensibilisiert.

Wenn Sie aus Ihrem Leben 30 bis 50 Prozent mehr machen wollen, dann habe ich Sie jetzt daran erinnert, daß Sie schon wissen, wie es geht. Ob Sie sich nun nach Ihrem Effizienz-Know-how richten, sollten Sie allein davon abhängig machen, *ob Ihr Leben und Ihre Familie es Ihnen wert sind.*

Übung 6: Durch mentales Training zum Genie

Wären Sie gern ein Genie? Hätten gerne 10, 20 oder 30 IQ-Punkte mehr und würden am liebsten Mitglied bei der Deutschen Mensa (im Club derjenigen, die einen IQ von nachgewiesen 150 oder mehr Punkten haben) sein?

Wenn ja, dann kann Ihnen geholfen werden: Der Mann, dessen Trainingskonzept Sie brauchen, heißt Dr. Win Wenger, und er ist einer der weltweit führenden Lernpsychologen. Er hat eine Übung entwickelt, die sich „Image-Streaming" nennt und mit deren Hilfe Studenten in der Lage waren, pro 60 Minuten Übungsstunde Ihren IQ um 0,8 Punkte zu verbessern. 25 Stunden Image-Streaming – aufgeteilt auf 75 Einheiten à 20 Minuten – brachten eine bleibende IQ-Steigerung von 20 Punkten! Kesse Behauptungen eines publicityträchtigen Forschers, oder der Beginn einer Revolution im Fach „Lernen lernen"?

Letzteres, sagen Forscher der South West State University in Minnesota, die Doktor Wengers Trainingsprogramm mit Physikstudenten getestet haben und die oben beschriebenen Werte exakt bestätigen konnten.

Wie Image-Streaming funktioniert? Exakt so, wie Sie Ihrem Interview-Partner Ihr Wohnzimmer beschrieben haben: Image-Streaming ist nichts anderes als die Beobachtung der eigenen inneren Filme und deren gleichzeitige (laute) Beschreibung an eine äußere Quelle (Zuhörer oder Diktiergerät). Image-Streaming funktioniert nach den Untersuchungen von Doktor Wenger weder wenn die inneren Filme *nachher* beschrieben werden, noch wenn sie nur nach innen, daß heißt, im inneren Selbstgespräch, beschrieben werden:

> Nur die Betrachtung des inneren Films und deren gleichzeitige, laute Beschreibung nach außen gewährleistet den Trainingseffekt des Image-Streaming.

Da ein gleichzeitiges Notieren der Ideen ebenfalls weit weniger produktiv ist (sowohl was Ideen-Qualität, -Quantität als auch die Auswirkungen auf den IQ betrifft), vermutet Win Wenger, daß der Erfolg von Image-Streaming auf den Synergie-Effekt von zwei Denkfunktionen zurückzuführen ist, die in dieser Kombination selten zusammen arbeiten: bildhaftes Vorstellen und extern-sprachliches Beschreiben.

Daß das Aussprechen unserer Ideen und Gedanken einen kreativitätsfördernden Effekt hat, weiß jeder, der einmal einem guten Zuhörer ein

Problem geschildert hat: Gerade wenn der andere uns nicht unterbrochen hat und wir unsere Sicht der Dinge im Fluß entwickeln konnten, sind wir regelmäßig auf Ideen und neue Gedanken gestoßen, die wir vorher in dieser Form noch nicht hatten.

Interessiert, diese High-Tech-Variante des mentalen Trainings zu testen? Wenn ja, investieren Sie sechs Stunden Ihres Lebens (bringt Ihnen ja schon mal glatte fünf IQ-Punkte), und beschreiben Sie Ihrem Interview-Partner sechs Wochen lang von Montag bis Samstag täglich zehn Minuten lang *Ihr Wohnzimmer*. Wenn Ihnen nämlich nach drei Wochen die Ideen ausgehen, was es noch zu beschreiben gibt, weil Sie inzwischen jeden Knopf Ihrer Fernseh-Fernbedienung erläutert, jedes Buch im Wohnzimmerschrank mit Zusammenfassung vorgestellt und jede Briefmarke Ihrer Sammlung mit der Zahl ihrer Zacken beschrieben haben, wird Ihre Kreativität aktiviert. In den nächsten drei Wochen (oder drei Monaten, wenn Sie Spaß daran bekommen), werden Sie Ihrem Partner beschreiben, wie Sie Ihr Wohnzimmer Ostern, Weihnachten und zur Geburtstagsparty dekorieren, welchen Adventsschmuck Sie bevorzugen, für welches Tapetenmuster Sie sich beim nächsten Mal entscheiden und welche Möbel Sie sich anschaffen, wenn Sie es nochmal zu tun hätten.

Warum Sie all dies tun sollen? *Um sich zu beweisen, daß Ihre Kreativität kein Ende nimmt, wenn Sie anfangen, Ihre inneren Filme laut nach außen zu beschreiben.*

Sie sagen, die Wohnzimmeridee sei ja gut und schön, brächte Ihnen aber zuwenig für Ihre Praxis? Wie wäre es dann damit, wenn Sie nicht sechs Stunden über Ihr Wohnzimmer-Image streamen, sondern – sagen wir – Ihre Zukunft? Mal abgesehen davon, daß Sie den gesamten Rest Ihres Lebens in der Zukunft verbringen und es von daher naheliegend ist, sich mit ihr zu beschäftigen: Stellen Sie sich vor, Sie kreierten mit Ihrem Lebenspartner Ihr individuelles Lebensszenario „Schöner Leben von 1998 bis 2008 und darüber hinaus ein genauso ausführliches zwölfteiliges Planungskonzept, das Sie dann anschließend in Ihrem Leben umsetzen!

Motivationstip Nr. 4: Machen Sie Image-Streaming zu einer guten Gewohnheit wie schlafen oder essen und trinken. Image streamen Sie Ihre Zukunft, wichtige Projekte, Ihren Hausbau, Ihre Hobbys und Kindererziehung, die Art und Weise, wie Sie Freundschaften aufbauen und pflegen können.

Die Straße zum Sieger in uns führt über den Kreativitätstiger in uns.

Übung 7: Mentales Training als Lernturbo

Sie möchten ein besserer Skifahrer oder Tennisspieler werden? Bei der nächsten Messepräsentation vor japanischen Geschäftsleuten mit einem rhetorischen Feuerwerk brillanter Argumente überzeugen? Ihre Sprache und Körpersprache bei der nächsten Verhandlung so souverän koordinieren wie Samy Molcho?

Bitte sehr: Mit mentalem Training alles kein Problem! Sportpsychologen wissen heute, daß eine Stunde „Mentales Üben im Kopf" denselben Trainingseffekt hat wie zehn bis 20 Stunden konventionelles Training: Wann immer wir nämlich im Kopf üben, können wir uns den Bewegungsablauf perfekt vorstellen und deshalb perfekte Bewegungsmuster verinnerlichen. Körperliche Ermüdung, Ablenkung durch Trainingskollegen, widrige Witterungseinflüsse spielen im High-Tech-Simulator unseres Kopfs keine Rolle: Dort herrschen 365 Tage Sonnenschein, ideale Trainingstemperaturen und auch sonst ist alles da, was unser Herz begehrt.

Voraussetzung dafür, daß die im letzten Kapitel beschriebenen Übungen funktionieren, ist allerdings, daß wir uns den Bewegungsablauf hinreichend präzise vorstellen können. Richard Suinn und andere führende Sportpsychologen gehen dabei von der Fünf-Prozent-Formel aus:

Wenn wir von 100 Aufschlägen im Tennis mindestens fünf technisch gut beherrschen, haben wir genügend reale Bewegungserfahrung, um mentales Training produktiv zu nutzen: Wer allerdings noch nie geritten ist, wird sich schwertun, einen Hindernisparcour so präzise im Kopf zu absolvieren, daß ihn seine Vorstellung in der Praxis weiterbringt.

Fragen Sie sich also einmal:

1. Gibt es in meinem Leben Bereiche, in denen ich – beruflich oder privat – komplexe Abläufe besser beherrschen will?

2. Verfüge ich in diesen Bereichen über ein Minimum an Erfahrung, das mir erlaubt, mir diese Tätigkeiten realistisch vorzustellen?

Können Sie beides bejahen, steht Ihrem multidimensionalen Lernen zum mentalen Training nichts mehr im Wege. Geben Sie Gas!

Der Zehnkampf für Champions

Sie kennen jetzt die sieben Bausteine dauerhafter Selbstmotivation. Die Frage ist: Wie setzen Sie sie am besten um? Als ich vor Jahren nach einer inspirierenden Umsetzungsmethodik für mich selbst suchte, wurde ich angeregt durch einen faszinierenden Bericht über die Zehnkämpfer Jürgen Hingsen und Dailey Thompson – die damaligen Könige der Leichtathletik.

Können Sie sich vorstellen, über zehn bis zwölf Jahre hinweg täglich acht Stunden zu trainieren, um in zehn verschiedenen athletischen Disziplinen Olympisches Niveau zu erreichen? Wären Sie bereit, jahraus, jahrein täglich diszipliniert zu essen, mit Inbrunst dutzende Vitaminpillen zu schlucken und jeden Urlaub in Trainingscamps zu verbringen – nur um dort schon vor dem Frühstück so hart zu trainieren wie andere in ihrem ganzen Leben nicht? Und vor allem: Könnten Sie sich vorstellen, sich mit dieser Konsequenz auch dann noch für zehntel und hundertstel Sekunden zu schinden, wenn Sie bei normalen Landesmeisterschaften schon den Teilnehmern in den jeweiligen Einzeldisziplinen weit voraus wären?

Je mehr ich über den schier unglaublichen Trainingseinsatz dieser Könige der Athleten nachdachte, um so mehr bewunderte ich die unglaubliche Disziplin dieser Champions. Nachdenklich machte mich dann allerdings folgende Bemerkung dieser Reportage: „Bei aller Bewunderung für die herkulischen Leistungen dieser Champions dürfen wir nicht übersehen, daß sie sich Disziplinen widmen, die vielleicht im alten Griechenland zum Überleben wichtig waren, mit dem heutigen Leben allerdings kaum noch etwas zu tun haben: Nicht zufällig ist uns der moderne Herkules in Disziplinen voraus, in denen die meisten von uns nie angetreten sind. Wer hat schon im Schulsport Stabhochsprung, Speerwurf, Hürdenlauf oder Diskuswerfen überhaupt kennengelernt? Und wie viele von uns haben diese Disziplinen dann ernsthaft über Jahre betrieben, um zu sehen, wo ihre persönliche Leistungsgrenze liegt? So kann es durchaus sein", schloß die Reportage „daß in einigen von uns unentdeckte Könige der Leichtathletik schlummern … "

„Stimmt", dachte ich, wir können alle vom Zehnkampf eine Menge lernen:

1. Es ist unglaublich, wozu Menschen fähig sind, wenn sie sich mit Hingabe nichts anderem widmen.

2. Ob Talent oder kein Talent: Wer sich jahrelang diszipliniert bestimmten Aufgaben widmet, wird alle die übertreffen, die diesen Trainingsaufwand nicht betreiben – selbst wenn diese ihm von der Begabung her weit voraus sein sollten.

3. Es macht Sinn, darüber nachzudenken, in welchen Disziplinen wir uns auszeichnen wollen: Mit Autos schnellstmöglich im Kreis herumzufahren, Filzbälle möglichst passgenau in irgendwelche Ecken zu schlagen, eine Doktorarbeit über die Anatomie von Regenwürmern zu verfassen oder im Stabhochsprung ins offene Fenster im zweiten Stock zu springen, wenn man den Schlüssel vergessen hat.

Alle diese Tätigkeiten, machen Sinn, können Spaß machen und uns sogar helfen, unseren Lebensunterhalt zu verdienen oder einem tollen Hobby nachzugehen. Die Frage ist nur: *Rechtfertigen diese Disziplinen unseren gesamten Energieeinsatz und unsere völlige Hingabe, oder gibt es andere Bereiche, die für unser Lebensglück noch entscheidender sind?*

Vor dem Hintergrund dieser Überlegungen möchte ich Sie einladen, für sich selbst einmal den Zehnkampf Ihres Lebens zusammenzustellen:

▶ Wo möchten Sie ein echter Champion sein? Was sind Disziplinen, die es Ihnen wert sind, daß Sie sie ein Leben lang mit Hingabe und Enthusiasmus verfolgen?

▶ Welche Lebensbereiche sind Ihnen so wichtig, daß Sie dort – mit oder ohne Talent – zu den Erfolgreichen gehören *müssen*?

Noch präziser gefragt:

▶ Welche Aspekte Ihres Lebens sind für Sie so entscheidend, daß ein Scheitern dort bedeuten könnte, daß Ihr Leben insgesamt nicht geglückt ist?

Für welche Disziplinen Sie sich bei dieser höchstpersönlichen Auswahl auch entscheiden: Wenn Sie den oben formulierten drei Kriterien entsprechen, dann seien Sie sicher: Sie haben die Aufgaben und Bereiche Ihres Lebens gefunden, die den geballten Einsatz der sieben Motivationsbausteine rechtfertigen.

Um Ihnen einige erste Ideen für Ihren „Zehnkampf der Champions" zu geben, will ich Ihnen die Disziplinen vorstellen, für die ich mich selbst entschieden habe:

1. Religiosität

Kommt aus dem lateinischen „religio" und heißt: Rückverbindung auf den Ursprung. Meine persönliche Erfahrung hierbei ist: Wer dieses Verhältnis zu seinem Ursprung – sein Verhältnis zu Gott – nicht klärt, bei dem wird bei allem äußeren Reichtum innere Leere bleiben. Innerer Reichtum ist die Belohnung für die, die auch spirituell wachsen.

2. Familie und Freunde

Denken Sie an den Krankenhausseelsorger, der mit vielen Menschen in der Stunde ihres Todes gesprochen hat und feststellte: Am Ende entscheiden wir die Frage, ob unser Leben geglückt ist, danach, wie gut unsere Beziehung zu den Menschen war, die uns am wichtigsten waren.

3. Vision

Wer sein Leben in den Dienst einer Aufgabe stellt, die größer ist als er selbst, der wächst mit dieser Aufgabe. Welches Vermächtnis wollen Sie der Welt hinterlassen?

4. Beruf als Berufung

Ist Ihr Beruf Ihre Berufung? Fordert, fördert und entfaltet er Ihre Talente? Wenn nein: Was können Sie tun, um Ihre Berufung zu finden?

5. Gesundheit

Gesundheit ist nicht alles. Aber ohne sie ist alles andere nichts (Schopenhauer). Hat Gesundheit in Ihrem Leben den Stellenwert, den sie haben sollte?

6. Ziele

Dem Schiff ohne Hafen weht kein Wind. Haben Sie täglich glasklare Ziele? Und vor allem: Arbeiten Sie an Ihrer Verwirklichung?

7. Stimmungs-Management

Die meisten von uns sind so glücklich, wie sie es sein wollen (Abraham Lincoln). Sind Sie als Lebenskünstler ein Meister in der Disziplin, glücklich zu sein?

8. Hobbys

Wünsche sind oft die Vorboten unserer Fähigkeiten (Goethe). Welche Talente und Begabungen pflegen Sie außerhalb Ihres Berufs, um physisch und psychisch in Balance zu bleiben?

9. Lebenslanges Lernen

Wer ewig strebend sich bemüht, den können wir erlösen (Goethe). Sind Sie ein „lebenslanger Lerner" – jeden Tag darauf erpicht, voller Neugier und Lernfreude Neues zu entdecken, auszuprobieren und für sich zu nutzen? Denken Sie daran: Der nächste bahnbrechende Durchbruch in Ihrem Leben ist vielleicht nur einen Schritt weit entfernt.

10. Finanzen

Sind Sie Herr Ihres Geldes oder dessen Knecht? *Bezahlen Sie sich das, was Sie sparen, am Monatsanfang* oder hoffen Sie darauf, daß am Ende noch etwas übrig bleibt? Besitzen Sie materielle Güter, oder werden Sie von ihnen besessen? (Alles, was ein Mensch nicht hergeben kann, besitzt ihn!) Könnte zuviel Geld Ihren Charakter verderben? Oder wären Sie charakterlich eher gefährdet durch zuwenig Geld? Haben Sie für die Ihnen anvertrauten Menschen eine ausreichende finanzielle Sicherheitsbasis geschaffen?

Stellen Sie sich vor, lieber Leser, Sie würden sich auf einen solchen oder ähnlichen „Zehnkampf für Champions" acht bis zehn Stunden täglich mit derselben Hingabe vorbereiten wie Frank Busemann auf seinen Einsatz in Atlanta: Sie würden zum Beispiel in der Kategorie „Familie und Freunde" täglich daran arbeiten,

▶ der beste Ehepartner dieser Welt zu werden,

▶ Ihren Kindern der beste Vater oder die beste Mutter zu sein,

▶ Ihre Freundschaften so zu pflegen, daß sie ein ganzes Leben lang weiterwachsen.

In der Disziplin Gesundheit würden Sie beispielsweise nicht eher ruhen, als bis Sie so voller Vitalität strotzen, daß Ihr Arzt vor Neid erblaßt, wenn er nur die Ergebnisse Ihrer jährlichen Kontrolluntersuchung bekannt gibt.

> Was wäre, wenn Sie anfingen, den Sieger in sich in den Bereichen zu aktivieren, in denen es für Sie zählt?

Erfolg meint: Das beste zu tun mit dem, was wir haben. Erfolg liegt im Tun, nicht im Haben; im Prozeß, nicht im Ergebnis. Erfolg ist ein sehr persönlicher Standard.

> Erfolg bedeutet: Nach dem Höchsten in uns zu streben, um der Beste zu werden, der wir sein können. *John Wooden*

In diesem Sinne wünsche ich Ihnen für die Umsetzung den Erfolg, den Sie von sich zu Recht erwarten!

Literaturverzeichnis

ANDREAS, STEVE AND CHARLES FAULKNER, NLP – The New Technologie of Achievement, Marrow, 1994

AUREL, MARC, Selbstbetrachtungen, Insel, 1995

BANDLER, RICHARD AND GREGORY BATSON, The Structure of Magic, Sience and Behavior Books, 1975

BANDLER, RICHARD AND WILL MACDONALD, An Insiders Guide To Sub-Modalities, Meta Publications, 1988

BETTGER, FRANK, Lebe begeistert und gewinne, Oesch, 1995

COVEY, STEPHEN L., MERRIL, MERRIL, First Things First, Simon and Schuster, 1994

CSIKSZENTMIHALYI, MIHALY, Flow – Das Geheimnis des Glücks, Klett-Cotta, 1992

DAMASIO, ANTONIO R., Descartes' Irrtum, List, 1995

FERRUCCI, PIERO, Werde was du bist, rororo, 1984

FRITZ, GEORG Ed. and Les Fehmi Ph. D., The Open Focus Handbook, Biofeedback Computers, 1982

GALLWEY, W. TIMOTHY, Tennis und Psyche, Wila, 1977

GARFIELD, CHARLES A., Peak Performance, Warner Books, 1984

GIVENS, CHARLES, Super Self, Simon and Schuster, 1993

GOLEMANN, DANIEL, Emotionale Intelligenz, Carl Hanser, 1995

JENNER, BRUCE WITH MARK SEAL, Finding The Champion Within, Simon and Schuster, 1996

KRIEGEL, ROBERT TH. D., MARILYN HARRIES KRIEGEL, Ph. D., The C-Zone, Fawcett, 1984

LEIGH, WENDY, An Unauthorized Biography, Congdon & Weed, 1990

LOEHR, JAMES E., The New Toughness Training for Sports, Dutton, 1994

LOEHR, JAMES E., Toughness Training for Life, Dutton, 1993

ROBBINS, ANTHONY AND NANCY SAMUELS, Seeing With The Mind's Eye, Random House, 1992

SCHWARZENEGGER, ARNOLD, Die Karriere eines Bodybuilders, Songo, 1977

SHEIK, ANEES A., Imagery, Wiley Intersience, 1983

SIEGEL, PETER C., Super Charged, Taylor, 1991

SUINN, RICHARD, Übungsbuch für Mentales Training, Hans Huber, 1989

WENGER, WIN, Beyond Teaching & Learning, Project Renaissance, 1992

WITTGENSTEIN, LUDWIG, Tractatus logico-philosophicus, Suhrkamp, 1970

Der Autor

Alexander Christiani ist einer der renommiertesten deutschen Verkaufs- und Persönlichkeitstrainer – mehr als 100 000 Seminarteilnehmer in den letzten Jahren, darunter neben Managern und Verkäufern auch Sportteams oder die deutschen Bundestrainer, und täglich 400 000 Zuhörer seiner Motivations-Sendungen im Radio profitieren von seinem Know-how.

Alexander Christiani erzielt seine Erfolge mit der Modelling-of-Excellence-Methode. Er analysiert die Strategien und Verhaltensweisen erfolgreicher Menschen und macht sie für andere nachvollziehbar. Seine Trainerausbildung absolvierte der Jurist unter anderem bei Jesuitenpater Rupert Lay und den NLP-Begründern Richard Bandler und John Grinder.

Sein Ziel- und Zeitplanbuch „Masterplan Erfolg" erschien 1997 bei Gabler in der zweiten Auflage.

Für weitere Informationen wenden Sie sich bitte an:

Christiani Persönlichkeit-Management GmbH
Zum Alten Gericht 14
53902 Bad Münstereifel
Telefon: (0 22 53) 93 05 11
Fax: (0 22 53) 93 05 55

Die SALES PROFI-Bücher auf einen Blick

Vinzenz Baldus
Wer dient, verdient!
Die Service-Strategie
für kundenorientierte
Unternehmen
1997, 164 Seiten, 58,– DM

Alexander Christiani
Masterplan Erfolg
Persönliche Zielplanung,
tägliche Erfolgskontrolle
1997, 232, 54,– DM

Nikolaus B. Enkelmann
Power der Verkaufsrhetorik
Mit Sprache, Stimme und
Persönlichkeit überzeugen
1996, 240 Seiten, 58,– DM

Sabine Mühlisch
Mit dem Körper sprechen
Die Botschaften der Körpersprache wahrnehmen,
deuten und einsetzen
1997, 112 Seiten, 48,– DM

Carl Sewell/Paul B. Brown
Kunden fürs Leben
Die Erfolgsformel für
mehr Service und
Kundenzufriedenheit
1996, 204 Seiten, 58,– DM

Albert Thiele
**Professionelle
Verkaufspräsentation**
Strategien und Techniken
für den überzeugenden
Auftritt beim Kunden
1996, 172 Seiten, 48,– DM

Kurt H. Thieme
**Das ABC des
Verkaufserfolgs**
Von Abschlußtechnik
bis Zuhören
1996, 124 Seiten, 34,– DM

Brian Tracy
Das Gewinner-Prinzip
Wege zur persönlichen
Spitzenleistung
1995, 288 Seiten, 68,– DM

Alexander Verweyen
Der Verkäufer der Zukunft
Vom Drücker zum Beziehungs-
manager und Teamplayer
1997, 224 Seiten, 58,– DM

Stand der Angaben und Preise:
1.03.1998.
Änderungen vorbehalten.

GABLER

BETRIEBSWIRTSCHAFTLICHER VERLAG DR. TH. GABLER GMBH, ABRAHAM-LINCOLN-STRASSE 46, 65189 WIESBADEN